总 序

会计作为经济信息系统的重要组成部分和一种国际商业语言，将会计主体的财务信息真实、完整、及时地传递给外部财务信息使用者和内部财务信息使用者，并满足这些财务信息使用者决策的需要，其对政府、投资者、债权人、管理者来说是非常重要的。近年来，我国资本市场的诞生、规范和发展，彻底改变了我国企业传统的财务管理理念与方法，企业的投融资管理面临新的环境、方式和方法。财务与会计执业者所面临的各种外部环境（包括经济、政治、法律、文化环境等）发生了深刻变化，在经济全球化和管理信息复杂化的时代，会计人才不仅应具有较系统、完备的有关我国会计与公司理财等方面的知识和技能，而且还必须具备国际视野，全面掌握国际会计准则，懂得国外主要经济体的相关会计法规、国际资本市场运行规律和其他相关知识与技能。在这种背景下，为了满足会计人员不断学习、及时更新知识的需要，暨南大学会计学系、暨南大学教育学院、暨南大学出版社共同筹划了《暨南大学成人教育会计本科系列教材》，邀请暨南大学会计学系在各个学科具有丰富教学经验、有影响力的专家组成教材编写委员会，组织编写该系列教材，力求推出一套"理论与实务并重，本土化与国际化相融合，能够反映当前学科发展前沿水平，符合成人教育会计学本科特点的精品系列教材"。

"理论与实务并重"就是要针对会计学是实务性很强的经济管理科学这一特点，研究各成教会计教材所涉及的相关理论、方法及其应用，分析每一本教材的特点、难易程度和导读规律，既要讲清楚理论概念，又要设计必要的实例，通过案例教学，培养学生的实操能力。

"本土化与国际化相融合"就是要针对会计准则国际趋同化与财务管理国际市场化等趋势，在教材中充分借鉴国际标准、国外知名企业的先进管理理念和方法，并充分体现中国会计的特色和经验，力争做到本土化与国际化的有机结合。

"能够反映当前学科发展前沿水平"是指本系列教材应该在继承现有教材的优点和特色的基础上，吸收当前相关理论和实务操作的最新研究成果和发展动态，补充和修改相关教材体系与内容，其目的是使教材能够更好地适应新的环境变化、满足学生获取更多知识、增强其专业技能的要求。

成人教育会计本科系列教材建设是一项长期且十分艰巨的任务，多年来我们为此作了不懈努力。我国经济发展与改革日新月异，环境变化多样且复杂，相关理论和实务操作的研究成果不断涌现，由于我们的水平有限，本系列教材不周之处在所难免，恳请读者批评指正。

暨南大学成人教育会计本科系列教材编审委员会

2011 年 3 月

暨南大学成人教育会计本科系列教材编委会

会计学国家级教学团队系列教材

暨南大学成人教育会计本科系列教材

Accounting for Government and Public Institution

政府与事业单位会计

邬励军　编著

暨南大学出版社
JINAN UNIVERSITY PRESS

中国·广州

图书在版编目（CIP）数据

政府与事业单位会计/邬励军编著．—广州：暨南大学出版社，2011.7（2018.12 重印）
（暨南大学成人教育会计本科系列教材）
ISBN 978－7－81135－982－4

Ⅰ.①政… Ⅱ.①邬… Ⅲ.①单位预算会计—成人高等教育—教材 Ⅳ.①F810.6

中国版本图书馆 CIP 数据核字(2011)第 184528 号

政府与事业单位会计
ZHENGFU YU SHIYE DANWEI KUAIJI
编著者：邬励军

出 版 人：徐义雄
责任编辑：暨南风 张 菊
责任校对：何 力
责任印制：汤慧君 周一丹

出版发行：暨南大学出版社（510630）
电　　话：总编室（8620）85221601
营销部（8620）85225284 85228291 85228292（邮购）
传　　真：（8620）85221583（办公室） 85223774（营销部）
网　　址：http://www.jnupress.com
排　　版：广州市天河星辰文化发展部照排中心
印　　刷：佛山市浩文彩色印刷有限公司
开　　本：787mm×1092mm 1/16
印　　张：13.25
字　　数：300 千
版　　次：2011 年 7 月第 1 版
印　　次：2018 年 12 月第 3 次
印　　数：4501—5501 册
定　　价：33.00 元

前　言

随着我国社会主义市场经济不断深入发展，作为会计的重要分支——政府与事业单位会计，在反映和监督政府、行政和事业单位资金活动方面，发挥着越来越重要的作用。

政府与事业单位会计是会计专业和财税专业的专业选修课程。它为学生在学习了企业会计、财政学和税收等课程后，对政府、行政和事业单位如何对预算资金进行会计核算提供了理论知识和实务操作的内容，使学生的视野在学习中进一步开阔。本书也可以为在职财务人员进行后续教育、提高专业水平提供帮助。

本教材体现了以下特点：

（1）突出了政府与事业单位会计的完整性和新颖性。本书以政府与事业单位会计制度及最新规定为依据，完整地介绍了财政总预算会计和行政、事业单位会计的核算过程，并将政府收支分类体系、国库集中收付制度和政府采购的会计核算密切结合，使读者通过学习其中的核算业务，深入地了解政府职能转变、建立健全公共财政体系的总体要求，明确会计监督职能为进一步深化财政改革、提高预算透明度、强化预算监督所作的贡献。

（2）结构合理、通俗易懂。本书将财政总预算会计、行政单位会计作为政府会计介绍，总体描述政府财政资金的核算过程；将事业单位会计单独介绍，具体描述事业单位资金多元化的业务。另外，本书文字简练、深入浅出、通俗易懂，给读者提供了政府与事业单位会计的理论与实务、核算与管理、制度与教材有机结合的界面。

（3）配套学习指导书，给读者进行实操的平台。本教材将配套学习指导书，提供学习指南、习题及答案，引导读者自主学习和练习。

本教材与学习指导书由暨南大学会计学系邬励军副教授编著。我国的政府与事业单位会计改革正在进行中，相关理论、准则与制度方面的内容都将不断发生新的变化，我们将继续努力，使本教材趋于完善。书中难免出现错误和争议之处，敬请广大读者指正。

编著者于暨南园

2011 年 7 月

目　录

第一编　导论

第二编　政府会计

第三编　事业单位会计

第一编　导　论

随着我国社会主义经济体制改革不断深入，整个会计体系发生了极其深刻的变化，作为会计的重要分支——政府与事业单位会计，在反映和监督政府、行政和事业单位资金活动方面，发挥着越来越重要的作用。

第一章　政府与事业单位会计的基本理论

政府与事业单位会计是我国两大会计体系之一，是整个会计学科体系的重要组成部分。学习政府与事业单位会计，应从基本理论和方法开始。

通过本章的学习，应该掌握以下内容：

（1）政府与事业单位会计的概念和特点。

（2）政府与事业单位会计的组成体系。

（3）政府与事业单位会计的目标、核算前提和一般原则的确定。

（4）政府与事业单位会计的核算对象和会计要素。

（5）国库集中收付制度。

第一节　政府与事业单位会计的概念及特点

一、政府与事业单位会计的概念

1. 政府与事业单位会计的概念

会计按其适用范围和核算对象可分为两大体系：企业会计体系、政府与事业单位会计体系。

企业会计，它反映和监督的是社会再生产过程中属于生产、流通领域中的各类企业经营资金的活动。这类企业的主要特征是以营利为目的。它们基本上属于物质生产部门，通过从事各项生产经营活动，向社会提供各种必需的生产资料和生活资料，由此推动整个社会的经济发展。企业会计体系主要包括工、商、交、农、金融、旅游、邮电、房地产等企业会计。

政府与事业单位会计，它反映和监督的是中央与地方各级政府的财政资金以及行政和事业单位的业务资金活动。政府与事业单位会计体系主要包括财政总预算会计、行政单位会计和国有事业单位会计等。政府、行政和事业单位都属于非物质生产部门，它们不直接提供物质产品，而是通过各种专业业务活动，向社会生产和人民生活提供服务，在社会再生产过程中同样起着不可忽视的作用。

政府财政机关是各级政府负责组织国家财政收支、办理政府预算决算的工作部门，它执行财政总预算会计，并以各级政府为会计主体，对各级政府的各项财政收支进行管理和核算。

行政单位是指管理国家事务、组织经济建设和文化建设、维护社会公共秩序的国家机关及其派出机构，包括国家立法机关、行政机关、司法机关。各党派和社会团体不属于行政单位，但在预算管理和会计核算上比照行政单位处理。行政单位会计以单位为会计主体，对本单位的各项财务收支进行管理和核算。

国有事业单位也称公立非营利组织，是指不具有物质产品生产和国家事务管理职能，主要以精神产品和各种劳务形式，向社会提供生产性或生活性服务的单位。包括科学、教育、文艺、广播电视、信息服务、卫生、体育等科学文化事业单位；气象、水利、地震、环保等公益事业单位；孤儿院、养老院等社会福利救济事业单位。事业单位会计也是以单位为会计主体，对事业单位的各项财务收支进行管理和核算。对于事业单位所属的经济实体，则适用企业会计。

上述非物质生产部门虽然不直接创造物质财富，但对于整个社会再生产起着基础、先行的作用，它们是整个国民经济不可缺少的组成部分。通过政府与事业单位会计的核算，可以反映和监督政府预算的集中、分配、使用和结果的全过程，反映和监督政府预算执行的实际效果，为政府预算管理提供有效的信息。

2. 政府预算及其构成

什么是政府预算？政府预算是指经法定程序批准的政府年度公共财政收支计划。预算是指“事先、预先的计划或打算”，特别是指资金收支方面。政府预算则是指政府的资金筹集、使用计划及相关的一系列制度，具有法制性的根本特性。我国政府预算体系由中央政府预算和地方政府预算组成，并分别由中央和地方人民代表大会按法定程序审批。

我国各级政府为了执行其职能，按照国家法规将国民收入有计划地集中起来，形成政府预算收入。这一收入反映着国民经济的发展规模、积累水平和国家财力。各级政府根据其施政方针以及国民经济和社会发展计划，把集中起来的预算资金统筹兼顾进行有计划地再分配，形成政府预算支出。这一支出则体现了社会再生产的规模、建设及国民经济各部门的发展。通过政府预算的编制，就可以有计划地组织收入和合理地安排支出，贯彻国家的各项方针政策，保证各项工作的完成。

政府预算的编制只是政府预算管理的起点。政府预算收支项目和数字，只反映了政府筹集和分配预算资金的客观可能性。要真正实现这一可能性，就必须加强预算执行和管理工作。为了反映和监督政府预算收入的实现和预算支出的使用，需要借助会计这一有效工具，因此形成了政府与事业单位会计。

综上所述，政府与事业单位会计是以预算管理为中心的宏观管理信息系统和管理手段，是核算、反映和监督中央与地方各级政府以及行政和事业单位收支预算执行情况的一种专业会计。政府与事业单位会计与其他会计一样，都是以货币为主要计量单位，对会计主体的经济业务，采用专门的会计方法，进行连续、系统、完整地反映和监督。

二、政府与事业单位会计的特点

政府与事业单位会计的特点，主要是与企业会计相比较而言的。政府、行政和事业单位的性质、任务和资金运动方式与企业不同，两者不仅核算的对象、任务不同，而且核算的内容、方法也有很大的差别。

企业会计反映和监督的内容是社会再生产过程中生产、流通领域企业经营资金的运动及其结果。企业会计的主要特点是：核算费用成本，计算经营盈亏，会计核算以经营盈亏核算为中心。

政府与事业单位会计反映和监督的内容则是社会再生产过程中分配领域里的政府预算资金运作及其结果。政府、行政和事业等预算单位主要完成行政事业的业务工作，其业务目标在于谋求最广泛的社会效益。他们的资金来源除事业单位有不同程度的市场业务收入以外，大部分是直接或间接来自纳税人及其他出资者，并在此条件下力求做到收支相抵。因此，政府与事业单位会计的主要特点是：核算业务收支，计算收支余超，会计核算以收支结余核算为中心。

具体来说，政府与事业单位会计的特点表现在以下三个方面：

1. 具有公共性、非营利性和财政性

政府与事业单位会计是以预算管理为中心，以经济和社会事业发展为目的，适用于各级政府和各类行政事业单位的会计。因此，公共性、非营利性和财政性是政府与事业单位会计的典型特征。所谓"公共性"，是指政府与事业单位会计主体（政府、行政、事业单位）属于公共部门，以实现公共职能为目的，以公共资金为核算对象，以公共义务为核算依据，以公共业务成果为主要考核指标。这些特征是一般企业会计所不具有的。所谓"非营利性"，就是政府与事业单位会计主体不以营利为目的。行政事业单位的"公共性"，决定财政部门必须在经费上予以保证，而财政的拨款或补助收入，是不要求回报，也不可能回报的。行政事业单位开展经济业务活动，使用财政资金，主要讲求社会效益，而不是追求经济效益。因此，不论事业单位以何种方式进入市场，其经济活动的非营利性并没有改变。这也是企业会计主体所不具有的。所谓"财政性"，是指政府与事业单位会计与国家财政存在着密不可分的联系。第一，政府与事业单位会计是政府预算管理的基础，它本身就是政府预算管理工作的一部分。第二，各单位会计虽然都是独立的会计主体，但都必须遵守财政政策和财政纪律，既有自主性的一面，又有统一性的一面，两者是相辅相成的。第三，政府与事业单位会计所管理和核算的主要是财政拨付的预算资金和政府凭借权力收取的各种财政性资金。第四，政府与事业单位会计的指标体系要与政府收支分类科目相一致，以反映政府预算的执行情况。政府与事业单位会计的收支必须按政府收支分类科目设置明细科目核算。所有这些，都是一般企业会计所不具有的。

2. 不进行盈亏核算，但资金的使用具有限制性

企业会计必须按照经济核算的原则，进行成本核算，确定企业盈亏。政府与事业单位会计不以营利为目的，且在预算年度发生的收入和支出一般无直接的配比关系，其收支差额不反映经营成果，只反映资金使用的余缺，所以不核算成本，不计算盈亏。在某些事业单位中，为了考核经济效益，促进增收节支，改善事业管理，也可以进行成本核算，如科研课题成本核算、医疗成本核算、出版成本核算等。但是，财政资金的使用具有严格的用途，不得挪作他用。

3. 政府会计原则上实行收付实现制，事业单位会计可选择实行权责发生制或收付实现制

在政府与事业单位会计中，从预算的角度出发，为了如实反映当期预算收入和预算支

出的货币金额，平衡当期的货币收支，财政总预算会计和行政单位会计主要采用收付实现制的会计基础，对于某些应收、应付业务，可设置暂收、暂付、应缴等科目。由于事业单位的种类繁多，资金来源多渠道，可根据情况进行选择：对于需要成本核算的事业单位，为了对收入、支出进行配比核算，考核业务成果，可采用权责发生制；对于一般事业单位则可选择收付实现制。

第二节 政府与事业单位会计的组成体系

一、政府与事业单位会计体系的构成

我国政府与事业单位会计体系是为政府预算管理服务的，政府预算体系决定了政府与事业单位会计体系的群体构成。我国政府预算体系是由预算级次和预算单位按一定的方式组合成的统一整体，这些预算级次和预算单位是根据国家政权结构、行政区域划分和财政管理体制而确定的。政府预算按照预算收支管理范围，分为总预算和单位预算。为实现事权与财权的统一，我国各预算级次的设置与政权体系的层次基本对应，共有五级预算：中央、省（自治区、直辖市）、市（自治州）、县（自治县、市）、乡（民族乡、镇）。

总预算具体分为中央总预算和地方总预算。中央总预算即中央政府预算，主要承担国家的安全、外交和中央国家机关运转所需的经费，调整国民经济结构、协调地区发展、实施宏观调控的支出，以及由中央直接管理的事业发展支出。地方总预算由本级政府总预算和下一级政府总预算组成，地方总预算担负着地方行政管理和经济建设、文化教育、卫生以及社会福利等支出，特别是支持农村经济发展的支出。我国政府预算收入绝大部分来自地方预算，政府预算支出也相当大部分通过地方总预算实现，地方总预算在政府预算中占有重要地位。单位预算是指纳入地方总预算的国家机关、事业单位和其他单位的收支计划，是政府预算的基本组成部分。

根据我国政府预算体系的组成及分类，由财政总预算会计反映和监督中央总预算和地方总预算的执行情况；由行政单位会计和事业单位会计分别反映和监督单位预算的执行情况。在组织各级总预算和单位预算的执行中，除了前述三个会计外，还需要其他一些部门的参与。财政资金的收入、拨出和留解，是由中国人民银行代理的国库经办的，由此形成国库会计；税务机关、海关负责征收税收收入，由此形成收入征解会计；国家基建拨款由专门银行负责，由此形成基建拨款会计。

以上政府与事业单位会计体系，是我国在市场经济发展过程中，总结并继承多年的会计管理经验而形成的规范的政府与事业单位会计模式和运行机制。它对于保护国家公共财产的安全完整和强化政府预算管理具有重要的作用。

二、政府与事业单位会计的分级

1．财政总预算会计的分级

我国的政府预算是按照统一领导、分级管理原则进行的，每一级政府设立一级总预

算，每一级总预算都设置相应的总预算会计。由此，我国的五级政府预算都设立总预算会计，即国家财政部设立中央财政总预算会计；省级（包括自治区、直辖市）的财政厅（局）设立省级财政总预算会计；市（地、州）财政局设立市级财政总预算会计；县（市）财政局设立县级财政总预算会计；乡（镇）财政所设立乡级财政总预算会计。

各级总预算会计不仅要做好自身的会计核算、反映和监督工作，还要负责组织和指导本地区的整个预算会计工作，指导下级总预算工作，保证政府预算工作的顺利完成。

2. 行政及事业单位会计的分级

我国的行政及事业单位按照现行的管理体制、预算拨款关系和单位财务收支计划的编制程序，可分为三级会计组织系统：

（1）主管会计单位，简称主管单位。与同级财政部门直接发生经费领拨关系或建立财务关系，并有所属会计单位的，为主管会计单位。

（2）二级会计单位，简称二级单位。与主管会计单位或上级会计单位发生经费领拨关系、财务收支计划与会计决算审批关系，并有所属会计单位的，为二级会计单位。二级会计单位下面没有所属会计单位的视同基层会计单位。

（3）三级会计单位，也称基层会计单位。与主管会计单位或二级会计单位直接发生经费领拨关系、财务收支计划与会计决算审批关系，下面没有附属会计单位的为三级会计单位。

以上的会计单位，都应建立独立的单位预算，实行完善的会计核算制度。不具备独立核算条件的，实行单据报账制度，作为“报账单位”管理。

三、政府与事业单位会计组成体系中各部分的联系

1. 总预算会计、行政单位会计和事业单位会计的联系

总预算会计、行政单位会计和事业单位会计都是参与政府预算执行的主要部门，三者之间有着直接的联系，主要表现是：

（1）单位财务收支是同级政府预算的重要组成部分。政府预算核拨的行政事业经费和从财政专户核拨的预算外资金，是同级行政事业单位收入的主要来源之一。单位会计与财政总预算会计相互配合，共同为促进社会事业发展、加强政权建设服务。

（2）在缴拨款上有着直接的联系。单位应上缴财政的收入，要按规定缴入国家金库，应上缴的预算外资金，要按时缴入同级财政专户。而各级财政应拨付的行政事业经费和从财政专户核拨的预算外资金，要按计划及时拨给主管部门和单位。上述缴款、拨款手续，均应通过各级财政总预算会计和单位会计办理。

（3）会计报表是联系的桥梁。各单位在预算执行过程中，平时要向主管部门和同级财政部门报送月报或季报，年终要报送年报。同级财政总预算会计要对各单位或主管部门的月报、季报、年报进行审核，并据以编制预算执行月报、季报和财政决算报表。

（4）总预算会计负有对单位会计的管理和监督责任。事业、行政单位作为会计主体，具有一定的自主权，但必须接受同级财政总预算会计的管理与监督，听取本级财政部门提出的检查意见。各级财政总预算会计也要加强单位会计的工作指导，提高单位会计的管理水平。

2. 财政总预算会计和收入征解会计、国库会计的联系

财政总预算会计、收入征解会计及国库会计同属政府与事业单位会计体系，是核算、反映和监督各级财政预算执行情况的专业会计，是财政预算管理的重要基础工作。在政府预算执行中，它们的共同目的是为圆满地完成中央预算和地方预算服务。其中，财政总预算会计是核算、反映和监督本级财政预算资金集中和分配的主要职能机构，掌握着本级财政预算收支的全面情况和结果，处于综合的地位；收入征解会计是核算、反映和监督中央预算和地方预算中各级税收征管、缴库过程资金运动的职能机构，负责核算各项税收的组织、实现与缴纳，处于专业的地位；国库会计是办理各级预算收支缴拨的机关，一切预算收入均由国库收纳，一切支出均由国库拨付，处于重要的出纳地位。

从整个会计核算程序来看，财、税、库三者的联系非常密切。例如，收入征解会计的缴款书由国库收纳后，既是税务部门的实际入库凭证，又是国库入库的原始凭证，同时也是财政总预算会计收入记账的原始凭证。收入征解会计的“实际缴库款”，同各级国库的实际入库数，以及财政总预算会计相应的预算收入数应当是一致的，尤其是在年终清理时。在财、税、库的对账工作中，国库起着重要作用。各级国库每日应向各级征收机关报送预算收入日报表，同时也向财政总预算会计报送预算收入日报表。财政总预算会计凭国库编制的预算收入日报表记录预算收入明细账和总账，同时，根据财政库存日报表核对预算支出拨款及库存余额。财政总预算会计的预算收入、预算支出和国库存款数与国库会计的收入、支出和库款余额应当保持一致。

第三节　政府与事业单位会计的基本理论

政府与事业单位会计的基本理论以目标为先导，在确定核算前提和核算原则的基础上，规定会计要素的基本内容，进而展开对具体的核算程序和方法的运用。

一、政府与事业单位会计的目标

会计目标是指会计的目的或宗旨，是会计人员在一定时期内和一定条件下从事会计实践活动所追求和希望达到的预期结果。会计目标是连接会计理论与会计实践的纽带和桥梁。会计目标可分为基本目标和直接目标。现代会计作为一个经济信息系统，其基本目标是提供符合客观实际的会计信息并使信息使用者满意。会计目标是会计理论结构的最高层次，指导着会计准则的制定和会计业务的处理。

政府与事业单位会计应在会计基本目标的指导下，明确自身的直接目标。从政府与事业单位会计的宗旨来看，其直接目标就是通过编制会计报表，分析财政、财务收支执行情况，实行会计监督，向各级政府、单位主管部门、社会公众和广大纳税人提供预算会计信息，让他们了解政府财政资金的使用和效益。核算前提、一般原则、核算程序和核算方法只有围绕此目标而制定，才能满足政府与事业单位会计的要求。

二、政府与事业单位会计的核算前提

会计前提又称会计假设，是指组织会计核算工作必须具备的前提条件。这些前提是人们在长期的会计实践中多次施行过的，虽尚未形成具体的原则和理论，但已是人们在处理会计工作时习惯通行的做法。它是人们对会计领域中尚未肯定的事项所作的合乎情理的设想，是进行正常会计工作的基本前提和制约条件，也是会计理论的基础。政府与事业单位会计前提包括：会计主体、持续运行、会计分期和货币计量。

（1）会计主体，是指政府与事业单位会计工作特定的空间范围。政府与事业单位会计主体应为各级政府和各类行政、事业单位。财政总预算会计的主体是各级政府而不是财政机关，因为财政总预算各项收支的安排、使用，是国家各级政府的职权范围，财政机关只是代表政府执行预算、管理财政收支。行政、事业单位的会计主体，是指会计为之服务的单位，这一单位在经济上是独立的或相对独立的，不能把单位会计主体视作财政总预算会计的附属，忽视其独立的主体地位。

（2）持续运行，是指各会计主体的各项业务活动将持续不断地运行下去。只有在这一前提下，政府与事业单位会计处理才能按照正常的会计核算程序和方法进行，按照账面价值合理地进行计算，单位的债权债务才能得到合理的清偿。

（3）会计分期，是指将政府与事业单位会计主体持续运行的时间人为地划分为会计期间，分期结算和编制会计报表。由于我国政府预算是按年度编制的，因此，政府与事业单位会计分期为年度、季度和月份。会计年度、季度、月份均采用公历日期。

（4）货币计量，是指政府与事业单位会计的核算以人民币作为记账本位币。货币计量是会计的基本特征。同时，还要假设币值是相对稳定的。如果发生外币收支业务，应当按照中国人民银行公布的当日人民币外汇汇率折算为人民币核算。编制会计报表时，也应按照编报日期的人民币外汇汇率折算为人民币来反映。

三、政府与事业单位会计一般原则

会计的一般原则是对会计核算提供的信息的基本要求，是处理具体会计业务的基本依据。会计原则既是会计理论的概括，又是会计实践经验的总结。它在会计准则中居于主导地位，指导着会计要素准则的制定和会计方法的选择，因此也就成为衡量会计信息质量的重要标准。政府与事业单位会计核算原则有 11 项，并划分为两大类：一类是会计信息质量要求；一类是会计确认计量要求。

1. 对会计信息质量要求的原则

会计信息质量要求，是衡量信息质量的标准或控制信息质量的要求。这是对会计信息的最基本要求，对所有会计都是适用的。属于会计信息质量要求的核算原则有：

（1）客观性原则，也称真实性原则。指会计核算应当以实际发生的经济业务为依据，每项经济业务必须取得或填制合法的书面凭证，做到明了可靠、内容真实、数字准确、手续完备，如实反映财务收支状况和事业成果。该原则还要求会计核算过程应当真实客观，会计报表应当如实反映核算成果。

（2）相关性原则，也称适应性原则。指会计信息应当符合国家经济管理的要求，满足预算管理和有关方面了解单位财务状况及收支情况的需要，并有利于单位加强内部管理。

（3）可比性原则。指会计核算应当按照规定的会计处理方法进行，会计指标应当一致，互相可比。不同的单位，尤其是同一行业的不同单位，处理同一业务要使用相同的程序和方法，以便相互比较，判断优劣。

（4）一致性原则。指会计处理方法应当前后各期保持一致，不得随意变更。如确有必要变更，应将变更的情况、原因和对单位财务收支情况及其结果的影响在会计报告中说明。

（5）及时性原则。指对会计事项的处理，必须在经济业务发生时及时进行，讲求时效，以发挥会计信息的效应。失去时效的会计信息，便成了历史材料，对决策的有用性将大大降低。

（6）清晰性原则。指会计记录和会计报告应当清晰明了，数字和文字说明应当一目了然，简明、清晰，便于理解和利用。

（7）重要性原则。指会计报表应当全面反映预算单位的财务收支情况及结果。对于重要的业务事项应当单独列示，对于不重要的业务事项则可合并列示。

2. 对会计确认计量要求的原则

会计确认计量要求，是对会计信息处理方法和程序的要求，它规定了对会计要素确认计量的基本原则，实际上也规范着会计报告列示的原则。

（1）收付实现制和权责发生制原则。指除了事业单位成本核算采用权责发生制以外，其他各项业务都采用收付实现制。不同的会计主体实行不一样的记账基础，而且在执行中还可能有程度上的差别，这是政府与事业单位会计一般原则方面的重要特点。

（2）专款专用原则。指对国家预算拨款和其他指定用途的资金，应当按规定的用途使用，不能擅自改变用途，挪作他用。这也是政府与事业单位会计一般原则方面的重要特点。

（3）历史成本原则。指各项财产物资应当按取得或购进时的实际成本计价，当市场价格发生变化时，除国家另有规定外，不得自行调整账面价值。

（4）配比原则。指从事经营活动的事业单位，其经营支出与相关的经营收入应当配比。应当指出的是，由于事业单位的业务收入和业务支出之间往往无严格的因果关系，更无直接的比例关系，支出多的项目，收入可能多也可能少。因此，这种配比具有一定的相对性。

四、政府与事业单位会计的核算程序和记账方法

政府与事业单位会计作为一种专业会计，也应当遵循一般会计的核算程序和方法进行核算，只是在内容上体现自己的特点。

政府与事业单位会计的核算程序应体现出会计凭证、会计账簿和会计报表有机联系的过程。根据核算内容，预算会计可选择记账凭证核算程序或科目汇总表核算程序进行核算，并按照会计基础工作规范的要求进行填制凭证、登记账簿和编制会计报表。核算程序在行政、事业单位会计中的运用如图 1－1 所示。

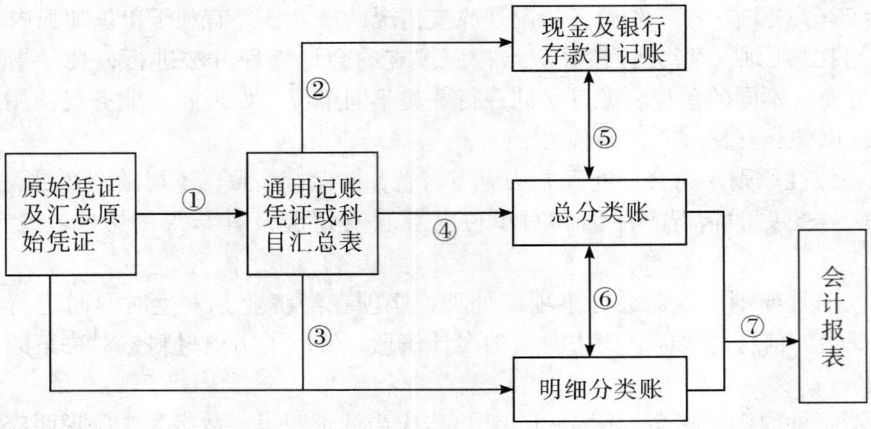

图 1－1　行政、事业单位会计核算程序图

政府与事业单位会计的记账方法应采用借贷记账法。借贷记账法是国际通用的复式记账法。在我国，复式记账法曾经分为增减复式记账法、收付复式记账法和借贷复式记账法。1998 年以前，我国政府与事业单位会计一直采用收付复式记账法。为了便于与各国的政府及非营利组织会计的沟通，从 1998 年开始，我国政府与事业单位会计采用借贷记账法。

借贷记账法中的“借”表示资产和支出类账户的增加，以及负债、净资产和收入类账户的减少或转销；“贷”则表示资产和支出类账户的减少或转销，以及负债、净资产和收入类账户的增加。借贷记账法在政府与事业单位会计中的运用如图 1－2 所示。

借　方	贷　方
资产类账户的增加	负债类账户的增加
支出类账户的增加	净资产账户的增加
负债类账户的减少	收入类账户的增加
净资产账户的减少	资产类账户的减少
收入类账户的减少或转销	支出类账户的减少或转销

图 1－2　借贷记账法在政府与事业单位会计中的运用

五、政府与事业单位会计的核算对象

一般来说，会计核算对象是指会计所反映、监督的内容。政府与事业单位会计核算的对象应是政府预算的执行情况。由于各级政府及各类行政、事业单位的业务活动和收支范围不尽相同，财政总预算会计、行政单位会计和事业单位会计核算的对象也就存在一定的差异，必须分别加以研究。

各级政府为了实现宪法赋予的使命，保障经济和社会的健康发展，要有计划地集中一部分国民收入，按照国家的施政方针以及国民经济和社会发展计划进行再分配。来自各种类型企业和经济组织的税收、国有资产收益和其他缴款，形成了政府预算收入；国家集中的各种收入，通过预算拨款和经费使用的方式，有计划地分配给企业、基建、事业和行政单位，由它们按照规定的用途用于经济建设、发展社会文化事业、支付国家军政费用等，形成了政府预算支出；尚未分配使用的资金和每年预算执行的结果，则形成收支结余。因此，财政总预算会计的对象，就是在执行总预算过程中各级政府财政资金的集中、分配及其结果。

行政单位为了行使政府职能，执行国家机关的工作任务，需要向财政部门或上级部门领拨经费，形成单位的收入；将这些经费按规定用于有关的人员经费和公用经费方面，形成单位的支出；而尚未使用部分则是行政单位的收支结余。因此，行政单位会计的对象，就是在执行单位预算过程中各级行政单位财政资金领拨、使用及其结果。

国有事业单位的业务活动多种多样，资金来源有自身的业务收入、政府拨款、有关机构拨款以及通过市场取得的收入，由此而形成单位的资金收入；事业单位为了开展业务活动，需要购置设备和材料物资、支付有关费用，由此而形成单位的资金支出；收支相抵后，即表现为事业单位的收支结余。因此，事业单位会计的对象，就是国有事业单位各类业务资金的取得、使用及其结果。

由此可知，政府与事业单位会计的对象，既包括各级政府财政资金的集中和分配，也包括行政单位财政资金和事业单位业务资金的取得和运用。政府与事业单位会计既反映非物质生产部门的财政资金、业务资金的活动，也反映了物质生产部门的缴款以及对经济建设和经营单位的拨款。因此，资金来源和用途的广泛性，资金活动不具有完全的周转性，是政府与事业单位会计对象的特点。

六、政府与事业单位会计要素及其相互关系

会计要素就是会计对象的构成要素，它又是设置会计科目、构成报表结构的基础。会计核算的具体内容多种多样，为了对有关核算内容进行确认、计量、记录、报告，就需要对会计对象作基本的带有规律性的科学分类。将会计对象分解为若干基本的构成要素，这就是会计要素。

按照会计制度的规定，政府与事业单位会计要素可分为资产、负债、净资产、收入和支出五个要素，各要素的具体内容由各具体会计制度或准则加以确定。

1. 资产

资产是指由会计主体拥有或者控制的、由过去的经济业务形成、具有服务功能或能带来经济利益的资源，包括各种财产、债权和其他权利。资产定义包括以下特征：

（1）资产应是会计主体拥有或者控制的资源。即指会计主体享有对某项资源的所有权，或者虽然不享有对某项资源的所有权，但应能被会计主体所控制。

（2）资产应由过去的经济业务形成而产生的结果。只列入预算而未发生的购置活动，不能确认为会计主体的资产。

（3）资产必须是具有为会计主体业务服务功能的资源。不具有服务功能或功能已丧失的，不能作为资产来核算。

会计主体的资产包括实物财产和非实物资产，表现为流动资产、对外投资、固定资

产、无形资产等形式。

2. 负债

负债是指由过去的经济业务形成的，预期会导致经济利益流出会计主体的现时义务。履行该义务需要用资产或者劳务偿还。负债定义包括以下特征：

（1）负债是由过去的经济业务形成的。会计主体将在未来发生的承诺、签订的合同等事项，不形成负债。

（2）负债是会计主体在现行条件下承担的义务。未来发生的事项形成的义务，不属于现时义务，不应当确认为负债。

（3）现时义务的履行预期会导致经济利益流出会计主体，即用资产或劳务偿还债务。

会计主体的负债包括借入款、应付和预收款项、应缴款项等。由于行政和事业单位不是生产物质产品的纯经营单位，应该严格控制负债规模。

3. 净资产

净资产是指由国家和其他资财供给者提供的，会计主体用以执行公共事务、开展业务活动和其他活动的基本资金来源。净资产定义包括以下特征：

（1）净资产是政府和事业单位资产的基本来源，资财供给者对净资产没有要求权，但对资金使用有限制权。

（2）净资产具有长期使用性质，在单位持续运行中，资财供给者不能抽走。

（3）资产增值会使净资产增加，会计主体收支结余也使净资产增加。

不同的会计主体，其净资产的内容有较大的差别：财政总预算会计的净资产包括预算结余、基金预算结余、专用基金结余、财政周转基金和预算周转金等；行政单位会计的净资产包括固定基金和结余；事业单位会计的净资产则包括固定基金、事业基金、专用基金和结余等。

4. 收入

收入是指会计主体为执行公共事务、开展业务活动和其他活动而依法取得的经济利益流入，主要为非偿还性资金流入。不同的会计主体其收入含义也有差别：

（1）财政总预算会计的收入是各级政府为实现其职能，根据法令和法规所取得的非偿还性资金，是一级财政的资金来源。它包括一般预算收入、基金预算收入、专用基金收入和资金调拨收入等。

（2）行政单位会计的收入是指单位为了完成业务活动，从财政部门或上级单位取得的各项非偿还性拨款，以及按规定取得的收入。它包括拨入经费、预算外资金收入和其他收入等。

（3）事业单位会计的收入是指单位为开展业务活动和其他活动，依法取得的非偿还性资金。它包括财政补助收入、上级补助收入、事业收入、结余收入、附属单位缴款和其他收入等。

5. 支出

支出是指会计主体为开展公共服务活动和其他活动所发生的经济利益流出，即各项资金耗费和损失。不同会计主体其支出含义也有差别：

（1）财政总预算会计的支出是指一级政府为实现其职能，而对财政资金的再分配。它包括一般预算支出、基金预算支出、专用基金支出和资金调拨支出等。

（2）行政单位会计的支出是指行政单位为完成公务所发生的各项实际耗费和支出。它包括经费支出、拨出经费和结转自筹基建等。

（3）事业单位会计的支出是指事业单位为开展业务活动和其他活动所发生的各项资金耗费及损失。它包括事业支出、经营支出、上缴上级支出、对附属单位补助等。

以上五个要素可用会计等式表示其相互关系。会计等式也称会计平衡式，它反映会计要素的基本关系，是复式记账赖以建立的基础，也是进行会计核算、设计会计报表的理论依据。

从一般核算来看，静态会计要素的平衡关系式为：

资产＝负债＋净资产

政府与事业单位会计净资产的变化在很大程度上是由于收入和支出的发生而形成的，其动态会计要素的平衡关系式为：

收入－支出＝结余（净资产）

以上两种平衡式可以结合在一起，形成会计要素的综合平衡式：

资产＝负债＋原净资产＋收入－支出

资产－负债＝原净资产＋结余

资产－负债＝新净资产

任何一个政府与事业单位会计主体在其业务活动和经营活动过程中，随着收支业务的发生，必然要引起资产、负债、净资产不断地发生变化。然而，不管它们怎么变化，始终不会破坏上述会计平衡式。从这个意义上讲，会计平衡式是恒等的。

第四节 国库集中收付制度

国库集中收付制度，是指以国库单一账户体系为基础，将所有财政性资金都纳入国库单一账户体系管理，收入直接缴入国库和财政专户，支出通过国库单一账户体系直接支付到商品和劳务供应者或用款单位的一项国库管理制度。这一制度的本质在于实现两个“直达”，即“收入直缴，支出直拨”。通过两个“直达”，对财政收入直接缴入国库，对财政支出以预算分配、资金拨付、资金使用、银行清算以及财政资金到达商品和劳务提供者的整个过程实施有效的监控。

实行国库集中收付制度，改革了以往财政资金主要通过征收机关和预算单位设立多重账户分散进行缴库和拨付的方式，有利于财政性资金按规定程序在国库单一账户体系内规范运作，有利于收入缴库和支出拨付过程的有效监管，有利于预算单位及时用款，解决了财政性资金截留、挤占、挪用等问题。

一、国库单一账户体系

1. 国库单一账户体系的构成

国库单一账户体系由下列银行账户构成：①财政部门在中国人民银行开设的国库单一账户（简称国库单一账户）；②财政部门在商业银行开设的零余额账户（简称财政部门零余额账户）；③财政部门在商业银行为预算单位开设的零余额账户（简称预算单位零余额账户）；④财政部门在商业银行开设的预算外资金财政专户（简称预算外资金专户）；⑤经国务院或国务院授权财政部批准为预算单位在商业银行开设的特殊专户（简称特设专户）。

2. 各账户的功能

（1）国库单一账户。国库单一账户用于记录、核算、反映财政预算资金和纳入预算管理的政府性基金的收入和支出。代理银行应当按日将支付的财政预算内资金和纳入预算管理的政府性基金与国库单一账户进行清算。国库单一账户只在财政总预算会计中使用，行政单位和事业单位会计中不设置该账户。

（2）财政部门零余额账户。财政部门零余额账户用于财政直接支付和与国库单一账户清算。该账户每日发生的支付，于当日营业终了前与国库单一账户清算；营业中单笔支付额5 000万元人民币以上的（含5 000万元），应当及时与国库单一账户清算。财政部门零余额账户在财政总预算会计和国库会计中使用，行政单位和事业单位会计中不设置该账户。

（3）预算单位零余额账户。预算单位零余额账户用于财政授权支付和清算。该账户每日发生的支付，于当日营业终了前，由代理银行在财政部门批准的用款额度内与国库单一账户清算；营业中单笔支付额在5 000万元人民币以上的（含5 000万元），应及时与国库单一账户清算。预算单位零余额账户可以办理转账、提取现金等结算业务，可以向本单位按账户管理规定保留的相应账户划拨工会经费、住房公积金及提租补贴，以及经财政部门批准的特殊款项；不得违反规定向本单位其他账户和上级主管单位、所属下级单位账户划拨资金。预算单位零余额账户在行政单位和事业单位会计中设置和使用。

（4）预算外资金专户。预算外资金专户用于记录、核算和反映预算外资金的收入和支出活动，并用于预算外资金日常收支清算。预算外资金专户在地方财政部门的预算外资金财政专户会计中设置和使用。

（5）特设专户。特设专户用于记录、核算和反映预算单位的特殊专项支出活动，并用于与国库单一账户清算。特设专户在按规定申请设置特设专户的预算单位中使用。

3. 国库集中收付制度中各部门的职责

财政部门是持有和管理国库单一账户体系的职能部门，任何单位不得擅自设立、变更或撤销国库单一账户体系中的各类银行账户。中国人民银行按照有关规定，对国库单一账户和代理银行进行管理和监督。这里所指的代理银行，是指由财政部门确定的、具体办理财政性资金支付业务的商业银行。

预算单位使用财政资金，应当按照规定的程序和要求，向财政部门提出设立零余额账户、特设专户等银行账户的申请，财政部门审核同意后，书面通知代理银行，为预算单位开设预算单位零余额账户。一个基层预算单位开设一个预算单位零余额账户。凡是需要开设特设专户的预算单位，需经财政部审核并报国务院批准或经国务院授权财政部批准后，由财政部在代理银行为预算单位开设。

二、收入的收缴程序

财政收入的收缴分为直接缴库和集中汇缴两种方式，并形成相应的缴款程序。

（1）直接缴库程序。直接缴库的税收收入，由纳税人或税务代理人提出纳税申报，经征收机关审核无误后，由纳税人通过开户银行将税款缴入国库单一账户。直接缴库的其他收入，比照上述程序缴入国库单一账户或预算外资金财政专户。

（2）集中汇缴程序。小额零散税收和法律另有规定的应缴收入，由征收机关于收缴收入的当日汇总缴入国库单一账户。非税收入中的现金缴款，比照本程序缴入国库单一账户或预算外资金财政专户。

三、支出的拨付程序

1. 支出的类型及方式

按照国库管理办法的规定，财政支出总体上分为购买性支出和转移性支出。根据支付管理需要，具体分为工资支出、购买支出、零星支出、转移支出等。其中，工资支出是指预算单位的工资性支出；购买支出是指预算单位除工资支出、零星支出之外购买服务、货物、工程项目等支出；零星支出是指预算单位购买支出中的日常小额部分，除《政府采购品目分类表》所列品目以外的支出，或虽列入《政府采购品目分类表》所列品目但未达到规定数额的支出；转移支出是指拨付给预算单位或下级财政部门、未指明具体用途的支出，包括拨付企业补贴和未指明具体用途的资金、中央对地方的一般性转移支付等。

财政性资金的支付方式包括财政直接支付和财政授权支付。其中，财政直接支付是指由财政部门向中国人民银行和代理银行签发支付指令，代理银行根据支付指令通过国库单一账户体系将资金直接支付到收款人（即商品或劳务的供应商等，下同）或用款单位（即具体申请和使用财政性资金的预算单位，下同）账户的方式。财政授权支付是指预算单位按照财政部门的授权，自行向代理银行签发支付指令，代理银行根据支付指令，在财政部门批准的预算单位的用款额度内，通过国库单一账户体系将资金支付到收款人账户的方式。财政直接支付方式和财政授权支付方式的流程如图 1－3、图 1－4 所示。

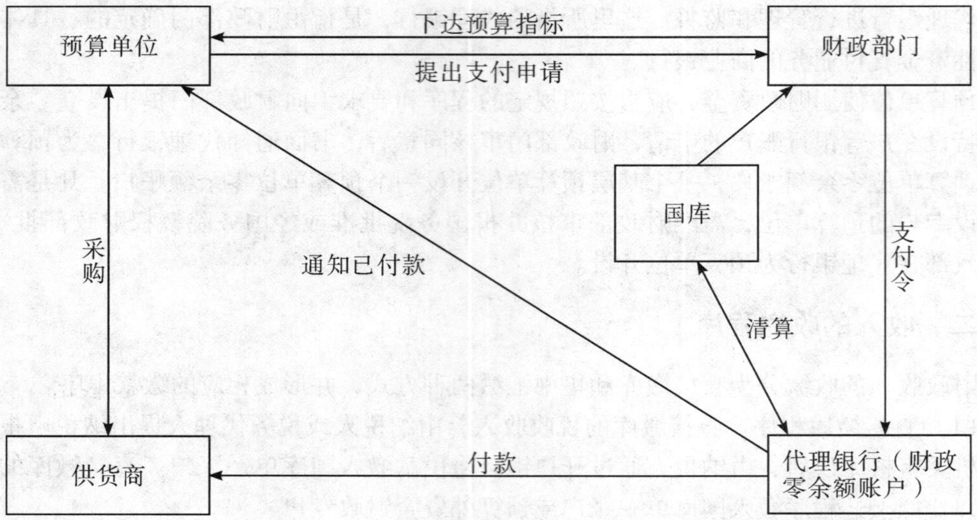

图 1－3　财政直接支付方式流程图

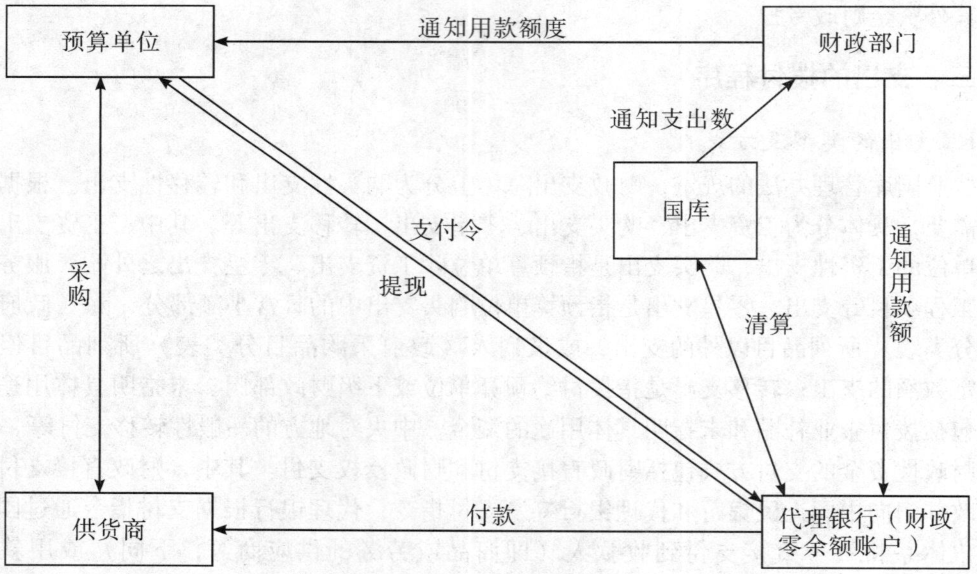

图 1－4　财政授权支付方式流程图

2. 支付程序

（1）财政直接支付程序。预算单位实行财政直接支付的财政性资金包括：工资支出、工程采购支出、物品和服务采购支出。

在财政直接支付方式下，预算单位按照批复的部门预算和资金使用计划，提出支付申请；财政直接支付的申请由一级预算单位汇总，填写“财政直接支付汇总申请书”，报财政部门国库支付执行机构。财政部门国库支付执行机构根据批复的部门预算和资金使用计划及相关要求，对一级预算单位提出的支付申请审核无误后，开具“财政直接支付汇总清算额度通知单”和“财政直接支付凭证”，经财政部门国库管理机构加盖印章签发后，分别送中国人民银行和代理银行。

代理银行根据“财政直接支付凭证”及时将资金直接支付给收款人或用款单位。代理银行依据财政部门国库支付执行机构的支付指令，将当日实际支付的资金，按一级预算单位分政府收支分类科目汇总，并附上实际支付清单与国库单一账户进行资金清算。

代理银行根据“财政直接支付凭证”办理支出后，开具“财政直接支付入账通知书”发给一级预算单位和基层预算单位。“财政直接支付入账通知书”作为一级预算单位和基层预算单位付出或收到款项的凭证。一级预算单位有所属二级或多级预算单位的，由一级预算单位负责向二级或多级预算单位提供收到和付出款项的凭证。预算单位根据收到的支付凭证做好相应的会计核算。

（2）财政授权支付程序。财政授权支付适用于未纳入工资支出、工程采购支出、物品及服务采购支出管理的购买支出和零星支出。具体包括单件物品或单项服务购买额不足10万元人民币的购买支出，年度财政投资不足50万元人民币的工程采购支出，特别紧急的支出，经财政部门批准的其他支出。

在财政授权支付方式下，预算单位按照批复的部门预算和资金使用计划，申请授权支付的月度用款限额；财政授权支付的月度用款限额申请由一级预算单位汇总，报财政部门国库支付执行机构。财政部门根据批准的一级预算单位用款计划中月度授权支付额度，每月25日前以“财政授权支付汇总清算额度通知单”、“财政授权支付额度通知单”的形式分别通知中国人民银行和代理银行。

代理银行在收到财政部门下达的“财政授权支付额度通知单”时，向相关预算单位发出“财政授权支付额度到账通知书”。基层预算单位凭据“财政授权支付额度到账通知书”所确定的额度支用资金；代理银行凭据“财政授权支付额度通知单”受理预算单位财政授权支付业务，控制预算单位的支付金额，并与国库单一账户进行资金清算。

预算单位支用授权额度时，填制财政部门统一制定的“财政授权支付凭证”（或新版银行票据和结算凭证）送代理银行，代理银行根据“财政授权支付凭证”，通过零余额账户办理资金支付。

四、年终预算结余资金的处理

预算结余资金，是指实行国库集中收付制度的预算单位在预算年度内，按照财政部门批复的部门预算，当年尚未支用并按有关规定应留归预算单位继续使用的资金。预算单位结余资金的数额按照财政部门批复的部门预算数额加上年预算结余数额减去当年财政国库已支付数额（包括财政直接支付数额和财政授权支付数额）和应缴回财政部门数额后的余额计算。

预算单位的预算结余资金应按规定程序由财政部门核定。财政部门核定下达预算结余后，预算单位根据财政部门核定的上一年度预算结余和下年度预算，按规定的程序申请使用资金。

目前，我国中央预算和地方预算都普遍进行了国库管理制度的改革，最明显的是结合政府采购制度的实施，实行国库集中收付制度。现代国库集中收付管理制度的正式实施，将会影响传统的预算会计体系和分级。建立了国库单一账户体系后，传统的预算领拨款关系将发生变化，前述的行政单位和事业单位会计的分级含义也将会随之发生变化，主管会计单位、二级会计单位和基层会计单位之间的经费领拨关系淡化。但是，各级单位的会计仍将保留，仍然发挥着会计核算和会计监督作用。

【本章小结】

本章首先从政府与事业单位会计的概念出发，介绍我国政府与事业单位会计体系主要是由财政总预算会计、行政单位会计、事业单位会计、收入征解会计和国库会计等构成，表明了我国财政体制与政府及事业单位会计密切相关的特色，即一级财政建立一级预算和一级政府与事业单位会计；然后分别从“公共性、非营利性和财政性”等突出了我国政府与事业单位会计的特点；并从会计的目标、核算前提和一般原则的确定，说明了政府与事业单位会计的核算对象和会计要素内容，进一步表明政府与事业单位会计在核算和监督方面的特点。本章还从我国财政体制的改革出发，专门介绍了国库集中收付制度的实施，为后面学习具体会计核算内容打下基础。

【关键术语和概念】

政府与事业单位会计　政府预算　财政总预算会计　行政单位会计　事业单位会计　国库集中收付制度　国库单一账户体系　财政直接支付　财政授权支付

第二编　政府会计

政府会计包括政府预算会计和行政单位会计。政府会计通过会计核算程序，全面反映和监督各项财政资金的活动情况以及政府机关的财务状况，为各级政府及广大纳税人提供有用的会计信息。

第二章　政府会计概述

要进行政府会计的核算，必须明确政府会计的具体概念及特点，掌握政府预算的管理体制、具体会计核算原则和账务处理要求。

通过本章的学习，应该掌握以下内容：

（1）财政总预算会计的特点和核算原则。

（2）行政单位会计的特点和核算原则。

（3）财政总预算会计科目及会计账簿的设置要求。

（4）行政单位会计科目及会计账簿的设置要求。

第一节　财政总预算会计的概念及组成

一、财政总预算会计的概念及特点

财政总预算会计简称总预算会计，是各级政府财政部门核算、反映和监督政府预算执行等各项财政性资金活动的专业会计。总预算会计由中央和地方各级政府的财政机关具体实施。

财政机关集中各项财政资金形成财政收入，是一级财政的资金来源；以拨款和支出的形式分配使用财政资金形成财政支出，是财政资金的运用；在执行财政收支后，尚未使用的资金形成各项资金结余，是一级政府财政预算执行的结果。这种财政资金的收支、结存活动就是财政总预算会计反映、监督的基本内容。按照现行政府预算体制的要求，我国的五级政府预算都设置了财政总预算会计，并在全国组成了一个相互联系的信息网络。

根据《财政总预算会计制度》规定，财政总预算会计的主要任务是进行会计核算，反映预算执行，实行会计监督，参与预算管理，合理调度资金。

财政总预算会计的特点是同行政单位会计、事业单位会计及企业会计相比较而言的。各级政府与一般行政单位、事业单位及企业的经济活动有着明显的差异。财政机关是代表各级政府组织财政收支，办理政府预算、决算的管理机关，其主要职责是组织财政资金的收入和使用。行政、事业单位的主要任务是进行预算管理，组织经济、文化建设，发展社会各项事业，其所需资金大部分由财政资金分配拨付。而企业则是以营利为主要目标的经济组织，独立地从事商品生产经营活动，需要独立核算，自负盈亏。这些经济活动的差异，决定了财政总预算会计具有如下几个特点：

（1）财政总预算会计是为政府预算服务的，对财政资金进行核算与监督，为管理调度资金提供会计信息。政府预算体现了国家社会经济发展规划，是国民收入分配的一个重要环节，它对国家经济建设和各项事业的发展都起到重要作用。财政总预算会计作为反映和监督政府预算执行情况的专业会计，具有宏观意义。

（2）财政总预算会计所提供的信息不仅要符合一般的会计原则，还要符合《预算法》的要求，以满足上级财政部门及本级政府对预算管理和财政决策方面的需要。财政总预算会计的信息使用者是上级财政部门、政府部门、广大纳税人和社会公众，他们需要了解财政资金的收支情况，需要了解财政资金的使用效益，从而明确政府所做的工作。这一点，与企业会计有很大的区别。

（3）财政总预算会计核算各级政府的预算收支情况，不需要进行成本核算和损益计算。财政总预算会计的对象和职能决定了它主要反映财政资金的收入、支出情况，合理调度财政资金，提高资金使用效益，不必像企业会计和某些事业单位会计那样，进行成本核算和损益核算。

（4）财政总预算会计的核算以收付实现制为记账基础，个别事项可采用权责发生制，而企业会计核算则以权责发生制为记账基础，事业单位会计对于经营活动则可实行权责发生制。

二、财政总预算会计的一般原则

《财政总预算会计制度》规定了财政总预算会计在核算中应遵循的一般原则：

（1）总预算会计核算应当以实际发生的经济业务为依据，如实反映财政收支执行情况和结果。

（2）总预算会计信息应当符合预算法的要求，适应国家宏观经济管理和上级财政部门及本级政府对财政管理的需要。

（3）总预算会计核算应当按照规定的会计处理方法进行。

（4）财政部门管理的各项财政资金（包括一般预算资金、纳入预算管理的政府性基金、专用基金等）都应当纳入总预算会计核算管理。

（5）总预算会计处理方法前后各期应当一致，不得随意变更。如确有必要变更，应将变更的情况、原因和对会计报表的影响在预算执行报告中说明。

（6）总预算会计核算，应当及时进行。

（7）总预算会计记录和会计报表应当清晰明了，便于理解；对于重要的经济业务，应当单独反映。

（8）总预算会计核算以收付实现制为基础。

为了使财政总预算会计符合政府预算和国库收付制度的改革需要，财政部对《财政总预算会计制度》作出暂行补充规定。规定中要求中央财政总预算会计对个别事项可以采用权责发生制，除此之外其他事项均不得采用权责发生制。

中央财政总预算会计采用权责发生制的事项有：①预算已经安排，由于政策性因素，当年未能实现的支出；②预算已经安排，由于用款进度等原因，当年未能实现的支出；③动支中央预备费安排，因国务院审批较晚，当年未能及时拨付的支出；④为平衡预算需要，当年未能实现的支出。

(9) 凡是有指定用途的资金，必须按规定用途使用。

第二节　行政单位会计的概念及组成

一、行政单位及其特征

行政单位是指行使国家权力、管理国家事务、维护社会公共秩序、进行各项行政管理工作的政府机构。其人员列入国家行政编制，所需经费全部由政府预算拨给。行政单位可具体包括以下几部分：

(1) 国家权力机关。指各级人民代表大会及其常务委员会。全国人民代表大会是国家的最高权力机关。

(2) 各级行政机关。指各级人民政府及其所属各行政部门。行政机关是国家权力机关的执行机关，国务院是国家的最高行政机关。

(3) 各级司法机关。指行使国家审判职能和检察职能的机关，即各级人民法院和各级人民检察院。最高人民法院是国家的最高审判机关，最高人民检察院是国家的最高检察机关。

(4) 政党组织。指中国共产党、各民主党派以及共青团、妇联、工会等组织。

军队虽然也通过政府预算拨款解决经费，但因人员不属于行政编制，不划为行政单位，而作为独立的系统。

行政单位的职责是完成国家所赋予的各项行政管理任务，即维护社会公共秩序、保证国家机器的正常运转。行政单位虽不直接参与物质生产，但它们为社会再生产创造良好的环境，提供有效的服务和安全保障。因此，行政单位表现出以下特征：

(1) 行政单位的存在是以满足社会公共需要为前提，属于公共部门。行政单位为社会公众提供的服务，属于公共物品。公民在消费行政单位提供的服务时不具有排他性，当公民消费企业的商品时具有排他性。

(2) 行政单位的运作不是以营利为目的。行政单位为公民提供的服务一般不收取费用或只收取工本费，不像企业一样，以营利为目的提供商品和劳务。

(3) 行政单位的资金来源是单一的和无偿的。行政单位的资金来源是政府预算拨款，无需偿还。

(4) 严格执行部门预算。对行政单位来说，按照审批的部门预算取得和使用财政资金，并使财政资金发挥应有的社会效益，是行政单位会计必须遵循的基本要求。

二、行政单位会计的概念及特点

1. 行政单位会计的概念

行政单位为完成自身的任务，需要业务活动经费。它们一方面要按照财政部门或上级主管部门核准的预算，有计划地领拨经费；另一方面又要按照预算规定的用途使用经费。因此，行政单位会计的对象是各级行政单位预算资金和其他资金的收支运动。行政单位会计是指各级行政单位以货币为主要计量单位，反映和监督各级行政机关以及实行行政财务管理的其他机关预算执行情况及其结果的专业会计。它是预算会计体系中的重要组成部分。

行政单位部门预算是行政单位根据其职责和工作任务编制的年度财务收支计划，由收入预算和支出预算组成，是行政单位取得国家财政拨款，使用国家财政拨款的依据。行政单位部门预算是政府预算的重要组成部分，行政单位的预算执行情况，直接影响政府预算的执行情况。行政单位会计通过反映职能，如实将行政单位的预算执行的情况通过会计核算程序表现出来；通过监督职能，督促单位加强财务管理，提高资金的使用效益。

2．行政单位会计的特点

行政单位会计的特点是在与财政总预算会计和事业单位会计的比较中体现出来的。

（1）会计核算对象是纯预算收支运动。与财政总预算会计相连接，行政单位会计的核算对象是财政资金的领拨、使用及其结果，体现资金来源的唯一性，而事业单位会计的对象则体现出资金来源的多元化。

（2）支出列报依据的是实际支出数。行政单位会计和事业单位会计均是以经费的实际支出数列报支出，表现资金的最终消费；而财政总预算会计则是以预算拨款数列报支出，体现财政资金的分配。

（3）以收付实现制为记账基础。事业单位会计的记账基础既需用收付实现制，又需用权责发生制；行政单位会计与财政总预算会计的记账基础一样，均是收付实现制。

（4）不以营利为目的，会计核算简单。与事业单位比较，行政单位的业务活动目标是行使政府职能，向社会公众提供服务，其经济业务活动范围有特定限制，故行政单位会计核算比事业单位会计核算要简单得多。行政单位会计资金来源渠道单一，没有成本核算过程，不计盈亏。

（5）体现部门预算的刚性。按照《预算法》及有关制度的规定，行政单位应当严格执行部门预算，按照收支平衡的原则，合理安排各项资金，不得超预算安排支出。因此，行政单位会计在明细科目的设置和年终清理结算的工作上都充分体现了部门预算的刚性。

三、行政单位会计组织系统

根据行政单位的机构建制和经费领拨关系，行政单位的会计组织系统分为主管会计单位、二级会计单位和基层会计单位。

（1）主管会计单位。主管会计单位是指向同级财政部门领拨经费，并发生预算管理关系，有下一级会计单位的行政单位。主管会计单位直接向财政部门领拨经费，并向其下级会计单位转拨经费。主管会计单位负有较多的责任：①监督和检查本单位和所属各单位严格按照国家有关规定使用各项资金；②编制汇总部门预算报送财政部门审批；③编制汇总会计报表报送财政部门。

（2）二级会计单位。二级会计单位是指向主管会计单位或上一级会计单位领拨经费，并发生预算管理关系，有下一级会计单位的行政单位。

（3）基层会计单位。基层会计单位是指向上一级会计单位领拨经费，并发生预算管理关系，没有下级会计单位的行政单位。凡是直接向同级财政部门领拨经费而没有下级会计单位的部门，一律视同基层会计单位。

主管会计单位、二级会计单位和基层会计单位实行独立会计核算，负责组织管理本部门、本单位的全部会计工作。不具备独立核算条件的行政单位，实行单据报账制度，作为“报销单位”管理。各行政单位会计主体的会计核算应当以各预算单位发生的各项经济业务为对象，反映和监督各预算单位自身的各项经济活动。

不论是主管会计单位、二级会计单位，还是基层会计单位，行政单位会计都担负着以下的主要职责：①编制本单位的部门预算，并及时报送同级财政部门审核；②根据同级财政部门批准的部门预算，执行国库集中收付制度，如实核算收入与支出；③编制本单位的决算草案，并及时报送同级财政部门审核；④核算本单位的各项资产、负债、净资产、收入和支出等要素，提供真实、客观的会计信息。

第三节　政府会计的核算组织

政府会计的核算组织主要包括设置会计科目、采用适当的记账方法、规定会计凭证、设置会计账簿以及设计会计报表等内容，下面主要对政府会计的会计科目、会计凭证和会计账簿作介绍，其他内容在其他有关章节介绍。

一、财政总预算会计科目设置要求

1. 财政总预算会计科目设置的特点

会计科目是对会计对象具体内容进行分类核算的项目，是会计要素的进一步分类。因此，会计科目是各级财政总预算会计设置账户、确定核算内容的依据，也是汇总和检查财政资金活动情况及其结果的基本依据。财政总预算会计的会计科目是根据统一性、适应性和简明性的要求设置的，与其他预算会计比较具以下的特点：

（1）收支科目相对应，并占据主要位置。总预算会计的收支科目较多并有直接的对应，主要是遵循专款专用的原则。

（2）收支科目与政府收支分类科目相适应。收支科目以政府收支分类科目的级次设置明细科目，即总预算会计的明细科目要与政府收支分类科目的类、款、项一致。这样使会计记录和反映的结果能与政府预算相对应，便于分析和比较，更好地为预算管理服务。

（3）不核算实物资产，故不设这一类会计科目，也没有库存现金科目。

2. 财政总预算会计科目表

总预算会计的一级科目必须统一，明细科目允许有一定的灵活性。一级科目统一由财政部制定和颁布施行，不需要的科目可以不用，但不得任意改变科目名称和编号。明细科目除统一规定外，各级总预算会计也可按本身的需要自行设置。

各级财政总预算会计科目按会计要素可分为资产、负债、净资产、收入和支出这五类，其适用的会计科目如表 2-1 所示。

表 2－1　　财政总预算会计科目表

序号	编码	科目名称	序号	编码	科目名称
		一、资产类	14	307	专用基金结余
1	101	国库存款	15	321	预算周转金
2	102	其他财政存款			
3	104	有价证券			四、收入类
4	105	在途款	16	401	一般预算收入
5	111	暂付款	17	405	基金预算收入
6	112	与下级往来	18	407	专用基金收入
7	121	预拨经费	19	411	补助收入
8	122	基建拨款	20	412	上解收入
			21	414	调入资金
		二、负债类			
9	211	暂存款			五、支出类
10	212	与上级往来	22	501	一般预算支出
11	222	借入款	23	505	基金预算支出
			24	507	专用基金支出
		三、净资产类	25	511	补助支出
12	301	预算结余	26	512	上解支出
13	306	基金预算结余	27	514	调出资金

二、行政单位会计科目设置要求

1．行政单位会计科目表

行政单位会计科目是对行政单位会计核算对象的具体内容进行科学分类的项目。行政单位会计科目是各级行政单位会计设置账户、确定核算内容、归集经济业务的依据，也是汇总和检查行政单位资金活动情况及其结果的依据。行政单位会计与财政总预算会计相比，需增设现金、材料、固定资产等实物资产科目；与事业单位会计相比，没有应收账款、应收票据、应付账款及有关经营收支科目，这是由行政单位会计核算内容决定的。各级行政单位统一适用的会计科目如表 2－2 所示。

表 2－2　　行政单位会计科目表

序号	编码	科目	序号	编码	科目
		一、资产类	14	213	应付其他个人收入
1	101	现金			
2	102	银行存款			三、净资产类
3	103	有价证券	15	301	固定基金
4	104	暂付款	16	303	结余
5	105	库存材料			
6	106	固定资产			四、收入类
7	107	零余额账户用款额度	17	401	拨入经费
8	115	财政应返还额度	18	404	预算外资金收入
			19	407	其他收入
		二、负债类	20	501	经费支出
9	201	应缴预算款			
10	202	应缴财政专户款			五、支出类
11	203	暂存款	21	502	拨出经费
12	211	应付工资（离退休费）	22	505	结转自筹基建
13	212	应付地方（部门）津贴补贴			

2. 行政单位会计科目的使用要求

（1）应当使用按规定统一设置的会计科目，非经财政部门同意，不得随意减并或自行增设，不得擅自更改会计科目的名称。不需用的会计科目可以不用。

（2）在使用会计科目的编号时，应与会计科目名称同时使用。可以只使用会计科目的名称，不使用会计科目的编号，但不得只使用会计科目的编号，而不使用会计科目的名称。

3. 会计科目的二级科目和明细科目应根据具体情况分别设置

（1）资产类明细科目的设置。货币资金可分别按人民币和外币设置明细科目。实物资产可按资产的名称、品种、类别设置明细科目，还可按存放地点设置明细科目。“暂付款”可按债务单位或个人名称设置明细科目。

（2）负债类明细科目的设置。应缴预算款和应缴财政专户款，可按类别设置明细科目。暂存款可按债权单位或个人名称设置明细科目。

（3）净资产类明细科目的设置。有专项资金的单位可按结余的来源分别按基本结余和项目结余设置明细科目。

（4）收入类明细科目的设置。拨入经费和预算外资金收入可首先按资金管理要求分别设置“基本支出”和“项目支出”两个二级科目。拨入经费和预算外资金收入的二级科目可再按政府收支分类科目设置三级明细科目。

（5）支出类明细科目的设置。经费支出和拨出经费可首先按资金管理要求分别设置

"基本支出"和"项目支出"两个二级科目。经费支出的二级科目可再按政府收支分类科目设置明细科目；拨出经费的二级科目可再按所属拨款单位名称设置明细科目。

三、政府会计账务处理要求

会计凭证是记录经济业务、明确经济责任的书面证明，也是登记会计账簿的依据。政府会计在核算各项经济业务时，都应取得或填制原始凭证，并根据审核无误的原始凭证填制记账凭证。

1. 原始凭证的构成

原始凭证是经济业务发生时，载明其经济业务完成情况的原始证明。

各级财政总预算会计采用的原始凭证主要包括：①国库报来的各种收入日报表及附件，如各种"缴款书"、"收入退还书"、"更正通知书"等；②各种拨款和转账收款凭证，如预算拨款凭证、各种银行汇款凭证等；③主管部门报来的各种非包干专项拨款支出报表和基本建设支出月报等；④其他足以证明会计事项发生经过的凭证和文件。

各级行政单位会计采用的原始凭证主要包括：①收入款项凭证，如收款收据、借款凭证及预算拨款凭证等；②实物资产凭证，如固定资产调拨单、库存材料的出库单、入库单等；③银行凭证，如开户银行转来的收、付款凭证及往来结算凭证等；④其他足以证明会计事项发生经过的凭证和文件。行政单位的专用票据和通用票据要按照国家规定的要求使用。

2. 记账凭证的格式

记账凭证是会计人员根据审核无误的原始凭证填制的记录经济事项、借贷方向、会计科目及其金额的证明文件，它是登记账簿的依据。政府会计的记账凭证不分收、付、转三种专用格式，一律采用通用记账凭证。其基本格式有两种，如表2－3所示。

表2－3　　记账凭证

总号________

年　月　日　　分号________

对方单位	摘要	借方		贷方		金额	记账符号	
		科目编号	科目名称	科目编号	科目名称			

附凭证　张

会计主管　　记账　　稽核　　出纳　　制单　　领缴款人

记账凭证应按制度的规定进行编制和执行，有关人员必须履行自己的职责；月末应将记账凭证按顺序号整理，连同所附的原始凭证加上封面，装订成册保管。记账凭证封面格式如表2－4所示。

表 2-4 **记账凭证封面**

（财政部门或单位名称）

时　间	年　月份
册　数	本月共　册　本册是第　册
张　数	本册自第　号至第　号

会计主管　　　　装订人

3. 会计账簿的设置

账簿是由一定的格式、互相联系的账页组成的，以供会计人员在会计凭证的基础上，全面、连续、系统地记录和反映各项经济业务的簿籍。为了核算各级政府、行政单位的财政资金，政府会计应根据需要设置以下账簿：

（1）总账。总账是用来核算财政总预算会计资金活动的总括情况、平衡账务、控制和核对各种明细账的账簿。总账格式采用三栏式账簿，并按会计科目名称设置账户。总账格式如表 2-5 所示。

表 2-5 **总　账**

本账页数	
本户页数	

会计科目：________

户名：________

年		凭证号	摘　要	借方金额	贷方金额	余　额	
月	日					借或贷	金　额

（2）明细账。明细账是用来核算对总账有关科目进行明细核算的账簿。明细账可以选用三栏式账簿或多栏式账簿。多栏式账簿格式如表 2-6 所示。

表 2-6 **明 细 账**

明细科目或户名：________　　　　第　页

年		凭证号	摘　要	借　方	贷　方	余　额	借（贷）方余额分析			
月	日									

说明：各种收支明细账可采用本账格式。

本账作支出明细核算时，“借（贷）方余额分析”栏以借方为主。

本账作收入明细核算时，“借（贷）方余额分析”栏以贷方为主。

具体来说，财政总预算会计需设置的主要明细账有：①收入明细账，包括一般预算收入明细账、基金预算收入明细账、专用基金收入明细账、上解收入明细账等；②支出明细账，包括一般预算支出明细账、基金预算支出明细账、专用基金支出明细账、补助支出明细账等；③往来明细账，包括暂付款明细账、暂存款明细账、与下级往来明细账等；④存款明细账，包括一般预算存款明细账、基金预算存款明细账、专用基金存款明细账、未设国库的乡镇财政预算资金存款明细账等。

行政单位会计需要设置的主要明细账有：①收入明细账，包括拨入经费明细账、预算外资金收入明细账及其他收入明细账；②支出明细账，包括基本支出明细账、项目支出明细账和拨出经费明细账；③往来款项明细账，包括暂付款明细账、暂存款明细账。

（3）日记账。行政单位会计应根据需要设置现金日记账和银行存款日记账。对于所有货币资金业务，出纳人员必须当天记入“现金日记账”和“银行存款日记账”。行政单位的现金日记账和银行存款日记账一般采用订本式，其格式与企业的账簿格式基本相同。

【本章小结】

本章分别从政府会计的角度分析了财政总预算会计和行政单位会计的概念与特点，使之明确进行会计核算的对象特征。财政总预算会计是以政府为主体的具有宏观层面上的会计核算，而行政单位则是以单位为主体，履行政府管理职能的、具有微观层面上的会计核算。两者相互联系，构成整个政府财政资金的核算内容。

另外，要进行政府会计的核算，必须规定会计科目、会计凭证、会计账簿和会计报表的设置。财政总预算会计与行政单位会计的科目按照会计制度的规定自成体系，在学习时应注意区分。

【关键术语和概念】

财政收入　财政支出　财政总预算会计及特点　财政总预算会计科目　行政单位会计及特点　行政单位会计科目

第三章　财政总预算会计收入的核算

收入是指各级政府为了实现其管理职能，根据法令和法规取得的非偿还性资金，是一级政府的资金来源。财政总预算会计核算的收入包括一般预算收入、基本预算收入、专用基金收入和资金调拨收入等。

通过本章的学习，应该掌握以下内容：

（1）预算收入的分类及内容。

（2）预算收入的收纳、划分和报解。

（3）国家金库的构成。

（4）预算收入的账务处理。

（5）专用基金收入和资金调拨收入的内容及财务处理。

第一节　预算收入的分类和内容

预算收入是国家为了实现其职能，通过政府预算所集中的资金，是进行社会主义现代化建设的财力保证。预算收入项目的具体分类和内容，是按照《政府收支分类科目》的规定，由财政部根据预算管理的要求统一制定的。

政府收支分类科目是政府预算收支的总分类及明细分类，体现了政府收支分类体系，它由收入分类、支出功能分类和支出经济分类三部分构成，并从2007年1月1日起全面实施。

一、政府收入的分类及内容

收入分类主要反映政府收入的来源和性质。根据我国政府收入构成情况，结合国际通行的分类方法，可将政府收入分为类、款、项、目四级。政府收入分类科目概括了预算收入的全部内容，并将随着社会经济的发展和政府收入形式的变化，及时进行修订。按照《2009年政府收支分类科目》的划分，收入主要由税收收入、社会保险基金收入、非税收入、贷款转贷回收本金收入、债务收入和转移性收入组成。收入分类的类、款级科目主要内容如表3－1所示。

表 3-1　　收入分类科目表

科目编码 类	科目编码 款	科目名称	说明
101		税收收入	
	01	增值税	反映按《中华人民共和国增值税暂行条例》征收的国内增值税、进口货物增值税和经审批退库的出口货物增值税。
	02	消费税	反映按《中华人民共和国消费税暂行条例》征收的国内消费税、进口消费品消费税和经审批退库的出口消费品消费税。
	03	营业税	反映税务部门按《中华人民共和国营业税暂行条例》征收的营业税。
	04	企业所得税	反映税务机关按《中华人民共和国企业所得税暂行条例》征收的企业所得税以及依照《中华人民共和国外商投资企业和外国企业所得税法》征收的外商投资企业和外国企业所得税。税务机关对港澳台商投资企业征收的企业所得税，也在本类有关科目反映。
	05	企业所得税退税	反映财政部门按“先征后退”政策审批退库的企业所得税。其口径与“企业所得税”相同。
	06	个人所得税	反映按《中华人民共和国个人所得税法》、《对储蓄存款利息所得征收个人所得税的实施办法》征收的个人所得税。
	07	资源税	反映按《中华人民共和国资源税暂行条例》征收的资源税。
	08	固定资产投资方向调节税	反映地方税务局按《中华人民共和国固定资产投资方向调节税暂行条例》补征的固定资产投资方向调节税。
	09	城市维护建设税	反映按《中华人民共和国城市维护建设税暂行条例》征收的城市维护建设税。
	10	房产税	反映地方税务局按《中华人民共和国房产税暂行条例》征收的房产税以及依照《城市房地产税暂行条例》征收的城市房地产税。
	11	印花税	反映按《中华人民共和国印花税暂行条例》征收的印花税。
	12	城镇土地使用税	反映按《中华人民共和国城镇土地使用税暂行条例》征收的城镇土地使用税。
	13	土地增值税	反映按《中华人民共和国土地增值税暂行条例》征收的土地增值税。
	14	车船使用和牌照税	反映按《中华人民共和国车船使用税暂行条例》征收的车船使用税以及依照《车船使用牌照税暂行条例》征收的车船使用牌照税。
	15	船舶吨税	反映船舶吨税收入。
	16	车辆购置税	反映按《中华人民共和国车辆购置税条例》征收的车辆购置税。

续上表

科目编码		科目名称	说明
类	款		
	17	关税	反映海关按《中华人民共和国进出口关税条例》征收的关税，按《中华人民共和国反倾销条例》征收的反倾销税，按《中华人民共和国反补贴条例》征收的反补贴税，按《中华人民共和国保障措施条例》征收的保障措施关税以及财政部按“先征后退”政策审批退税的关税。
	18	耕地占用税	反映地方税务局按《中华人民共和国耕地占用税暂行条例》征收的耕地占用税。
	19	契税	反映地方税务局按《契税暂行条例》征收的契税。
	20	其他税收收入	
102		社会保险基金收入	
	01	基本养老保险基金收入	反映参加基本养老保险的单位和个人缴纳的基本养老保险费、财政补贴、利息等收入。
	02	失业保险基金收入	反映参加失业保险的单位和个人缴纳的失业保险费、财政补贴、利息等收入。
	03	基本医疗保险基金收入	反映参加基本医疗保险的单位和个人缴纳的基本医疗保险费、财政补贴、利息等收入。
	04	工伤保险基金收入	反映参加工伤保险的单位缴纳的工伤保险费、财政补贴、利息等收入。
	05	生育保险基金收入	反映参加生育保险的单位缴纳的生育保险费、财政补贴、利息等收入。
	06	其他社会保险基金收入	
103		非税收入	
	01	政府性基金收入	反映各级政府及其所属部门根据法律、行政法规以及中共中央、国务院有关文件规定，向公民、法人和其他组织无偿征收具有专项用途的财政资金（包括基金、资金、附加和专项收费）。
	02	专项收入	反映中央和地方政府根据有关规定对排污、资源、矿藏、教育、运输等征收费用形成的共用收入。
	03	彩票奖金收入	反映彩票机构上缴财政部门的彩票公益金和发行费等资金。
	04	行政事业性收费收入	反映依据法律、行政法规、国务院有关规定、国务院财政部门与计划部门共同发布的规章或者规定以及省、自治区、直辖市的地方性法规、政府规章或者规定，省、自治区、直辖市人民政府财政部门与计划（物价）部门共同发布的规定所收取的各项收费收入。目级科目编码 01 至 50 的收入缴入国库，51 至 99 的收入缴入财政专户。

续上表

科目编码		科目名称	说明
类	款		
	05	罚没收入	反映执法机关依法收缴的罚款（罚金）、没收款、赃款，没收物资、赃物的变价款收入。
	06	国有资本经营收入	反映各级人民政府及其部门、机构履行出资人职责的企业上交的国有资本收益。
	07	国有资源（资产）有偿使用收入	反映有偿转让国有资源（资产）使用费而取得的收入。
	08	其他收入	
104		贷款转贷回收本金收入	
	01	国内贷款回收本金收入	反映收回的技改贷款及其他财政贷款本金收入。
	02	国外贷款回收本金收入	反映收回的我国政府向国外政府贷款、向国际组织贷款的本金收入。
	03	国内转贷回收本金收入	反映收回的政府部门向外国政府、国际金融机构借款转贷给地方政府、相关部门和企业的款项。
	04	国外转贷回收本金收入	反映收回的中央政府部门向外国政府、国际金融机构借款转贷给国外有关机构和企业的款项。
105		债务收入	
	01	国内债务收入	反映从国内取得的债务收入。
	02	国外债务收入	反映从国外取得的债务收入。
110		转移性收入	
	01	返还性收入	反映下级政府收到上级政府的返还性收入。
	02	财力性转移收入	反映政府间财力性转移支付收入。
	03	专项转移支付收入	反映政府间专项转移支付收入。
	04	政府性基金转移收入	反映政府性基金转移收入。
	05	彩票公益金转移收入	反映政府间彩票公益金转移收入。
	06	预算外转移收入	反映政府间预算外资金转移收入。
	07	单位间转移收入	反映各单位间的转移收入。
	08	上年结余收入	反映各类资金的上年结余。
	09	调入资金	反映不同性质资金之间的调入收入。

二、政府收入分类科目与财政总预算会计预算收入科目之间的联系

《政府收支分类科目》反映了我国为适应市场经济条件下的政府职能转变、建立健全公共财政体系的总体要求，而逐步形成的一套既适合我国国情又符合国际通行做法的较为

规范合理的政府收支分类体系。该体系的不断完善，将为进一步深化财政改革、提高预算透明度、强化预算监督创造有利条件。

我国在1998年开始实施的财政总预算会计制度是和现行的预算管理方式相适应的。为积极稳妥地推进政府收支分类改革，2007年实施政府收支分类科目后，暂不改变目前预算管理的基本流程和管理模式，也不改变财政总预算会计制度核算预算内资金、预算外资金和社会保险基金分别管理、核算的方式。因此，财政总预算会计的预算收支科目仍然是四个：一般预算收入、基金预算收入、一般预算支出、基金预算支出。这四个科目，分别以政府收支分类科目作为明细科目进行核算。

第二节　预算收入的收纳、划分和报解

一、预算收入的组织机构

为了组织和监督预算收入，国家设立了专门的征收和管理机构，包括征收机关和国家金库。

1. 征收机关

政府预算经过法定程序批准后，必须正确地组织实施以保证预算收入任务的完成，这就进入了预算执行阶段。组织预算执行是实现预算收支任务的重要环节。政府预算收入的执行是由财政部门负责组织的，但由于各项预算收入的性质和来源不同，征收的单位也有所不同。我国的征收机关主要有税务机关、财政机关和海关等。

（1）税务机关。税务机关主要负责各项工商税收和企业所得税的征收管理，以及国家交办的其他预算收入的征收管理。

（2）财政机关。财政机关主要负责国有企业上缴利润及其他预算收入的征收管理。

（3）海关。海关主要负责对进出口的货物和各种物品、旅客行李等依法征收关税和规费，为税务机关代征进出口产品的增值税、消费税、对台贸易调节税以及政府交办的涉及进出口产品的其他税收的征收管理。

（4）其他机关。不属于上述范围的预算收入，以国家规定负责征收管理的单位为征收机关，如公安、法院、检察院等。

2. 国家金库

（1）国家金库的概念。

国家金库是经理政府财政收入支出的总出纳机关，简称国库。国库负责政府预算资金的收纳、划分、留解和库款支拨的业务。国库的概念，包括了两层意思：一是说明国库是政府财政的“财政库”，是国家财政的总出纳机关。它既不是银行收存金银实物的“实物库”，也不是银行保管货币的“发行库”。二是说明国库作为出纳机关，政府的全部预算收入都由国库收纳入库，一切预算支出都由国库拨付。它不是单纯的现金出纳，而是参与组织和执行政府预算的专门机关。因此，国库必须认真执行国家的方针、政策和财经制度，发挥国库的执行作用、促进作用和反映作用。

(2) 国家金库的管理体制和组织机构。

从世界各国的情况看，政府预算收支的保管出纳制度主要有独立国库制、委托国库制和银行制三种。独立国库制指的是国家单独设立经管国家财政预算收支的机构，办理国家财政预算收支的保管出纳工作；委托国库制指的是委托银行办理政府预算收支工作；银行制则是指国家不设国库，国家的财政收入作为一般存款存入银行进行管理。

我国的国库制度一直采用委托制，即国家金库由中国人民银行代理。目前世界各国，尤其是经济较发达的国家大多数采用委托制。实行委托制的优点在于：一是可利用遍及全国城乡的银行机构，方便缴款和拨款；二是通过银行单位能迅速灵活地划转预算收支的上解下拨；三是通过银行办理有利于加强对预算收支的监督管理。

我国国家金库的组织机构是按照国家财政管理体制设立的，原则上一级财政设立一级国库。根据预算法及其实施条例规定，我国国库分设中央国库和地方国库两套机构，并分别向中央财政和地方财政负责。中央国库业务由中国人民银行经理；地方国库业务由中国人民银行分支机构经理；未设中国人民银行分支机构的地区，由中国人民银行及地方财政委托有关银行办理。

目前，我国国库设有总库、分库、中心支库、支库，有部分地方建立了乡镇国库。中国人民银行总行负责经理总库；各省、自治区、直辖市分行负责经理分库，计划单列市分行可设置分库，其国库业务受省分库领导；省辖市、自治州和成立一级财政的地区，由市、地（州）分支行经理中心支库；县（市）支行经理支库。支库以下可设置国库经收处，业务由专业银行的分支机构办理，负责收纳报解财政库款。国库经收处不是一级独立的国库，其业务工作受支库领导。

二、预算收入的收纳

1. 缴库方式

政府预算收入的收缴，一律通过国库办理。按国库集中收付制度的规定，预算收入的缴库方式分为直接缴库和集中汇缴两种。

(1) 直接缴库。就是指由缴款单位或缴款人按有关法律法规规定，直接将应缴收入缴入国库单一账户或预算外资金财政专户。具体来说，就是通过缴款人所在地的开户行，以转账方式将款项缴入国库。这种方式使政府预算收入的收缴减少了层层汇总缴款的繁琐手续，同时便于税务机关的监督和指导。目前，我国企业、事业单位等纳税人主要采用直接缴库方式。

(2) 集中汇缴。就是指由征收机关（有关法定单位）按有关法律规定，于收缴收入的当日汇总，将所收的应缴收入缴入国库单一账户或预算外资金财政专户。这种方式主要适用于农村集贸市场、个体商贩及农民缴纳的小额零散税款、个人的进口关税及法律另有规定的应缴收入和非税收入中的现金缴款。

2. 预算收入的缴款凭证

国库在办理收入缴库时，必须填制缴款凭证，即缴款书。它是国库办理收纳预算收入唯一合法的原始凭证，也是各级征收机关、国库、银行和缴款单位分析、检查预算收入任务完成情况，进行记账、统计的重要基础资料。缴款书一般分为工商税收专用缴款书、一般缴款书和其他缴款书三种。

（1）工商税收专用缴款书。工商税收专用缴款书共分六联：第一联为收据（代完税证），国库收款盖章后退缴款单位或纳税人；第二联为付款凭证，由缴款单位开户行作付出传票；第三联为收款凭证，由收款国库作收入传票；第四联为回执，国库收款盖章后退征收机关；第五联为报查，国库收款盖章后退基层征收机关；第六联为存根，由征收机关根据需要增加，由税务机关留存。

（2）一般缴款书。实行利润承包的国有企业上缴利润等收入，各机关事业单位上缴有关收入等使用一般缴款书。一般缴款书一式五联，一至四联的用途与税收专用缴款书相同，第五联为报查，国库收款盖章后退同级财政部门。

（3）其他专用缴款书。主要包括企业所得税专用缴款书、涉外税收专用缴款书、海关专用缴款书，其他不属于税收、利润和其他收入的缴款书等。其他专用缴款书共分六联，与工商税收专用缴款书各联内容相同。

三、预算收入的划分和报解

1. 预算收入的划分

各级国库对于每日收纳入库的预算收入，应按照预算管理体制规定的范围和比例，将预算收入在中央预算与地方预算之间，以及地方各级预算之间正确地进行划分。预算收入在各级财政之间的划分是国家预算管理体制的一项基本内容，是实现国家预算分级管理，确保财权、事权统一，解决中央财政与地方财政之间分配关系的核心内容。我国预算收入一般可划分为固定收入、分成收入两大部分。固定收入分为“中央固定收入”和“地方固定收入”，固定为各级的预算收入；分成收入按各级财政的财力情况以比例或其他方法进行分配。一般预算收入在中央财政和地方财政之间的划分如下：

（1）中央固定收入。包括：关税，海关代征的进口环节增值税，消费税（含进口环节海关代征的部分），中央企业所得税，地方银行和外资银行及非银行金融机构所得税，铁道部门、各银行总行、保险总公司等集中缴纳的收入（包括营业税、所得税、利润和城市维护建设税），中央企业上缴利润，专款收入等。

（2）地方固定收入。包括：营业税（不含铁道部门、各银行总行、各保险总公司集中缴纳的营业税）、地方企业所得税（不含上述地方银行和外贸银行及非银行金融企业所得税）、地方企业上缴利润、个人所得税、城镇土地使用税、城市维护建设税（不含铁道部门、各银行总行、各保险总公司集中缴纳的部分）、房产税、车船税、印花税、屠宰税、耕地占用税、契税、遗产税和赠予税、土地增值税、国有土地有偿使用收入、专款收入等。

（3）中央与地方分成收入。包括：增值税（按比例划分中央预算与地方预算的分成比例）、资源税（按资源品种划分中央预算与地方预算的分成份额）、能源交通重点建设基金收入等。

一般预算收入在地方各级财政之间的划分情况，由上一级财政制定本级和下级财政之间的财政管理体制，按规定划分的方法执行。由于各地的情况不同，其划分的方法也不尽相同。这种分税、分征和分管的制度，规范了中央与地方的财力分配关系，保证了中央财政收入的稳定，也调动了地方财政组织收入的积极性。

基金预算收入也按预算级次划分为中央基金预算收入、地方基金预算收入和中央、地方共享基金收入。具体项目的划分目前仍按原规定执行。

2．预算收入的报解

预算收入的报解是指通过国库向上级国库和财政部门报告预算收入情况，并将属于上级财政的预算收入解缴到中心支库、分库和总库的过程。“报”就是国库要向各级财政机关报告预算收入的情况，以便各级财政机关掌握预算收入的进度和情况；“解”就是国库要在对各级预算收入的划分和办理收入分成后，将财政库款解缴到各级财政的国库存款账户上。

支库是基层国库，各级预算收入款项应以缴入支库为正式入库。国库经收处只是代收，不能作为正式入库。支库收到属于中央预算固定收入、省级预算固定收入、地（市）级预算固定收入时，凭“缴款书”直接编制“预算收入日报表”，将款项逐级报解到上级国库。填写“预算收入日报表”时附“缴款书”报查联随划款报单上报分库或中心支库。收到属于本级预算固定收入时，应按“缴款书”编制“预算收入日报表”一式三份，一份留存，一份附缴款书回执联送交征收机关，一份送县财政总预算会计。收到属于分成收入时，还应编制“分成收入计算日报表”，按上级规定的分成比例对参与分成的收入办理分成留解，“分成收入计算日报表”一份留存，一份送县财政总预算会计，一份随划款报单上报中心支库。

中心支库、分库和总库预算收入的报解程序与支库的报解程序基本相同。

“预算收入日报表”和“分成收入计算日报表”的格式如表3－2、表3－3所示。

表3－2　　**预算收入日报表**

级次：　　　　年　月　日　　　　第　号

预算科目	本日收入

国库（公章）　　　复核　　　制表

表3－3　　**分成收入计算日报表**

级次：　　　　年　月　日

分成项目	本月收入	本年累计
收入总额		
60%地（市）级分成		
40%县级分成		

国库（公章）　　　复核　　　制表

四、预算收入的退库

预算收入退库是指在预算收入执行过程中，经本级财政部门批准，将已入库的预算收入退还给原缴款单位或个人。退库属于减少政府预算收入，需要认真审核。办理退库时，必须遵守国家金库条例及其实施细则规定的退库范围和审批程序。凡是不符合规定的收入退库，各级财政机关、税务机关和海关不得办理审批手续，各级国库对不符合规定的退库有权拒绝办理。

1. 预算收入退库的原则和范围

一切预算收入，均应及时足额缴入国库，已缴入国库的收入数额，属于正当理由需要办理退库的，应遵循以下原则：

（1）应经财政机关或其授权的主管征收机关（如税务局、海关）批准，从国库中退库支款，国库经收处只办理库款收纳，不办理预算收入退库。

（2）办理收入退库必须由申请退库的单位或个人提出书面申请，经财政或征收机关审查批准后，退给申请单位或个人。国库办理库款的退付，应当凭财政或征收机关填制的"收入退还书"办理。

（3）预算收入的退库，应按预算收入的级次办理，即中央预算收入退库，从中央级库款中退付；地方各级预算固定收入的退库，从地方各级库款中退付；各级分成收入的退库，按规定的分成比例分别从上级和本级库款中退付。

（4）各级预算收入的退库，原则上通过转账办理，不能支付现金。对个别特殊情况，必须退付现金时，财政或征收机关应从严审查核定后，在"收入退还书"上加盖"退付现金"的戳记，由收款人持其向指定的国库按规定审查退库。

预算收入的退库，必须在国家规定的退库范围内，按照规定的审批程序办理，属于下列范围的可以办理退库：

（1）技术性的差错和结算性质的退库，如预算收入的错缴或缴错预算级次。

（2）对国有企业的所得税退税和计划亏损补贴。

（3）企业按计划上缴税利，超过应缴税额需要退库的。

（4）财政部明文规定或专项批准的其他退库项目。

2. 预算收入退库的手续

缴款单位或缴款人申请退库，应向财政机关填写退库申请书，严格履行退库手续。退库申请书经财政机关审核批准后，在退库申请书上签署审批意见和核定退库金额，并填制收入退还书，加盖公章，交申请单位或申请人持其向指定的国库办理退库。

"收入退还书"是通知国库退付库款的唯一合法凭证。它一式五联：第一联为报查联，由退款国库盖章后退签发"收入退还书"的机关；第二联为付款凭证，由退款国库作付出传票；第三联为收入凭证，由收款单位开户行作收入传票；第四联为收账通知，由收款单位开户银行通知收款单位收账；第五联为付款通知，由国库随收入日报表送退款的财政机关。"收入退还书"第五联的格式如表 3－4 所示。

表 3－4　　　　　　　　　　　　　　**收入退还书（付款通知）**

填发日期：　　年　月　日　　　　　　　　　　　　　　　　　　　　　　编号

<table>
<tr><td rowspan="3">收款单位</td><td colspan="2">全　称</td><td colspan="4"></td><td colspan="2" rowspan="3">退款单位</td><td colspan="2">机关全称</td><td colspan="2"></td></tr>
<tr><td colspan="2">账　号</td><td colspan="4"></td><td colspan="2">预算级次</td><td colspan="2"></td></tr>
<tr><td colspan="2">开户银行</td><td colspan="4"></td><td colspan="2">退款国库</td><td colspan="2"></td></tr>
<tr><td colspan="3">预 算 科 目</td><td colspan="9">金　　额</td><td rowspan="2">退 库 原 因</td></tr>
<tr><td>款</td><td>项</td><td>目</td><td>百</td><td>十</td><td>万</td><td>千</td><td>百</td><td>十</td><td>元</td><td>角</td><td>分</td></tr>
<tr><td></td><td></td><td></td><td></td><td></td><td></td><td></td><td></td><td></td><td></td><td></td><td></td><td></td></tr>
<tr><td></td><td></td><td></td><td></td><td></td><td></td><td></td><td></td><td></td><td></td><td></td><td></td><td></td></tr>
<tr><td colspan="3">合　　计</td><td></td><td></td><td></td><td></td><td></td><td></td><td></td><td></td><td></td><td></td></tr>
<tr><td colspan="13">人民币（大写）：</td></tr>
<tr><td colspan="13">上列款项已办妥退库手续，并划转收款单位账户。
国库（银行）盖章
年　月　日</td></tr>
</table>

第五联　由国库随收入日报表送退款的财政机关

第三节　预算收入的核算

各级财政总预算会计办理预算收入的核算，主要是以同级国库报来的“预算收入日报表”、“分成收入计算日报表”及所附的“缴款书”、“收入退还书”等原始凭证为依据。财政总预算会计不得直接收纳任何预算收入，也不得自行调整国库报来的数字。财政总预算会计收到上述原始凭证后，应进行认真的审核，经审核无误才能进行账务处理。

一、预算收入核算的会计科目

为了核算预算收入业务，财政总预算会计应设置“一般预算收入”科目和“基金预算收入”科目。

“一般预算收入”科目用来核算各级财政部门组织的纳入预算的各项收入。该科目贷方登记从国库报来的各项预算收入数，以红字记录亏损补贴数和退库数；平时的贷方余额，反映预算收入累计数；年终，借方登记将贷方余额全数转入预算结余科目的数额。该科目应根据政府收支分类科目中的“收入分类科目”下应列入一般预算收入的类、款、项、目级科目设置相应明细账，进行明细分类核算。

一般预算收入，是指各级政府财政组织纳入预算管理的收入，是可以综合地安排用于政府的各项一般预算支出的收入，它是各级政府最主要的财力来源。在《政府收支分类科目》中，财政收入共分为六大类，但属于一般预算收入科目核算的项目只有税收收入类和非税收入类两类，其余四类则不在一般预算收入科目中核算。一般预算收入以本年度缴入基层国库（含乡镇国库）的数额为准。

未设国库的乡（镇）总预算会计根据征收机关（如税务所）报来的预算收入日报表

登记收入辅助账，待收到县财政返回收入时，再做收入的账务处理。

“基金预算收入”科目用来核算各级财政部门管理的政府性基金预算收入。该科目贷方登记平时取得的收入数；该科目平时贷方余额，反映当年基金预算收入累计数；年终，借方登记将贷方余额全数转入“基金预算结余”科目的数额。该科目应按政府收支分类科目中的“收入分类科目”下应列入基金预算收入的类、款、项、目级科目设置明细账，进行明细分类核算。

基金预算收入也称政府性基金收入，是指各级政府财政组织和管理的具有专门用途的政府财政预算资金收入。按照现行《政府收支分类科目》，属于基金预算收入科目核算的内容分为非税收入中政府性基金收入和转移性收入两类。各项基金预算收入以本年度缴入基层国库数为准。

二、一般预算收入的账务处理

财政总预算会计收到国库报来的“预算收入日报表”等凭证时，经审核无误，应按所列当日预算收入数，借记“国库存款”科目，贷记“一般预算收入”科目。如果当日的收入为负数时，应以红字记入。年终结账时，将“一般预算收入”科目的贷方余额全数转入“预算结余”科目。

[**例** 1] 某市财政局收到国库报来本市市级“预算收入日报表”，列示当日营业税收入为 1 100 000 元。应作如下会计分录：

借：国库存款　　1 100 000

　贷：一般预算收入——税收收入——营业税　　1 100 000

[**例** 2] 某市财政局收到国库报来本市市级“预算收入日报表”，列示一般预算收入为负数 100 000 元，其中，营业税收入 200 000 元，个人所得税收入 100 000 元，国有企业计划亏损补贴退库 280 000 元，企业所得税退税 120 000 元。应作如下会计分录：

借：国库存款　　-100 000

　贷：一般预算收入——税收收入——营业税　　200 000

　　　　　　　　　　　　　　——个人所得税　　100 000

　　　　　　　　　　　　　　——国有企业计划亏损补贴　　-280 000

　　　　　　　　　　　　　　——企业所得税退税　　-120 000

[**例** 3] 某市财政局收到“收入退还书”一联，计应退 A 单位一般预算收入 80 000 元，经批准同意退还。应作如下会计分录：

借：国库存款　　-80 000

　贷：一般预算收入　　-80 000

[**例** 4] 某市财政局收到“分成收入日报表”，列示当日一般预算收入为 300 000 元，按分成比例本级收入为 60%，上级收入为 40%。应作如下会计分录：

借：国库存款　　300 000

　贷：一般预算收入　　300 000

借：上解支出　　120 000

　贷：国库存款　　120 000

［例5］某市财政局将中央一般预算收入1 000 000元，误记本级一般预算收入，并按40%上解分成和入账。现根据“预算收入日报表”、“分成收入日报表”及“更正通知书”予以更正。应作如下会计分录：

借：国库存款　　-1 000 000

　贷：一般预算收入　　-1 000 000

借：上解支出　　-400 000

　贷：国库存款　　-400 000

［例6］某市财政局将应属于分成的预算收入700 000元，误作为中央预算收入未入账。现根据“分成收入计算日报表”及“更正通知书”予以更正（上交40%）。应作如下会计分录：

借：国库存款　　700 000

　贷：一般预算收入　　700 000

借：上解支出　　280 000

　贷：国库存款　　280 000

［例7］某县财政局将地方固定收入房产税200 000元误列为城市维护建设税入账，现予以更正。应作如下会计分录：

借：国库存款　　-200 000

　贷：一般预算收入——税收收入——城市维护建设税　　-200 000

借：国库存款　　200 000

　贷：一般预算收入——税收收入——房产税　　200 000

［例8］某市财政年终将“一般预算收入”科目的贷方余额2 850 000元全部转入“预算结余”科目。应作如下会计分录：

借：一般预算收入　　2 850 000

　贷：预算结余　　2 850 000

三、未建立乡（镇）国库的乡（镇）财政预算收入的账务处理

未建立国库的乡（镇）财政，其预算收入都是由县（市）国库收纳并向县（市）财政报送“预算收入日报表”，成为县（市）财政的预算收入，但乡财政又须作预算收入入账，这就使预算收入重复。所以，对未设国库的乡（镇）财政预算收入，应作如下处理：

（1）县（市）财政根据本县（市）的乡（镇）财政管理体制，与征收机关共同制定“乡（镇）财政预算收入报表”，由征收机关分乡（镇）报县（市）财政和有关乡（镇）财政各一份。

（2）县（市）财政根据“乡（镇）财政预算收入报表”，审查核对无误后，根据乡（镇）应得数拨款；乡（镇）财政总预算会计根据县（市）财政的拨款通知和审核后的“乡（镇）财政预算收入报表”记账。

［例9］某县财政总预算会计收到国库报来的“预算收入日报表”，列示当日的预算收入为650 000元，其中，所属A乡财政（未设国库）的预算收入为350 000元。应作如下会计分录：

借：国库存款　　650 000

　　贷：一般预算收入　　650 000

[例10] 接上例，县财政按财政体制结算向A乡拨付属于该乡的预算收入。

县财政应作如下会计分录：

借：一般预算收入　　350 000

　　贷：国库存款　　350 000

A乡财政应作如下会计分录：

借：其他财政存款　　350 000

　　贷：一般预算收入　　350 000

四、基金预算收入的账务处理

基金预算收入是专用性较强的资金。财政总预算会计在管理与核算基金预算收入时，应遵循以下基本要求：

(1) 先收后支，自求平衡。财政总预算会计应当在已有基金预算收入数额内办理基金预算支出。要坚持收入按标准、支出按规定。基金预算收入与基金预算支出应当做到自求平衡。

(2) 专款专用，分项核算。基金预算收入应当用于相应的基金预算支出项目，各项基金预算收入与基金预算支出之间不能相互调剂。各项基金预算收入、支出和结余要单独核算，不能相互混淆。

[例11] 某市财政局收到国库报来的基金预算收入日报表，其中，工业交通部门基金收入180 000元，文教部门基金收入60 000元，地方教育附加收入10 000元。应作如下会计分录：

借：国库存款　　250 000

　　贷：基金预算收入——非税收入——政府性基金收入　　250 000

[例12] 某市财政局当日收到国库报来的基金预算收入日报表，共计收入550 000元。其中，国有土地使用权出让收入500 000元，林业基金收入50 000元。应作如下会计分录：

借：国库存款　　550 000

　　贷：基金预算收入——非税收入——政府性基金收入　　550 000

[例13] 年终，某市财政局将“基金预算收入”账户贷方余额1 000 000元转入“基金预算结余”账户。应作如下会计分录：

借：基金预算收入　　1 000 000

　　贷：基金预算结余　　1 000 000

第四节　专用基金收入和资金调拨收入的核算

在财政总预算会计核算的收入业务中，除了通过国库和指定银行集中一般预算收入和基金预算收入外，还要核算具有专门用途的资金业务以及反映在财政上下级之间的资金调拨业务。

一、专用基金收入的管理与核算

专用基金收入是指财政总预算会计管理的各项具有专门用途的资金收入，如粮食风险基金收入等。各级财政总预算会计可按规定用本级预算支出设置或从上级财政部门拨入等途径取得专用基金，并设置有关科目进行核算。

专用基金收入与基金预算收入在管理要求上的相同之处是：专款专用，不能随意改变用途；先收后支、量入为出。不同的是：基金预算收入是财政部门按规定收取的纳入预算管理的资金收入，而专用基金收入是财政部门按规定设置或取得的在基金预算收入之外单独管理的资金收入；基金预算收入需要缴入国库，而专用基金收入则要求开立专户。

为了核算专用基金收入业务，财政总预算会计应设置“专用基金收入”总账科目。该科目贷方登记从上级财政部门或通过本级预算支出安排的取得数，借方登记专用基金收入的退回数，年终借方登记将贷方余额全部转入“专用基金结余”科目的数额。该科目平时余额在贷方，反映财政部门当年专用基金收入累计数，年终结转后，该科目无余额。专用基金收入以财政总预算会计实际收到数额为准。

[**例 14**] 某市财政局收到从上级财政部门取得专用基金收入 600 000 元。应作如下会计分录：

借：其他财政存款	600 000	
贷：专用基金收入		600 000

[**例 15**] 某市财政局从本级预算支出安排取得专用基金收入 400 000 元。应作如下会计分录：

借：其他财政存款	400 000	
贷：专用基金收入		400 000
借：一般预算支出	400 000	
贷：国库存款		400 000

[**例 16**] 年终，某市财政局将本年“专用基金收入”贷方余额 200 000 元转入“专用基金结余”科目。应作如下会计分录：

借：专用基金收入	200 000	
贷：专用基金结余		200 000

二、资金调拨收入的核算

预算资金调拨是中央财政与地方财政、地方上下级财政之间，以及同级财政不同资金项目之间，通过补助、上解、返还等方式调整各级财政的财力，平衡各级财政预算收支的一种手段。资金调拨收入主要包括：一是上下级财政之间由于分成收入的分配、转移支付、体制结算而产生的上下级财政资金调拨收入；二是本级财政因预算收支平衡而产生的一般预算与基金预算之间的资金调拨收入。这些资金调拨收入主要包括补助收入、上解收入和调入资金。

1. 资金调拨收入的内容

（1）补助收入。补助收入是指上级财政按财政管理体制规定或因专项、临时性资金需求等原因对本级财政进行补助而形成的收入，包括：税收返还收入、按财政管理体制规定由上级财政补助的款项、上级财政对本级的专项补助和临时补助等。

（2）上解收入。上解收入是指按财政管理体制规定由下级财政上交给本级财政的收入，包括：按财政管理体制规定由国库在下级预算收入中直接划解给本级财政的收入、按财政管理体制结算后由下级财政补缴给本级财政的收入和各种专项上解收入等。

（3）调入资金。调入资金是指为平衡一般预算收支，从基金预算结余调入一般预算的资金，以及按规定从其他渠道调入的资金。

2. 资金调拨收入的会计科目及账务处理

为了核算资金调拨收入业务，财政总预算会计应设置“补助收入”、“上解收入”、“调入资金”总账科目。各级财政总预算会计的资金调拨收入应按上级财政部门的规定或实际发生数额记账。

“补助收入”科目用来核算上级财政部门拨来的补助款。该科目贷方登记收入数，借方登记退还数和年终转入“预算结余”的数额；该科目平时余额在贷方，反映上级补助收入累计数，年终转账后无余额。该科目应分别按一般预算和基金预算设置明细账，进行明细分类核算。

本级财政的“补助收入”应与上级财政的“补助支出”的数额相等。

“上解收入”科目用来核算下级财政上缴的预算上解款。该科目贷方登记上解款，借方登记收入退还款和年终转入“预算结余”的数额；该科目平时余额在贷方，反映下级上解收入累计数，年终转账后无余额。该科目应按上解地区设置明细账，进行明细分类核算。

本级财政的“上解收入”应与所属下级财政的“上解支出”的数额相等。

“调入资金”科目用来核算各级财政部门因平衡一般预算收支，从有关渠道调入的资金。该科目贷方登记调入数，借方登记年终转入“预算结余”科目的数额；该科目平时余额在贷方，反映调入资金的累计数，年终转账后无余额。

调入资金属于预算资金的横向调度，不涉及上下级财政的收支变动。调入资金仅限于地方弥补财政总决算赤字，未经财政部批准，不得扩大调入资金范围。

[**例** 17] 某市财政局收到上级财政部门拨来的一般预算补助款 600 000 元，基金预算补助款 200 000 元。应作如下会计分录：

借：国库存款	800 000	
贷：补助收入——一般预算补助		600 000
补助收入——基金预算补助		200 000

[**例** 18] 某市财政局接到上级财政部门通知，将原所欠往来款 1 000 000 元转作一般预算补助。应作如下会计分录：

借：与上级往来	1 000 000	
贷：补助收入——一般预算补助		1 000 000

[**例** 19] 某市财政局收到下级财政部门按财政体制补缴的预算款 500 000 元。应作如下会计分录：

借：国库存款	500 000	

贷：上解收入　　500 000

［例20］某市财政局收到下级财政单位上缴的预算款400 000元，并将此抵前欠下级财政单位的往来款。应作如下会计分录：

借：与下级往来　　400 000

　贷：上解收入　　400 000

［例21］某市财政局年终根据上级批文从“基金预算结余”调出资金700 000元弥补一般预算收支不足。应作如下会计分录：

借：国库存款——一般预算存款　　700 000

　贷：调入资金　　700 000

借：调出资金　　700 000

　贷：国库存款——基金预算存款　　700 000

［例22］某市财政局收到省财政厅拨来的税收返还收入款500 000元。应作如下会计分录：

借：国库存款　　500 000

　贷：补助收入　　500 000

［例23］某市财政局年终将“补助收入”科目贷方累计余额3 500 000元，“上解收入”科目贷方累计余额1 800 000元，“调入资金”科目贷方累计余额1 700 000元转入“预算结余”科目。应作如下会计分录：

借：补助收入　　3 500 000

　　上解收入　　1 800 000

　　调入资金　　1 700 000

　贷：预算结余　　7 000 000

【本章小结】

本章主要从政府收入分类的角度介绍了预算收入的内容；从征收的角度阐述了预算收入收纳、划分和报解的程序，明确了征收机关、国家金库的职责；从核算的角度介绍了6个收入的科目核算内容。预算收入包括一般预算收入和基金预算收入，以同级国库报来的原始凭证进行核算，并以政府收入分类科目作为其明细科目；专用基金收入是具有专门用途的收入，应先收后支、量入为出；资金调拨收入是指在上下级财政之间或本级财政之间调拨的资金，通过调拨平衡各级财政的资金。

【关键术语和概念】

一般预算收入　基金预算收入　国家金库　专用基金收入　资金调拨收入　政府收入的分类　征收机关　预算收入报解程序

第四章　财政总预算会计支出的核算

支出是一级政府为实现其职能，对财政资金的再分配。根据财政总预算会计支出的性质、特点及其与收入相对应的原则，支出的内容包括一般预算支出、基金预算支出、专用基金支出和资金调拨支出等。

通过本章的学习，应该掌握以下内容：

（1）预算支出的分类和内容。

（2）预算支出的核算基础。

（3）预算拨款的原则。

（4）预算支出的账务处理。

第一节　预算支出的分类和内容

预算支出是国家为实现其职能，通过法定的预算程序对预算收入进行再分配的活动。预算支出的安排，实际上是国家通过对部分社会资源配置、收入分配及效益的约束来影响社会资源的配置结构。为了有计划地安排有限的财政资金，预算支出项目的具体分类和内容，是按照《政府收支分类科目》的规定，由财政部根据预算管理的要求统一制定的。

一、预算支出的分类和内容

《政府收支分类科目》根据政府职能活动及国际通行做法，以政府开支的具体用途，设置了支出功能分类科目和支出经济分类科目。其中，支出功能分类主要反映政府活动的不同功能和政策目标，并设“类”、“款”、“项”三级。“类”级科目包括一般公共服务、外交、国防、公共安全、教育、科学技术、文化体育与传媒、社会保障和就业、社会保险基金支出、医疗卫生、环境保护、城乡社区事务、农林水事务、交通运输、工业商业金融等事务及其他支出和转移性支出等17类。支出经济分类主要反映政府支出的经济性质和具体用途，并设“类”、“款”两级。“类”级科目包括：工资福利支出、商品和服务支出、对个人和家庭的补助、对企事业单位的补贴、转移性支出、赠与、债务利息支出、债务还本支出、基本建设支出、其他资本性支出、贷款转贷及产权参股及其他支出等12类。支出分类的“类”、“款”级具体内容如表4－1、表4－2所示。

表 4－1　　支出功能分类科目表

科目编码		科目名称	说明
类	款		
201		一般公共服务	反映政府提供一般公共服务的支出。包括人大、政协、政府办公厅（室）及相关机构、发展与改革、统计信息、财政、税收、审计、海关、人事、纪检监察、人口与计划生育、商贸、知识产权、工商行政管理、食品和药品监督管理、质量技术监督与检验检疫、国土资源、海洋管理、测绘、地震、气象、民族、宗教、港澳台侨、档案、共产党、民主党派及工商联、彩票、国债等32项事务。
202		外交	反映政府外交事务支出。包括外交行政管理、驻外机构、对外援助、国际组织、对外合作与交流、边界勘界联检等方面的支出。人大、政协、政府及所属各部门（除国家领导人、外交部门）的出国费、招待费列相关科目，不在本科目反映。
203		国防	反映政府用于现役部队、国防报备力量、国防动员等方面的支出。
204		公共安全	反映政府维护社会公共安全方面的支出。包括武装警察、公安、国家安全、检察、法院、司法行政、监狱、劳教、国家保密等事务的支出。
205		教育	反映政府教育事务支出。包括教育行政管理、学前教育、小学教育、初中教育、普通高中教育、普通高等教育、初等职业教育、中专教育、技校教育、职业高中教育、高等职业教育、广播电视教育、留学生教育、特殊教育、干部继续教育、教育机关服务等事务的支出。
206		科学技术	反映用于科学技术方面的支出。包括管理、研究、应用、开发等事务的支出。
207		文化体育与传媒	反映政府在文化、文物、体育、广播影视、新闻出版等方面的支出。
208		社会保障和就业	反映政府在社会保障与就业方面的支出。包括社会保障和就业管理事务、民政管理事务、财政对社会保险基金的补助、补充全国社会保障基金、行政事业单位离退休、企业关闭破产补助、就业补助、抚恤、退役安置、社会福利、残疾人事业、城市居民最低生活保障、其他城镇社会救济、农村社会救济、自然灾害生活救助、红十字事务等。
209		社会保险基金支出	反映政府由社会保险基金列支的各项支出。包括基本养老保险基金支出、失业保险基金支出、基本医疗保险基金支出、工伤保险基金支出、生育保险基金支出等。特别说明：在将社会保险基金包括在内统计政府支出时，应将财政对社会保险基金的补助以及由财政承担的社会保险缴款予以扣除，以免重复计算。

续上表

科目编码		科目名称	说明
类	款		
210		医疗卫生	反映政府医疗卫生方面的支出。包括医疗卫生管理事务支出、医疗服务支出、医疗保障支出、疾病预防控制支出、卫生监督支出、妇幼保健支出、农村卫生支出、中医药支出等。
211		环境保护	反映政府环境保护支出。包括环境保护管理事务支出、环境监测与监察支出、污染治理支出、自然生态保护支出、天然林保护工程支出、退耕还林支出、风沙荒漠治理支出、退牧还草支出、已垦草原退耕还草支出等。
212		城乡社区事务	反映政府城乡社区事务支出。包括城乡社区管理事务支出、城乡社区规划与管理支出、城乡社区公共设施支出、城乡社区住宅支出、城乡社区环境卫生支出、建设市场管理与监督支出、政府住房基金支出、国有土地使用权出让金支出城镇公用事业附加支出等。
213		农林水事务	反映政府农林水事务支出。包括农业支出、林业支出、水利支出、南水北调工程支出、扶贫支出、农业综合开发支出等。
214		交通运输	反映政府交通运输方面的支出。包括公路运输支出、水路运输支出、铁路运输支出、民用航空运输支出等。
215		工业商业金融等事务	反映政府工业、商业、金融等事务支出。包括采掘业支出、制造业支出、建筑业支出 、电力支出、邮政电信支出、旅游业支出、涉外发展支出、粮油事务支出、商业流通事务支出、物资储备支出、金融保险支出、烟草事务支出、安全生产支出、国有资产监管支出、中小企业发展支出、清洁生产支出等。
229		其他支出	反映不能划分到上述功能科目的其他支出。包括预算中安排的预备费、财政安排的住房改革支出等。
230		转移性支出	反映政府的转移支付以及不同性质资金之间的调拨支出。包括返还性支出、财力性转移支付、专项转移支付、政府性基金转移支付、彩票公益金转移支付、预算外转移支出、调出资金、年终结余等。

表 4－2　　　　　　　　　　支出经济分类科目表

科目编码		科目名称	说明
类	款		
301		工资福利支出	反映单位开支的在职职工和临时聘用人员的各类劳动报酬，以及为上述人员缴纳的各项社会保险费等。包括基本工资、津贴补贴、奖金、社会保障缴费、伙食费、伙食补助费和其他工资福利支出等。

续上表

科目编码		科目名称	说明
类	款		
302		商品和服务支出	反映单位购买商品和服务的支出（不包括用于购置固定资产的支出、战略性和应急储备支出，但军事方面的耐用消费品和设备的购置费、军事性建设费以及军事建筑物的购置费等在本科目中反映）。具体包括：办公费、印刷费、咨询费、手续费、水费、电费、邮电费、取暖费、物业管理费、交通费、差旅费、出国费、维修（护）费、租赁费、会议费、培训费、招待费、专用材料费、装备购置费、工程建设费、作战费、劳务费、工会经费等。
303		对个人和家庭的补助	反映政府用于对个人和家庭的补助支出。具体包括：离休费、退休费、退职（役）费、抚恤金、生活补助、救济费、医疗费、助学金、奖励金、生产补贴、住房公积金、提租补贴、购房补贴等。
304		对企事业单位的补贴	反映政府对各类企业、事业及民间非营利组织的补贴。具体包括：企业政策性补贴、事业单位补贴、财政贴息等。
305		转移性支出	反映政府的转移性支出。具体包括：不同级政府间转移性支出、同级政府间转移性支出等。
306		赠与	反映对国内、外政府、组织等提供的援助、捐赠以及交纳国际组织会费等方面的支出。具体包括：对国内的赠与、对国外的赠与。
307		债务利息支出	反映政府的债务利息支出。具体包括：国库券付息、向国家银行借款付息、其他国内借款付息、向国外政府借款付息、向国际组织借款付息、其他国外借款付息等。
308		债务还本支出	反映政府归还各类借款本金方面的支出（债务利息列入“债务利息支出”，不在此科目反映）。具体包括：国内债务还本、国外债务还本。
309		基本建设支出	反映各级发展与改革部门集中安排的用于购置固定资产、战略性和应急性储备、土地和无形资产，以及购建基础设施、大型修缮所发生的支出。具体包括：房屋建筑物购建、办公设备购置、专用设备购置、交通工具购置、基础设施建设、大型修缮、信息网络购建、物资储备和其他基本建设支出等。
310		其他资本性支出	反映非各级发展与改革部门集中安排的用于购置固定资产、战略性和应急性储备、土地和无形资产，以及购建基础设施、大型修缮和财政支持企业更新改造所发生的支出。具体包括：房屋建筑物购建、办公设备购置、专用设备购置、交通工具购置、基础设施建设、大型修缮、信息网络购建、物资储备和其他资本性支出。
311		贷款转贷及产权参股	反映政府部门发放的贷款和向企业参股投资方面的支出。具体包括：国内贷款、国外贷款、国内转贷、国外转贷、产权参股和其他贷款转贷有产权参股支出。
399		其他支出	反映不能划分到上述经济科目的其他支出。具体包括：财政部门专用的预备费、补充全国社会保障基金等。

二、预算支出与政府分类支出科目的联系

为了积极稳妥地推进政府收支分类改革，2007 年实施政府收支分类科目后，暂不改变目前预算支出的预算管理基本流程和管理模式，也不改变财政总预算会计制度核算预算内资金、预算外资金和社会保险基金分别管理、核算的方式。从反映政府职能的角度考虑，财政总预算会计的“一般预算支出”和“基金预算支出”科目主要以政府收支分类的支出功能分类科目作为明细科目核算。

第二节　预算支出的管理

政府预算支出的执行就是按年初确定的预算支出任务分配和使用财政资金的过程。为了保证政府预算支出的正确执行，财政总预算会计要根据年度支出预算，适时地、正确地把预算资金拨付给用款单位，反映和监督预算支出情况。

一、预算支出的执行机构

政府预算的执行机构，按各种不同用途的预算支出和管理分工，分别有政府财政部门、各行政事业单位主管部门和负责拨款或付款的银行。

（1）各级财政部门是分配和管理财政资金的主管部门，也肩负着核算和监督财政资金使用的责任。在实施国库集中收付制度中，财政部门应按照财政国库管理制度的基本要求，建立国库单一账户体系，将支出通过国库单一账户体系支付到商品和劳务供应者或用款单位。

（2）各行政事业单位主管部门应按照要求核算和监督拨入经费的使用。

（3）中国人民银行要和各级财政部门一起，履行对国库单一账户和有关代理银行的管理和监督职能。

二、预算拨款的原则

预算支出执行的一个重要环节是预算拨款。在实行国库集中收付制度下，预算资金的拨付由层层下拨改为由财政部门统一在国库单一账户中进行管理，并由国库集中支付。为了保证预算支出的顺利执行，预算拨款应遵循下列原则：

1．按照预算拨款

各级财政部门的预算拨款，必须控制在年度预算和季度（分月）用款计划范围内，不能办理无预算、无计划、超预算、超计划的拨款。如遇有特殊情况需要超过预算时，必须经过办理支出预算的追加手续后，才能拨款。

2．按照进度拨款

按照用款单位的基本建设工程进度、生产和事业发展的实际进度办理拨款，既要保证资金需要，又要防止积压浪费，保证预算资金的统一安排和灵活调度。按生产和建设事业进度进行拨款时，不仅要考虑本期资金需要，还要考虑上期资金的使用和结余情况，以促

进各单位节约有效地使用预算资金。

3. 按照核定的支出用途拨款

预算支出的各种资金，都是根据一定的需要安排的，所以按计划、按规定的用途使用资金，才能保证各项生产建设事业发展的资金需要。因此，办理预算拨款时，应根据预算规定的用途拨款，不能改变支出用途。

4. 按照预算级次拨款

各支出部门和单位都应按国家规定的预算级次，逐级办理预算款项的领拨。各级主管部门，一般不准向没有支出预算关系的单位垂直拨款；主管单位之间也不能发生支出预算的拨款关系。如有需要，应当通过同级财政部门办理划转手续，以减少预算拨款渠道，加强预算拨款的管理。

三、预算支出的核算基础

1. 一般预算支出的核算基础

预算支出的核算基础是指财政部门和预算单位列报支出的口径和依据。预算支出分为财政拨付资金、单位逐级拨付资金、用款单位从银行支取资金和单位实际使用资金四个阶段。在这四个阶段中，由于财政部门和预算单位的具体任务不同，预算支出的核算基础也有区别。财政总预算会计制度规定一般预算支出的列报口径有两个：银行支出数和预算拨款数。

银行支出数是指用款单位在核定的预算范围内，从开户银行存款账户中支取款项的数额。预算拨款数则是指财政部门向各部门、单位拨付资金的实际数额。但在实际执行中，以上两个数据是以下面四种具体情况表现的：

（1）实行限额管理的基本建设支出按用款单位银行支出数列报支出，不实行限额管理的基本建设支出按拨付用款单位的拨款数列报支出。

（2）对行政事业单位的非包干性支出和专项支出，平时按财政拨款数列报支出，清理结算收回拨款时，再冲销已列支出。对于收回以前年度已列支出的款项，除财政部门另有规定者外，应冲销当年支出。

（3）除以上两款以外的其他各项支出均以财政拨款数列报支出。特别是经费包干部分，实行以拨列支。

（4）凡是预拨以后各期的经费，不得直接按预拨数列作本期支出，应作为预拨款处理。到期后，按前述规定的事项及口径转列支出。

2. 办理预算支出的核算要求

根据现行制度，大部分的预算支出均以预算拨款数列报支出。因此，财政总预算会计按拨款数办理预算支出时必须做到以下五点：

（1）严格执行《中华人民共和国预算法》。办理拨款支出必须以预算为准，预备费的动用必须经同级人民政府批准。

（2）对主管部门（主管会计单位）提出的季度分月用款计划及分“款”、“项”填制的“预算经费请拨单”应认真审核。根据经审核批准的拨款申请，结合库款余存情况按时向用款单位拨款。

（3）财政总预算会计应根据预算管理要求和拨款的实际情况，分“款”、“项”核算，列报当期预算支出。

（4）主管会计单位应按计划控制用款，不得随意改变资金用途，“款”、“项”之间如确需调剂，应填制“科目流用申请书”，报经同级财政部门核准后使用。财政总预算会计凭核定的流用数调整预算支出明细账。

（5）财政总预算会计不得列报超预算的支出；不得任意调整预算支出科目；未拨付的经费，原则上不得列报当年支出。因特殊情况确需在当年预留的支出，应严格控制，并按规定的审批程序办理。

基金预算支出的核算基础及要求，比照一般预算支出的有关规定办理。总的来说，应按规定的用途开支，做到先收后支，量入为出。

第三节　预算支出的核算

一、预算支出核算的主要科目

为了核算预算支出业务，财政总预算会计需要设置“一般预算支出”科目和“基金预算支出”科目。

“一般预算支出”科目用来核算应由预算资金支付的各项支出。该科目借方登记应由预算资金支付的各项支出，包括财政总预算会计办理的直接支出、将预拨经费转列的支出，以及基本建设支出；贷方登记支出收回数及年终转账数；该科目平时借方余额反映预算支出累计数，年终将借方余额全数转入“预算结余”科目，转账后该科目无余额。该科目应根据政府收支分类科目中的支出功能分类科目的款级设置明细账，进行明细分类核算。

“基金预算支出”科目用来核算各级财政部门用基金预算收入安排的支出。该科目借方登记发生的支出数；贷方登记支出收回数及年终转账数；该科目平时借方余额反映基金预算支出累计数，年终将借方余额全数转入“基金预算结余”科目，转账后该科目无余额。该科目应根据政府收支分类科目中的支出功能分类科目的款级设置明细账，进行明细分类核算。

二、一般预算支出的账务处理

在现行制度下，一般预算支出业务主要有四类：一是政府采购资金转列支出；二是对经费包干和不实行限额管理的基本建设资金的直接支出；三是预拨经费和实行限额管理的基本建设资金的转列支出；四是对非包干经费和专项经费的支出。

1. 政府采购资金转列支出的账务处理

目前，我国各级政府为加强政府采购资金的监督和管理，提高资金使用效益，保证政府采购资金及时足额支付，采用政府采购资金财政直接拨付的方式。这一方式是发达国家普遍采用的资金支付模式。具体程序表现为：财政部门按照政府采购合同约定，将政府采购资金通过代理银行（国有商业银行或股份制商业银行）直接支付给中标供应商的拨款方式。这一方式主要有全额拨付和差额拨付两种。

在全额拨付方式下，财政总预算会计把预算资金划入政府采购资金专户时，在“暂付款——政府采购款”科目中核算，在支付采购资金后，按实际支付数转列支出。

［例1］某市财政总预算会计按照合同将预算资金划入政府采购资金专户，款项为1 500 000元。有关行政单位的配套资金 500 000 元也划入采购资金专户。应作如下会计分录：

借：暂付款——政府采购款	1 500 000	
贷：国库存款		1 500 000
借：其他财政存款	2 000 000	
贷：暂存款——政府采购款		1 500 000
——政府采购配套资金		500 000

［例2］接上例，市财政总预算会计根据合同和有关支付文件资料，向供应商付款1 800 000元，政府采购款1 350 000 元，配套资金450 000 元；支付后，将财政安排的政府采购资金列报支出。应作如下会计分录：

借：暂存款——政府采购款	1 350 000	
——政府采购配套资金	450 000	
贷：其他财政存款		1 800 000
借：一般预算支出	1 350 000	
贷：暂付款		1 350 000

［例3］接上例，市财政总预算会计将节约的预算资金 150 000 元划回国库，将节约的配套资金 50 000 万元划回采购单位。应作如下会计分录：

借：国库存款	150 000	
贷：暂付款——政府采购款		150 000
借：暂存款——政府采购配套资金	50 000	
贷：其他财政存款		50 000

［例4］市财政总预算会计收到代理银行（国有商业银行）交来政府采购资金专户的利息收入 5 000 元，并按规定将此利息全额转入同级国库。应作如下会计分录：

收到利息时：

借：其他财政存款	5 000	
贷：暂存款——利息收入		5 000

转入国库时：

借：国库存款	5 000	
贷：一般预算收入		5 000
借：暂存款——利息收入	5 000	
贷：其他财政存款		5 000

2. 对经费包干和不实行限额管理的基本建设资金直接接交的的账务处理

财政的重要任务是分配资金，并以“能体现分配的完成”这一特点作为列支的依据。在目前普遍实行经费预算包干制度的情况下，预算拨款之时，预算拨款数也就是体现财政预算支出分配完成之时。因此，实行经费包干的单位和不实行限额管理的基本建设支出单位，应按预算拨款数为核算基础，预算拨款数也就是财政总预算会计的直接支出。

[**例** 5] 某市财政局开出拨款凭证，直接拨给煤建公司煤价挖潜革新改造资金 800 000 元。应作如下会计分录：

借：一般预算支出　　800 000

　贷：国库存款　　800 000

[**例** 6] 某市财政局根据核定的预算和季度分月用款计划，开出拨款凭证，将本月包干经费 500 000 元拨付给市民政局。应作如下会计分录：

借：一般预算支出　　500 000

　贷：国库存款　　500 000

[**例** 7] 某市财政局直接拨付给某建设单位不实行限额管理的基本建设资金 600 000 元。应作如下会计分录：

借：一般预算支出　　600 000

　贷：国库存款　　600 000

3. 预拨经费和实行限额管理的基本建设资金转列支出的账务处理

预拨经费和实行限额管理的基本建设资金都是待结算资金，只有在使用或拨付后才能转列支出。

[**例** 8] 某市财政局经审核，将上月预拨给市教育局的教育事业费 1 000 000 元转列支出。应作如下会计分录：

借：一般预算支出　　1 000 000

　贷：预拨经费　　1 000 000

[**例** 9] 某市财政局收到建设银行报来的实行限额管理的某建设单位的基本建设银行支出数为 1 100 000 元。应作如下会计分录：

借：一般预算支出　　1 100 000

　贷：基建拨款　　1 100 000

[**例** 10] 某市财政局收到基本建设财务管理部门报来的支出报表，拨付建设单位资金 1 000 000 元。应作如下会计分录：

借：一般预算支出　　1 000 000

　贷：基建拨款　　1 000 000

4. 对非包干经费和专项经费支出的账务处理

对行政、事业单位的非包干支出和有关专项支出，应按照银行支出数进行核算。

[**例** 11] 某市财政局按预算拨付 A 事业单位本月非包干经费 850 000 元，后接到该单位缴回余款 50 000 元。应作如下会计分录：

拨款时：

借：一般预算支出　850 000

　贷：国库存款　850 000

收回余款时：

借：国库存款　50 000

　贷：一般预算支出　50 000

［例12］某市财政局拨付市卫生局专项经费75 000元。卫生局完成专项任务，报来专项经费报表，实际使用70 000元，余款缴回国库。应作如下会计分录：

拨款时：

借：一般预算支出　75 000

　贷：国库存款　75 000

收回余款时：

借：国库存款　5 000

　贷：一般预算支出　5 000

［例13］年终，某市财政局将“一般预算支出”科目借方余额5 000 000元全数转入“预算结余”科目。应作如下会计分录：

借：预算结余　5 000 000

　贷：一般预算支出　5 000 000

三、基金预算支出的账务处理

基金预算支出是用基金预算收入安排的支出，在管理上具有其特殊性。基金预算支出核算除遵循一般预算支出的管理要求外，还应遵循以下原则：

（1）先收后支，自求平衡。由于基金预算收支有较强的专用性，财政总预算会计在办理基金预算拨款时必须认真审查单位的请拨项目是否有足够的资金来源，即该项目的历年滚存结余＋本年已实现的收入－本年已支拨数≥请拨数；否则，即使符合计划，也不得拨款。

（2）分项核算，专款专用。由于政府基金的专用性，大部分基金几乎都由对口主管部门管理，专款专用，不能相互调剂。应按要求核算反映各项基金的收入、支出和余额，不得相互混淆。

［例14］某市财政局根据预算及基金使用情况，向交通部门拨付公路建设基金200 000元。应作如下会计分录：

借：基金预算支出——交通运输　200 000

　贷：国库存款　200 000

［例15］某市财政局根据基金预算向农业部门拨付新菜地开发款项150 000元。应作如下会计分录：

借：基金预算支出——农业支出　150 000

　贷：国库存款　150 000

［例16］年终，某市财政局将“基金预算支出”科目的借方余额850 000元全数转入

“基金预算结余”科目。应作如下会计分录：

借：基金预算结余　　850 000

　贷：基金预算支出　　850 000

第四节　专用基金支出和资金调拨支出的核算

除了预算支出业务以外，财政总预算会计还要根据有关事项核算专用基金支出和资金调拨支出的业务。

一、专用基金支出的核算

专用基金支出是各级财政部门用专用基金收入安排的支出。如粮食风险基金，是国家为平抑粮食价格促进农业生产发展，将预算安排的专用基金拨付给粮食部门统筹使用的资金。专用基金也应按规定的用途开支，做到先收后支、量入为出、专款专用。

为了核算专用基金支出业务，财政总预算会计应设置“专用基金支出”总账科目。该科目借方登记发生的支出数；贷方登记支出收回数；平时余额在借方，反映专用基金支出累计数；年终将该科目余额全部转入“专用基金结余”科目，转账后，该科目无余额。

[**例 17**] 某市财政局按规定将存在农业银行的粮食风险基金 600 000 元拨付给市粮食部门，用于秋粮收购的资金需要。应作如下会计分录：

借：专用基金支出　　600 000

　贷：其他财政存款　　600 000

[**例 18**] 年终，该市财政局将“专用基金支出”借方累计数 2 500 000 元进行年终转账。应作如下会计分录：

借：专用基金结余　　2 500 000

　贷：专用基金支出　　2 500 000

二、资金调拨支出的核算

资金调拨支出是根据财政管理体制的规定在各级财政之间进行资金调拨以及在本级财政各项资金之间进行调剂所形成的支出，包括补助支出、上解支出和调出资金等。

1．资金调拨支出的内容

（1）补助支出。补助支出是指本级财政按财政管理体制规定或因专项、临时性资金需求等原因补助给下级财政的款项及其他转移支付的支出。它包括：税收返还支出、按原财政管理体制结算应补助给下级财政的款项、专项补助或临时性补助等。

（2）上解支出。上解支出是指按财政管理体制规定由本级财政上交给上级财政的款项。它包括：按财政管理体制由国库在本级预算收入中直接划解给上级财政的款项、按财政管理体制规定结算补解给上级财政的款项和各种专项上解款项。

（3）调出资金。调出资金是指为平衡一般预算收支而从基金预算的地方财政税费附加收入结余中调出，补充一般预算的资金。

2. 资金调拨支出的会计科目

为了核算各级财政资金调拨支出业务，财政总预算会计应设置“补助支出”、“上解支出”和“调出资金”总账科目。

“补助支出”科目用来核算上级财政对下级财政的补助支出。该科目借方登记支出数或从“与下级往来”科目转入数；贷方登记支出退还数或年终转入“预算结余”或“基金预算结余”的数额；该科目平时余额在借方，反映补助支出累计数。年终转账后，该科目无余额。该科目应按补助地区设明细账。用基金预算资金补助下级财政的地区，应分设基金预算补助明细账。

“上解支出”科目用来核算解缴上级财政的款项。该科目借方登记上解支出数；贷方登记支出退转或年终转入“预算结余”的数额；该科目平时余额在借方，反映上解支出累计数，年终转账后，该科目无余额。

“调出资金”科目用来核算各级财政部门在本级各项财政资金中调出的资金。该科目借方登记调出资金数；贷方登记年终转入“基金预算结余”科目数；年终转账后，该科目无余额。

调出资金时，凡是一般预算与基金预算分设存款账户的地区，应同时调整国库存款的明细账。

3. 资金调拨支出的账务处理

［**例19**］某市财政局按规定开出“拨款通知”，对所属B县财政局拨出一般预算补助款1 500 000元。应作如下会计分录：

借：补助支出——一般预算补助	1 500 000	
贷：国库存款		1 500 000

［**例20**］某市财政局通知所属A县财政局，将原欠本财政局的往来款1 200 000元转作预算补助款。应作如下会计分录：

借：补助支出——一般预算补助	1 200 000	
贷：与下级往来		1 200 000

［**例21**］某市财政局向所属D县财政局拨出灌溉水源灌排工程补偿费基金补助款300 000元。应作如下会计分录：

借：补助支出——基金预算补助	300 000	
贷：国库存款		300 000

［**例22**］某市财政局收到国库报来“预算收入日报表”，其列明分成收入1 000 000元，上交省财政30%，自留70%。应作如下会计分录：

借：国库存款	1 000 000	
贷：一般预算收入		1 000 000
借：上解支出	300 000	
贷：国库存款		300 000

［**例23**］某市财政局在年终结算中按财政管理体制规定应上解省财政款项180 000元。应作如下会计分录：

借：上解支出	180 000	

贷：与上级往来　　180 000

［例24］某市财政局按规定上解省财政某专项资金90 000元。应作如下会计分录：

借：上解支出　　90 000

贷：国库存款　　90 000

［例25］某市财政局为了平衡一般预算，从基金预算结余中调出资金235 000元。应作如下会计分录：

借：调出资金　　235 000

贷：国库存款——基金预算存款　　235 000

借：国库存款——一般预算存款　　235 000

贷：调入资金　　235 000

［例26］年终，某市财政局将“补助支出”借方余额3 000 000元、“上解支出”借方余额2 400 000元，“调出资金”借方余额500 000元，分别转入“预算结余”和“基金预算结余”科目。应作如下会计分录：

借：预算结余　　5 400 000

贷：补助支出——一般预算补助　　3 000 000

上解支出　　2 400 000

借：基金预算结余　　500 000

贷：调出资金　　500 000

【本章小结】

本章主要从政府支出分类科目的角度介绍了预算支出的核算内容；从核算角度阐述了六个支出科目的运用。预算支出包括一般预算支出和基金预算支出，在核算中应以政府支出功能分类科目为明细科目；专用基金支出应遵循专款专用的原则；通过资金调拨支出的核算同样是起着平衡各级财政资金的作用。

【关键术语和概念】

一般预算支出　基金预算支出　专用基金支出　资金调拨支出　政府支出功能分类

第五章　财政总预算会计资产的核算

财政总预算会计所核算的资产，是一级财政掌管或控制的能以货币计量的经济资源，包括货币资金和债权两大部分。

通过本章的学习，应该掌握以下内容：

（1）总预算会计资产的内容。

（2）各项资产的管理要求。

（3）各项资产的账务处理。

第一节　货币资金的管理与核算

从财政总预算会计核算的角度来看，货币资金包括财政性存款和有价证券等内容。

一、财政性存款的管理与核算

1. 财政性存款的管理原则

财政总预算会计的财政性存款是财政部门代表政府所掌管的财政资金，包括国库存款和其他财政存款。财政性存款的支配权属于同级财政部门，由财政总预算会计负责管理和统一收付。财政总预算会计在管理财政性存款中应当遵循以下原则：

（1）集中资金，统一调度。各种应由财政部门掌管的资金，都要纳入财政总预算会计的存款账户，并根据各项业务的进度拨付资金，以满足计划内各项正常支出的需要。实行集中资金，统一调度，一方面有利于资金周转，提高资金的使用效益；另一方面又有利于明确职责，健全内部控制机制。

（2）严格控制存款开户。各级政府的预算资金除财政部有明确规定者外，都要由财政总预算会计统一在国库或指定的银行开立存款账户，不得在国家规定之外将预算资金或其他财政资金任意转存其他金融机构。

（3）执行预算，计划支拨。财政总预算会计应根据人民代表大会通过的年度预算和经财政有关职能部门批准的单位季度分月用款计划拨付财政资金，不得办理超预算、无计划的拨款。尤其在行政事业单位实行经费包干、财政总预算“以拨列支”的情况下，必须严格执行预算和用款计划，以加强源头控制。

（4）转账结算，不提现金。财政总预算会计的各种支拨凭证，都只能用以转账结算，不得提取现金。财政部门是资金分配部门，不是财政资金的具体使用单位，采用转账结算，符合财政总预算会计的实际情况，也有利于保护国库存款的安全。

（5）在存款余额内支付，不得透支。财政总预算会计只能在国库存款和其他财政存款余额内办理支付。不得透支是金融管理的常规，也是管理财政资金的原则。不得透支，能够使各级财政部门做好季节间的资金调度工作，确保财政收支平衡。

2. 财政性存款的核算

为了反映和监督财政性存款的增减及其结存情况，各级财政总预算会计应设置“国库存款”、“其他财政存款”和“在途款”等总账科目。

“国库存款”科目是用来核算各级财政总预算会计在国库的预算资金存款的增减变动及其结存情况。该科目借方登记国库存款的增加数；贷方登记国库存款的减少数；余额在借方，反映国库存款的结存数。该科目可设置“一般预算存款”和“基金预算存款”明细科目进行明细核算。

财政总预算会计收到预算收入时，根据国库报来的“预算收入日报表”入账；收到上级预算补助时，根据国库转来的有关结算凭证入账；办理库款支付时，根据支付凭证回单入账。

“其他财政存款”科目是用来核算各级财政总预算会计未列入“国库存款”科目反映的各项财政性存款的增减变动及结存情况。其他财政存款包括未设国库的乡（镇）财政在专业银行的预算资金存款，由财政部指定存入专业银行的专用基金存款，以及政府采购资金存款等。该科目借方登记其他财政存款的增加数；贷方登记其他财政存款的减少数；余额在借方，反映其他财政存款的结存数。为便于分类管理，“其他财政存款”总账科目下应按交存地点和资金分设明细账，进行明细分类核算。

财政总预算会计应根据国库报来的“收入日报表”或银行收款通知入账；支付其他财政存款时，应根据有关支付凭证的回单入账。另外，采用国库集中收付方式时，也需要运用“其他财政存款”科目进行政府采购业务方面的核算。

“在途款”是指在规定的库款整理期和决算清理期内，收到的应属于上年度收入的款项和收回的不应在上年度列支的款项，或其他需要作为在途款过渡的资金数。通过“在途款”科目进行核算，则能划清上下年度的收支。

“在途款”科目是用来核算决算清理期内和库款报解整理期内发生的上下年度收入、支出业务及需要通过本科目过渡处理的资金数。该科目借方登记各级国库在决算清理期内和库款报解整理期内收到应属于上年度的收入款，以及收回不应在上年度列支的款项；贷方登记收到的在途款已冲转；余额在借方，反映仍未到达的在途款。

［例1］某市财政局收到国库报来本市“预算收入日报表”及“缴款书”等原始凭证，列示当日市级预算收入为1 500 000元。应作如下会计分录：

借：国库存款——一般预算存款　　1 500 000

　贷：一般预算收入　　1 500 000

［例2］某市财政局收到国库报来“基金预算收入日报表”列明收入为5 000 000元。应作如下会计分录：

借：国库存款——基金预算存款　　5 000 000

　贷：基金预算收入　　5 000 000

［例3］某市财政局收到下级财政上解的预算收入300 000元。应作如下会计分录：

借：国库存款　　300 000

　贷：上解收入　　300 000

［例 4］某市财政局将基金预算结余 1 000 000 元调入一般预算中，平衡一般预算收支不足。应作如下会计分录：

借：国库存款——一般预算存款　　1 000 000

　贷：调入资金　　1 000 000

同时：

借：调出资金　　1 000 000

　贷：国库存款——基金预算存款　　1 000 000

［例 5］某市财政局按计划拨付市民政局本月行政经费 250 000 元。应作如下会计分录：

借：一般预算支出　　250 000

　贷：国库存款　　250 000

［例 6］某市财政局拨付一笔专用基金给 A 单位用于经批准实施的某一专门项目资金 400 000 元。应作如下会计分录：

借：专用基金支出　　400 000

　贷：其他财政存款——专用基金存款　　400 000

［例 7］某市财政局在库款整理期内收到属于上年度的一般预算收入 700 000 元。应作如下会计分录：

在本年度账上记：

借：国库存款　　700 000

　贷：在途款　　700 000

在上年度账已有的记录：

借：在途款　　700 000

　贷：一般预算收入　　700 000

［例 8］某市财政局在决算清理期内收回上年度已列支的基金预算支出 75 000 元。应作如下会计分录：

在本年度账上记：

借：国库存款——基金预算存款　　75 000

　贷：在途款　　75 000

在上年度账已有的记录：

借：在途款　　75 000

　贷：基金预算支出　　75 000

［例 9］某乡财政总预算未设国库，收到县财政总预算会计返回的一般预算收入 890 000元。应作如下会计分录：

借：其他财政存款　　890 000

　贷：一般预算收入　　890 000

［例 10］接上例，乡财政总预算会计开出付款通知单，向乡所属中学拨付本月经费

560 000 元。应作如下会计分录：

借：一般预算支出　　560 000

　　贷：其他财政存款　　560 000

二、有价证券的管理与核算

有价证券是国家指定的证券发行部门依照法定程序发行的，并约定在一定期限内还本付息的信用凭证。财政总预算会计核算的有价证券，是指中央政府以信用方式发行的国家公债。发行有价证券，是政府调节宏观经济、平衡预算、集中财力、筹集国家重点建设项目资金的一种手段。财政总预算会计对有价证券的管理与核算有以下五方面的要求：

（1）各级政府只能用各项财政结余资金（指一般预算结余和基金预算结余）购买国家指定的有价证券，如国库券、国家重点建设债券等，但不能购买公司债券和股票。

（2）支付购买有价证券的资金不能列作支出。

（3）当期有价证券兑付的利息及转让有价证券取得的收入，与有价证券账面成本的差额，应按购入有价证券时的资金来源，作为一般预算收入或基金预算收入。

（4）有价证券（含债券收款单）要视同货币一样妥善保管。

（5）为了反映和监督各级财政部门有价证券的购买、兑换及结存情况，需设置“有价证券”科目。

“有价证券”科目用来核算各级政府按国家统一规定用各项财政结余购买有价证券的库存数。该科目借方登记购入款；贷方登记到期兑付款；余额在借方，反映尚未兑换的有价证券实际库存款。

［**例 11**］某市财政局根据市政府指示用预算结余购买国库券 5 000 000 元；用基金预算结余购买国库 1 000 000 元。应作如下会计分录：

借：有价证券　　6 000 000

　　贷：国库存款——一般预算存款　　5 000 000

　　　　　　　　——基金预算存款　　1 000 000

［**例 12**］接上例，上述国库券到期，收回本金 6 000 000 元，利息 180 000 元（利率 3%）。应作如下会计分录：

借：国库存款——一般预算存款　　5 150 000

　　　　　　——基金预算存款　　1 030 000

　　贷：有价证券　　6 000 000

　　　　一般预算收入　　150 000

　　　　基金预算收入　　30 000

第二节　财政债权的管理与核算

财政总预算会计债权主要有三类：一是对用款单位借垫款形成的债权，二是财政部门上下级往来形成的债权，三是预拨款项所形成的债权。这些债权具体包括暂付款、与下级往来、预拨经费、基建拨款等。

一、对用款单位借垫款形成的债权管理与核算

预算执行过程中，财政部门和预算单位之间会发生一些临时性的应收、暂付款项，如对所属预算单位和其他单位的临时急需借款和其他应收暂付款。政府采购采用国库集中收付方式时，也会产生暂付款。这一债权是待结算资金，既可能收回，也可能转为支出，在会计上应设置“暂付款”科目进行核算。由于暂付款属于债权性质，财政总预算会计应及时组织清理，不能长期挂账。

为了核算暂付款业务，需设置“暂付款”总账科目。该科目借方登记债权的发生数；贷方登记债权的清偿数；余额在借方，反映尚未清偿的债权数。该科目应及时清理结算，年终原则上应无余额。该科目应按资金性质及借款单位名称设置明细账，进行明细分类核算。

［**例13**］某市因救灾急需，按领导指示市财政局借给民政局自然灾害救灾款350 000元。应作如下会计分录：

借：暂付款　　350 000

　贷：国库存款　　350 000

［**例14**］接上例，经研究，该暂付款已落实预算，全数转为对民政局的支出。应作如下会计分录：

借：一般预算支出　　350 000

　贷：暂付款　　350 000

［**例15**］某市财政局将预算资金250 000元划入政府采购资金专户，用于A部门采购设备。应作如下会计分录：

借：暂付款——政府采购款　　250 000

　贷：国库存款　　250 000

同时：

借：其他财政存款——财政部门零余额账户　　250 000

　贷：暂存款——政府采购款　　250 000

［**例16**］接上例，A部门采购的设备价款为240 000元，国库支付局根据有关文件和资料拨付款项，并将节约的资金划回财政总预算会计时，应作如下会计分录：

借：暂存款——政府采购款（支付）　　240 000

　　　　　——政府采购款（划回）　　10 000

　贷：其他财政存款——财政部门零余额账户　　250 000

［**例17**］市财政总预算会计将政府采购所用预算资金240 000元列报支出，并收到划回的政府采购资金。应作如下会计分录：

借：一般预算支出　　240 000

　贷：暂付款——政府采购款　　240 000

借：国库存款　　10 000

　贷：暂付款——政府采购款　　10 000

二、上下级财政结算形成的债权管理与核算

财政部门在执行总预算过程中，有时会出现年度内预算收入和预算支出不平衡的情况。当预算支出大于预算收入时，按规定可以先动用本级财政的预算周转金；如果预算收支仍不平衡，下级财政部门可以向上级财政部门申请短期借款；上级财政部门也可以向有结余的下级财政部门借入款项。这些款项就形成了财政上下级之间的债权债务。另外，年终财政体制结算中，全年上下级财政的实际上解或补助款与应上解或应补助款之间也会形成暂时借垫款项，这也是财政上下级之间的债权债务。

为了核算与下级往来业务，应设置“与下级往来”总账科目。该科目借方登记借给下级财政款和体制结算中应由下级财政上交的收入数；贷方登记收回下级财政偿还的、转作补助支出或体制结算应补助下级财政的数额；余额在借方，反映下级财政应归还本级财政的款项。如余额在贷方，则反映本级财政欠下级财政的款项，在编制资产负债表时应以负数表示。

该科目应及时清理结算，应转作补助支出的部分，应在当年结清，不得长期挂账；其他年终未能结清的余额，结转下年。该科目应按资金性质和下级财政部门名称设置明细账，进行明细分类核算。

[**例 18**] 某市财政局同意其下属财政单位申请临时借款 500 000 元，以作周转调度用。应作如下会计分录：

借：与下级往来	500 000	
贷：国库存款		500 000

[**例 19**] 接上例，市财政局同意将上述借款的 80% 转作对下属财政单位的补助款，20% 归还给本局，并已收到还款。应作如下会计分录：

借：国库存款	100 000	
补助支出	400 000	
贷：与下级往来		500 000

[**例 20**] 财政体制结算中，某市财政应收下级财政上交的款项 150 000 元未收到。应作如下会计分录：

借：与下级往来	150 000	
贷：上解收入		150 000

[**例 21**] 在财政体制结算中，某市财政应补助所属某县财政款项 235 000 元未拨付。应作如下会计分录：

借：补助支出	235 000	
贷：与下级往来		235 000

三、预拨款项形成的债权管理与核算

预拨款项是各级财政机关根据核定的预算计划，按规定预拨给用款单位的待结算资金，包括预拨经费和基建拨款。

1. 预拨经费的含义及管理要求

预拨经费是由于特殊情况预拨给预算单位，不在当期列支的经费。发生预拨经费主要有两种特殊情况：一是交通不便的边远地区，需要上级部门提前拨付下一个月的经费；二是上年预拨属于下年预算的经费。凡是年度预算执行中，财政总预算会计用预算资金预拨出应在以后各期列支的款项，以及会计年度终了前预拨给用款单位的下年度经费均应作为预拨经费管理。

财政总预算会计对于预拨经费的管理要求是：

（1）预拨经费应掌握个别、特殊的原则，并控制在计划额度内，不能任意预拨。

（2）预拨经费应按照单位经费领报关系预拨。凡有上级主管部门的单位，不能直接与各级财政部门发生领拨经费关系。

（3）预拨经费应在规定的列支期间及时列为支出，不能长期挂账。

2. 基建拨款的含义及管理要求

基建拨款是指财政部门按基本建设计划拨付给经办基本建设支出的专业银行或基本建设财务管理部门的基本建设拨款和贷款数。

我国的基本建设资金由财政总预算会计进行管理和监督使用。当财政总预算会计将基本建设款拨付给经办基本建设支出的专业银行或基本建设财务管理部门时，财政总预算会计的支出数尚未形成，基建拨款则表现为财政总预算会计的债权。当财政总预算会计收到经办基本建设支出的专业银行或基本建设财务管理部门报来的基本建设拨款报表时，相应的拨款数则转为支出数。对于不实行限额管理的基建拨款，应直接按照拨付给建设单位的资金数额列为支出，不通过基建拨款科目核算。

3. 应设置的会计科目及账务处理

财政总预算会计为了核算预拨款项，应设置“预拨经费”和“基建拨款”两个总账科目。

“预拨经费”科目用来核算财政部门预拨给行政事业单位、尚未列为预算支出的经费。该科目借方登记预拨款；贷方登记转列支出数或用款单位交回款；余额在借方，反映尚未转列支出或尚未收回的预拨经费数。该科目应按拨款单位设置明细账。凡是拨出经费属于本期支出的，应直接通过有关支出科目核算，不能记入本科目。

“基建拨款”科目用来核算拨付给经办基本建设支出的专业银行或拨付基本建设的财务管理部门的基本建设拨款和贷款数。该科目借方登记拨出数；贷方登记基本建设财务管理部门或受委托的专业银行报来拨付建设单位数及缴回财政数；余额在借方，反映尚未列报支出数。该科目应按拨款单位设置明细账，进行明细分类核算。直接拨付建设单位的基本建设资金，不通过本科目核算。

［**例22**］某市财政局根据下年度计划和水利局的申请，预拨给水利局下年度农田水利经费800 000元。应作如下会计分录：

借：预拨经费——水利局——下年度水利经费　　800 000

　贷：国库存款　　800 000

［**例23**］某市财政局7月份按预算预拨给市教委下月教育经费1 000 000元。应作如下会计分录：

借：预拨经费——市教委　　1 000 000
　　贷：国库存款　　1 000 000

［例24］接上例，经审核，市财政局将预拨给市教委的经费转列支出。应作如下会计分录：

借：一般预算支出　　1 000 000
　　贷：预拨经费——市教委　　1 000 000

［例25］某市财政总预算会计根据基本建设计划，拨给市财政局基本建设财务管理处基建资金2 500 000元。应作如下会计分录：

借：基建拨款——基建财务处　　2 500 000
　　贷：国库存款　　2 500 000

［例26］某市财政局月末收到基本建设财务管理处报来的基建拨款报表，拨款数为2 300 000元。应作如下会计分录：

借：一般预算支出　　2 300 000
　　贷：基建拨款——基建财务处　　2 300 000

［例27］某市财政局收到基本建设财务管理部门缴回多余的基建拨款200 000元。应作如下会计分录：

借：国库存款　　200 000
　　贷：基建拨款——基建财务处　　200 000

【本章小结】

本章主要从资产的角度介绍了总预算会计各类资产的核算。财政性存款是最主要的资产，反映了总预算会计集中、分配资金的内容，应该按照国家规定的管理原则进行开户和核算；在途款主要核算在决算清理期内和库款报解整理期内已收到但未进入本级国库的收入和支出收回的业务，作用是划清上下年度收支的科目；有价证券主要核算各级政府购入中央政府发行的国家公债；在财政债权中，暂付款是反映总预算会计与预算（用款）单位之间的债权关系，而与下级往来则反映了上级财政与下级财政之间的债权关系，两者在核算中必须分清楚。预拨经费和基建拨款都是预拨款项，也属于待结算资金，业务发生时不能作为支出的核算，只有将资金使用或拨付建设单位时，才能转列支出。

【关键术语和概念】

国库存款　其他财政存款　有价证券　待结算资金　与下级往来

第六章　财政总预算会计负债与净资产的核算

负债是会计主体所承担的、需以资产偿付的债务。而净资产则是指资产减去负债的差额。它们在核算上有着相同的借贷方向，但在核算内容上具有各自的特点和不同的规定。

通过本章的学习，应该掌握以下内容：

（1）总预算会计负债的内容及管理要求。

（2）各项负债的账务处理。

（3）总预算会计净资产的内容及管理要求。

（4）各项净资产的账务处理。

第一节　负债的核算

在财政总预算会计中，财政负债是一级财政所承担的能以货币计量，需以资产偿付的债务。财政虽然是分配资金的部门，但在预算执行中，与预算单位之间、与上下级财政，也存在着人欠或欠人的事项，加上发行国债，这就形成了以下三类财政负债事项。

一、与预算单位结算形成的债务管理与核算

财政部门与预算单位之间发生的临时应付、暂收和收到不明性质的款项，称为暂存款业务。它反映了财政与预算单位之间的债务关系。暂存款属于待结算款项，结算时可能需要退还，也可能转为收入。暂存款必须及时清理，不能长期挂账。

为了核算暂存款业务，需设置“暂存款”总账科目。该科目贷方登记收到的款项；借方登记冲转退还或转作收入的款项；余额在贷方，反映尚未结清的暂存款数额。本科目应按资金性质、债权单位或款项来源设置明细账，进行明细分类核算。

［**例1**］某市财政局收到某行政单位交来性质不明的暂收款20 000元。应作如下会计分录：

借：国库存款	20 000	
贷：暂存款		20 000

［**例2**］承上例，后查明上述暂收款中有15 000元为该单位合法的罚款收入，另外5 000元为不合法罚款，退回原单位。应作如下会计分录：

借：暂存款	20 000	
贷：一般预算收入		15 000
国库存款		5 000

[例3] 某市财政局将预算资金500 000元划入政府采购资金专户，用于为A单位采购设备。应作如下会计分录：

借：暂付款——政府采购款　500 000
　贷：国库存款　500 000

同时：

借：其他财政存款　500 000
　贷：暂存款——政府采购款　500 000

[例4] 承上例，国库支付中心收到A单位自筹资金200 000元，并划入政府采购专户。应作如下会计分录：

借：其他财政存款　200 000
　贷：暂存款——政府采购配套资金　200 000

[例5] 承上例，国库支付中心依据采购合同和有关文件资料，支付采购款700 000元。应作如下会计分录：

借：暂存款——政府采购款　500 000
　　暂存款——政府采购配套资金　200 000
　贷：其他财政存款　700 000

同时：

借：一般预算支出　500 000
　贷：暂付款　500 000

二、上下级财政结算形成的债务管理与核算

财政部门向上级财政借入调度款和因年终体制结算而形成的债务，称为与上级往来业务。它反映了上下级财政之间的无息债务关系。

为了核算与上级往来业务，需设置“与上级往来”总账科目。该科目贷方登记借入款或应上交的数额；借方登记归还借款、转作上级补助收入或上级应补款项的数额；余额在贷方，反映为本级财政欠上级财政的款项；如余额在借方，则反映为上级财政欠本级财政的款项，在编制“资产负债表”时应以负数反映。本科目应按资金性质和部门名称设置明细账，并应及时清理结算，年终未能结清的余额应结转下年。

[例6] 某市财政局向省财政厅申请一笔临时借款800 000元获得批准。应作如下会计分录：

借：国库存款　800 000
　贷：与上级往来　800 000

[例7] 承上例，省财政厅月末同意将上述临时借款中的600 000元作为预算补助款，200 000元归还给省财政厅。应作如下会计分录：

借：与上级往来　800 000
　贷：补助收入　600 000
　　　国库存款　200 000

[例8] 某市财政局在年终财政体制结算中还应上交上级财政的款项为500 000元。应

作如下会计分录：

借：上解支出　　500 000

　贷：与上级往来　　500 000

三、预算举借债务的管理与核算

中央财政和地方财政按照国家法律、国务院规定向社会以发行债券等方式举借的债务，称为借入款业务。它反映的是财政与社会的债务关系，具体来说，目前财政总预算会计所核算的债务并不是各级政府的全部债务，而是各级政府按照法定程序及核定预算举借的债务。

为了核算借入款业务，需设置“借入款”总账科目。该科目贷方登记发行债券款或举借款；借方登记到期偿还的款项；余额在贷方，反映尚未偿还的债务。本科目应按债券种类或债权人设置明细账，进行明细分类核算。应清偿的利息应在“一般预算支出”科目中核算。

［**例** 9］中央财政经全国人大批准，按规定程序向全国发行国库券 5 亿元，当日收到款项 600 000 元。应作如下会计分录：

借：国库存款　　600 000

　贷：借入款　　600 000

［**例** 10］中央财政清偿去年发行已到期的一年期国库券 40 000 000 万元，利息 800 000 元。应作如下会计分录：

借：借入款　　40 000 000

　　一般预算支出　　800 000

　贷：国库存款　　40 800 000

第二节　净资产的核算

财政总预算会计的净资产是一级政府所掌管的资产净值。从会计等式来看，净资产是指资产减去负债的差额。这些净资产正是各级政府可支配的各项结余资金和预算周转资金。

一、各项结余的核算

各项结余是财政收支的执行结果，是下年度可以结转使用或重新安排使用的资金，包括一般预算结余、基金预算结余和专用基金结余。各项结余必须分别核算，不得混淆。各项结余每年结算一次，平时不结算，年终将各项收入与相应的支出分别结转到有关结余科目后，即成为该项资金的当年结余。当年结余加上上年年末滚存结余为本年年末滚存结余。预算结余可补充预算周转金。

为了反映和监督各项结余业务，需分别设置“预算结余”、“基金预算结余”、“专用基金结余”总账科目。

“预算结余”科目用来核算各级财政预算收支的年终执行结果。该科目贷方登记年终从“一般预算收入”、“补助收入——一般预算补助”、“上解收入”、“调入资金”等科目转入的预算收入数额；借方登记从“一般预算支出”、“补助支出——一般预算补助”、“上解支出”等科目转入的预算支出数额；余额在贷方，反映本年的预算滚存结余转入下年度。

“基金预算结余”科目用来核算各级财政管理的政府性基金收支的年终执行结果。该科目贷方登记年终从“基金预算收入”、“补助收入——基金预算补助”科目转入的基金预算收入数额；借方登记年终从“基金预算支出”、“补助支出——基金预算补助”、“调出资金”科目转入的基金预算支出数额；余额在贷方，反映本年基金预算滚存结余数，转入下年度。

“专用基金结余”科目用来核算总预算会计管理的专用基金收支的年终执行结果。该科目贷方登记年终从“专用基金收入”科目转入的数额；借方登记年终从“专用基金支出”科目转入的数额；余额在贷方，反映本年专用基金的滚存结余，转入下年度。

［**例 11**］某市财政局进行年终转账时有关收入和支出账户余额表如表 6－1 所示：

表 6－1　　收入支出账户余额表　　单位：元

账户名称	借方余额	账户名称	贷方余额
一般预算支出	45 000 000	一般预算收入	50 000 000
补助支出——一般预算补助	1 500 000	补助收入——一般预算补助	2 000 000
上解支出	800 000	上解收入	1 000 000
基金预算支出	4 000 000	调入资金	3 000 000
补助支出——基金预算补助	1 200 000	基金预算收入	5 000 000
调出资金	500 000	补助收入——基金预算补助	1 500 000
专用基金支出	1 800 000	专用基金收入	2 000 000

根据以上资料应作如下结账分录：

（1）结转一般预算收入类账户

借：一般预算收入　　50 000 000
　　补助收入——一般预算补助　　2 000 000
　　上解收入　　1 000 000
　　调入资金　　3 000 000
　贷：预算结余　　56 000 000

（2）结转一般预算支出类账户

借：预算结余　　47 300 000
　贷：一般预算支出　　45 000 000
　　　补助支出——一般预算补助　　1 500 000
　　　上解支出　　800 000

(3) 结转基金预算收入类账户

借：基金预算收入 5 000 000

补助收入——基金预算补助 1 500 000

贷：基金预算结余 6 500 000

(4) 结转基金预算支出类账户

借：基金预算结余 5 700 000

贷：基金预算支出 4 000 000

补助支出——基金预算补助 1 200 000

调出资金 500 000

(5) 结转专用基金收入

借：专用基金收入 2 000 000

贷：专用基金结余 2 000 000

(6) 结转专用基金支出

借：专用基金结余 1 800 000

贷：专用基金支出 1 800 000

二、预算周转金的管理与核算

预算周转金是指各级财政为平衡预算年度内季节性收支差额，保证及时用款而设置的周转资金，是国家财政后备基金的一种形式。

政府预算在年度执行过程中，由于季节性等原因，可能出现暂时的收不敷支情况。例如，预算收入在征收、报解、转拨的过程中运行需要一定的时间，而且收入是逐日收取的，但每日的支出却要在月初就拨付，如果没有一定的周转金，要完成预算收支任务是难以想象的，这就要求各级财政设置一笔供临时周转垫支使用的预算周转金。

设置必要的预算周转金是各级财政灵活调度预算资金的重要保证，预算周转金的设置必须经上级财政部门批准，从预算结余中提取或补充。对于新成立的一级财政，由于原来没有设置预算周转金，上级财政在财力许可的范围内给予一定的资金。预算周转金只供平衡预算收支的临时周转使用，不能用于安排财政开支。未经上级财政部门批准，不能随意减少预算周转金的数额，并且应随着本级政府预算支出规模的扩大逐年增补。预算周转金不另设存款户，当动用预算周转金时，则表现为国库存款的减少，若国库存款的余额小于预算周转金的余额，即表明预算周转金已经动用。

为了核算预算周转金业务，需设置"预算周转金"总账科目。设置和补充预算周转金时，借方登记"预算结余"科目，贷方登记该科目。该科目的借方一般无发生额。余额在贷方，反映预算周转金的累积余额。

[**例 12**] 某市财政局按规定设置用于平衡季节性预算收支差额周转使用的预算周转金 500 000 元。应作如下会计分录：

借：预算结余 500 000

贷：预算周转金 500 000

[**例 13**] 某乡财政收到上级县财政拨来的资金 230 000 元，供该乡设立预算周转金。

应作如下会计分录：

借：国库存款	230 000	
贷：预算周转金		230 000

【本章小结】

本章从负债核算出发，分别介绍了三类负债事项：暂存款、与上级往来和借入款。对这三类负债的科目核算要分清楚，暂存款反映和监督财政总预算会计与预算单位之间的债务关系；与上级往来则是反映和监督财政总预算会计上下级之间的无息债务关系；借入款是反映和监督财政总预算会计与社会的债务关系。这三个科目的核算内容不能混淆。

本章还从净资产的核算出发介绍了各项结余和预算周转金的核算。各项结余的核算时间是在年终，并且要按照一般预算类、基金预算类和专用基金类分别结转收支科目，不得混淆。预算周转金是各级财政的后备基金，应该按照规定增设或补充。要明确预算周转金和国库存款的关系。

【关键术语和概念】

暂存款　与上级往来　借入款　预算结余　基金预算结余　专用基金结余　预算周转金

第七章　财政总预算会计报告

财政总预算会计报告是各级财政部门在期末必不可少的重要工作，它不仅反映了各级财政总预算会计的结果，也反映了各级政府的工作业绩。

通过本章的学习，应该掌握以下内容：

（1）财政总预算会计报告体系的构成。

（2）年末清理、结算和结账工作的内容。

（3）主要会计报表的编制、审核和分析。

第一节　财政总预算会计报告体系概述

一、财政总预算会计报告体系的构成

财政总预算会计报告是各级预算收支执行情况及其结余的定期书面报告，是各级政府和上级财政部门了解情况、掌握政策、指导预算执行工作的重要资料，也是编制下一年度预算的基础。

财政总预算会计报告是由各级财政部门逐级编制，并与各级国库、各级行政事业单位、相关银行编报的报表一起，组成一个完整的会计报告体系。如图 7－1 所示：

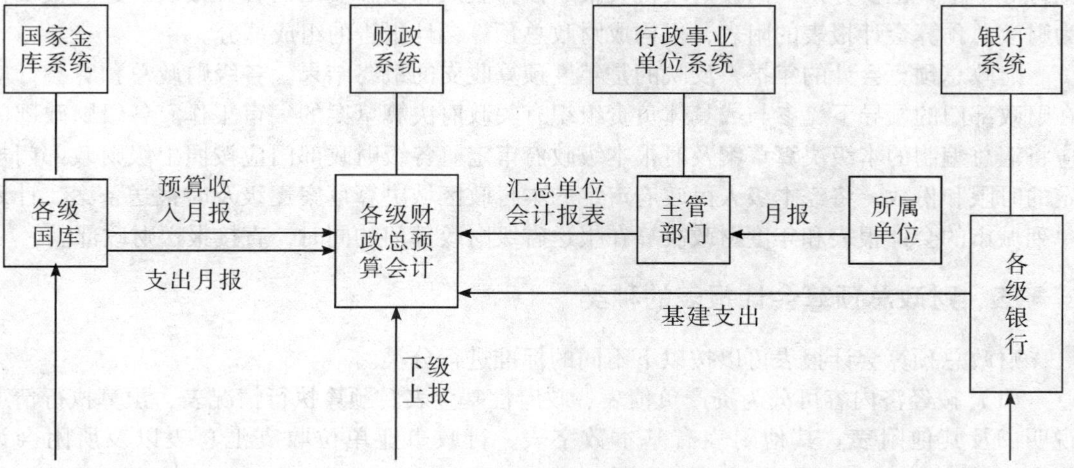

图 7－1　财政总预算会计报告体系构成图

从图7-1可看出：①由各级国库编报的预算收支月报，逐级汇总上报，反映了不同预算级次的预算收支执行情况，也反映了征收机关组织预算收入的工作；②由各级行政事业主管部门向同级财政部门报送的单位收支汇总表，反映了各单位的收支情况和业务发展进度；③由各级相关银行向同级财政部门报送的基本建设支出报表，反映了各级政府的基建投资状况和固定资产投资状况。

二、财政总预算会计报表的编制要求和编报程序

1. 编制要求

各级财政总预算会计报表要做到报送及时、数字正确、内容完整。具体要求如下：

（1）各级财政总预算会计要加强日常会计核算工作，督促有关单位及时记账、结账。所有预算会计单位都应在规定的期限内报出报表，以便主管部门和财政部门及时汇总。

（2）财政总预算会计报表的数字，必须根据核对无误的账户记录汇总。切实做到账表相符，有根有据，不能估列代编，更不能弄虚作假。

（3）财政总预算会计报表要严格按照统一规定的种类、格式、内容、计算方法和编制口径填制，以保证全国统一汇总和分析。汇总报表的单位要把所属单位的报表汇集齐全，防止漏报。

2. 编报程序

财政总预算会计报表应由乡（镇）、县（市）、市（设区的市）、省（自治区、直辖市）以及计划单列市财政机关，根据统一的会计科目、统一的编制口径、统一的报送时间，从基层单位开始，逐级汇总编报，不得估列代编。逐级汇总编成定期的政府预算收支执行情况报表，由财政部报送国务院。地方各级财政总预算收支执行情况报表，由财政机关报送同级人民政府。

各预算单位会计报表是同级财政总预算会计报表的组成部分，由各级行政事业单位逐级汇总，由各主管部门向同级财政机关报送。此外，参与政府预算执行的国家金库和有关银行等单位，也要分别向同级财政机关报送预算收入和预算支出的各种报表。这些报表作为财政总预算会计报表的附表，也构成财政总预算会计报告的组成部分。

财政总预算会计的年报，反映的是年度预算收支的最终结果。各级财政总预算会计应在财政部门的领导下，参与或具体负责组织有关政府决算草案的编审工作。各级财政部门应将汇总编制的本级决算草案及时报本级政府审定。各级财政部门应按照上级财政部门规定的时限和份数，将经本级人民政府审定的本行政区域决算草案逐级及时报送备案。计划单列城市的会计报表和年度财政决算在报送省级财政部门的同时，直接报送财政部。

三、财政总预算会计报表的种类

财政总预算会计报表可以按以下不同的标准进行分类。

（1）按经济内容可分为资产负债表、政府性基金表、预算执行情况表、预算执行情况说明书及其他附表。其他附表有基本数字表、行政事业单位收支汇总表以及所附会计报表。

（2）按编制时间可分为旬报、月报和年报。预算执行情况表反映预算收支的完成情

况，其旬报、月报和年报的表式及内容不尽相同；月份和年度资产负债表的表式则完全相同；政府性基金报表体现的是年度报表。

（3）按编制单位可分为本级报表和汇总报表。本级报表是反映本级政府的财务状况和预算执行情况的报表。汇总报表是上级政府根据本级政府和经审查过的所属下级政府的会计报表汇总编制，反映上级政府和所属下级政府总的财务状况和预算执行情况的报表。

第二节　年终清理结算和结账

财政总预算会计的收支结转是在年末进行的，因此，清理结算和结账工作集中在年末展开，为编制年度会计报表做好充分准备。

一、年终清理的内容

年终清理是指各级财政部门和预算执行单位，在年终前后，对全年各项预算资金的收支及其有关财务活动进行全面清算和核对的工作。年终清理的目的在于：划清年度收支，核实收支数字，结清往来款项，如实反映全年预算执行结果；分析全年预算执行情况，总结预算管理的经验；检查财经纪律遵守情况。

各级财政总预算会计，在会计年度结束前，应当全面进行年终清理工作。年终清理的主要事项如下：

1. 核对年度预算

预算数字是考核决算和办理收支结算的依据，也是进行会计结算的依据。年终前，各级财政总预算会计应配合预算管理部门把本级财政总预算与上下级财政总预算，以及与本级各单位预算之间的全年预算数核对清楚。追加追减、上划下划的数字，必须在年度终了前核对完毕。为了便于年终清理，本年预算的追加追减和企事业单位的上划下划，一般截至 11 月底止。各项预算拨款，一般截至 12 月 25 日止。

2. 清理本年预算收支

凡属本年的一般预算收入，都要认真清理，年终前必须如数缴入国库。财政总预算会计应督促国库在年终库款报解整理期内，迅速报齐当年的预算收入。应在本年预算支领列报的款项，非特殊原因，应在年终前办理完毕。对于基金预算收入和专用基金收入，凡应列入本年的，应及时催收，并缴入国库和指定的银行。

3. 组织征收机关和国库进行年度对账

年度终了后，按照国库制度的规定，支库应设置 10 天的库款报解整理期（设置决算清理期的年度，库款报解整理期相应顺延）。各国库经收处 12 月 31 日前所收款项均应在“库款报解整理期”内报达支库，列入当年决算。同时，各级国库要按年度决算对账办法编制收入对账单，分送同级财政部门、征收机关核对签章，保证财政收入数字在三个部门的一致性。

4. 清理核对当年拨款支出

各级财政总预算会计对本级各单位的拨款支出应与各预算单位的拨款收入核对清楚。

对于当年安排的非包干使用的拨款，其结余部分应根据具体情况处理。属于单位正常周转占用的资金，可仍作为预算支出处理；属于应收回的拨款，应及时收回，并按收回数冲减相应的预算支出；属于预拨下年度的经费，则不得列入当年预算支出。实行国库集中收付制度的财政总预算会计，还应清理零余额账户的用款额度、直接支付和授权支付等方面的业务。

5. 清理往来款项

各级财政总预算会计的暂收、暂付等各种往来款项，要在年度终了前认真清理结算，做到人欠收回，欠人归还，应转作各项收入或各项支出的款项，要及时转入本年有关收支账。

二、年终财政体制结算的内容和步骤

各级财政总预算会计要在年终清理的基础上进行年终结算。年终结算就是财政体制结算。财政体制结算是指上下级财政之间按财权与事权相统一的原则进行的财政收支结算，并按照财政管理体制的规定，结清上下级财政总预算之间的预算调拨收支和往来款项。年终结算的主要内容及步骤如下：

（1）根据财政管理体制的规定，计算出全年应补助、应上解和应返还的数额；

（2）将上述数字与年度预算执行过程中已补助、已上解和已返还的数额进行比较；

（3）结合借垫款项，计算出全年最后应补或应退的数额，填制“年终财政决算结算单”，经核对无误后，作为年终财政结算凭证，据以入账。“年终财政决算结算单”的格式如表7-1所示。

表7-1　　**某市年终财政决算结算单**　　单位：万元

项　目		金额	项　目		金额
市财政决算平衡情况	一、收入总计		资金结算情况	一、应得资金数	
	其中：决算收入			二、已得资金数	
	税收返还			三、应上解数	
	专项补助			四、应欠补助数	
	结算补助				
	上年结余				
	二、支出总计				
	其中：决算支出				
	体制上解支出				
	专项上解支出				
	三、年终滚存结余（扣除预算周转金）				

各级财政总预算会计对年终决算清理期内发生的会计事项，应当划清会计年度。属于清理上年度的会计事项，记入上年度账内；属于新年度的会计事项，记入新账。要防止错记、漏记。

［**例1**］经年终结算，某市财政局按年度预算计算应上解省财政数为87 000 000元。年度预算执行中实际上解数额为63 000 000元。省财政应专项补助该市财政9 500 000元。

该市财政总预算会计年终计算应补上解数为：

市应补上解数＝应上解省财政数－市实际上解数－省应补助市数
＝87 000 000－63 000 000－9 500 000
＝14 500 000（元）

该市财政总预算会计根据经上级财政审批的年终财政决算结算单，通过“与上级往来”科目与省财政办理结算，作如下会计分录：

借：上解支出　　24 000 000
　贷：与上级往来　　24 000 000
借：与上级往来　　9 500 000
　贷：补助收入　　9 500 000

“与上级往来”科目的贷方余额 14 500 000 元，为市财政欠省财政应补上解和省财政对市财政专项补助轧差数。

同时，省财政总预算会计也应通过“与下级往来”科目与该市办理结算，作如下会计分录：

借：与下级往来　　24 000 000
　贷：上解收入　　24 000 000
借：补助支出　　9 500 000
　贷：与下级往来　　9 500 000

“与下级往来”科目的借方余额 14 500 000 元，为省财政应收所属市财政应补交的款项。

三、年终结账的内容

总预算会计经过年终清理和结算，把各项结算收支记入旧账后，即可办理年终结账。年终结账工作一般分为年终转账、结清旧账和记入新账三个环节，依次作账。

1. 年终转账

年终转账，首先要计算出各账户 12 月份合计数和全年累计数，结出 12 月末余额，编制余额表进行试算平衡。然后，再编制记账凭证，将“一般预算收入”、“基金预算收入”、“专用基金收入”、“补助收入”、“上解收入”、“调入资金”等收入类账户的贷方余额，以及“一般预算支出”、“基金预算支出”、“专用基金支出”、“补助支出”、“上解支出”、“调出资金”等支出类账户的借方余额，分别转入“预算结余”、“基金预算结余”和“专用基金结余”等账户的贷方和借方。通过年终转账，各收支账户的年末余额应为零。“预算结余”、“基金预算结余”和“专用基金结余”账户的年末余额，分别表示一般预算、基金预算和专用基金的滚存结余。

2. 结清旧账

将上述转账分录入账后，则可结清旧账。具体方法是：先结出资产类、负债类、净资产类、收入类和支出类账户的借方、贷方的全年总计数，然后在下面划双红线，表示本账户全部结清。对年终有余额的账户，应在“摘要”栏内注明“结转下年”字样，表示旧账余额结束，转入新账。

3. 记入新账

根据本年度各总账账户和明细账户年终转账后的余额编制年终决算（结账后）“资产负债表”和有关明细表后，将表列各账户的余额直接记入新年度有关总账和明细账各账户预留空行的余额栏内，并在“摘要”栏注明“上年结转”字样，以区别新年度发生数。

各级财政编制的本级决算草案经本级人民代表大会常务委员会（或人民代表大会）审查批准后，如需要更正原报决算草案收入、支出数字时，则要相应调整旧账，重新办理结账和记入新账。

第三节　财政总预算会计报表的编制

财政总预算会计报表是反映各级政府预算收支执行情况及其结果的定期书面报告，是各级政府和上级财政部门了解情况、掌握政策、指导预算执行工作的重要资料，也是编制下年度预算的基础。财政总预算会计报表包括资产负债表、预算执行情况表和政府性基金收支表等。实行国库集中收付制度的财政总预算会计还要增设财政性资金国库集中收付拨款备查表等。实行政府收支分类科目后，财政总预算会计应增设专项资金收支表和财政拨款经济分类收支表等。

一、资产负债表

资产负债表是反映各级政府所实际拥有财政资金状况的会计报表，它提供某一特定日期各级政府所控制的资产，承担的负债以及拥有的净资产情况。资产负债表只要求编制和汇总月报和年报。

1. 资产负债表月报的编制

财政总预算会计的资产负债表月报，既要反映各级政府某一时日（期末）的资产、负债和净资产情况，又要反映各级政府某一时期（月内）预算收支执行情况。资产负债表以“资产 + 支出 = 负债 + 净资产 + 收入”平衡公式为依据，左方为资产类，右方为负债和净资产类，两方总计数相等。资产负债表月报的编制方法是：

（1）资产、负债和净资产的项目根据月末相应会计科目的余额直接填制和分析计算填列。

（2）收入和支出的项目应根据月末相应会计科目的期末余额（累计发生额）直接填制。

2. 资产负债表年报的编制

财政总预算会计在进行年终结账时，应先根据各账户 12 月份的期末余额，编制余额表进行试算平衡无误后，将各收支账户分别转入有关结余账户；然后，根据结账分录过账，结清收支账户，并将年终有余额的账户进行年结；最后，根据本年度各总账账户年终转账后的余额编制“结账后资产负债表”，即年终决算资产负债表，并将此表作为记入新账的依据。在年终决算资产负债表中，收支项目一般无余额反映。

下面举例说明资产负债表年报的编制过程。

［**例 2**］某市财政总预算会计根据 2009 年 12 月末的有关账户余额编制余额表，如表 7－2所示。

表 7－2　　**余额表（年终结账前）**

编制单位：　　2009 年 12 月 31 日　　单位：万元

资产和支出类		负债、净资产和收入类	
科目名称	借方余额	科目名称	贷方余额
资产：		负债：	
国库存款	2 200	借入款	0
其他财政存款	860	暂存款	216
有价证券	500	与上级往来	0
在途款	6	负债合计	216
暂付款	4	净资产：	
与上级往来	0	预算结余	2 150
基建拨款	940	基金预算结余	1 350
预拨经费	1 200	专用基金结余	584
资产合计	5710	预算周转金	1 600
支出：		净资产合计	5 684
一般预算支出	6 800	收入：	
基金预算支出	890	一般预算收入	6 900
专用基金支出	800	基金预算收入	800
补助支出	600	专用基金收入	650
上解支出	350	补助收入	560
调出资金	300	上解收入	340
支出合计	9 740	调入资金	300
		收入合计	9 550
资产及支出类合计	15 450	负债、净资和收入类合计	15 450

根据年终结账前的余额表，按年终结账办法的规定，该市财政总预算会计应填制 12 月 31 日的记账凭证，办理年终转账。其会计分录如下：

（1）将全年的一般预算收入 69 000 000 元，补助收入 5 600 000 元，上解收入 3 400 000元，调入资金 3 000 000 元，转入预算结余账户。

借：一般预算收入　　69 000 000

　　补助收入　　5 600 000

　　上解收入　　3 400 000

　　调入资金　　3 000 000

　贷：预算结余　　81 000 000

（2）将全年一般预算支出 68 000 000 元，补助支出 6 000 000 元，上解支出 3 500 000 元，转入预算结余账户。

借：预算结余　　77 500 000
　　贷：一般预算支出　　68 000 000
　　　　补助支出　　6 000 000
　　　　上解支出　　3 500 000

（3）将全年基金预算收入 8 000 000 元，转入基金预算结余账户。

借：基金预算收入　　8 000 000
　　贷：基金预算结余　　8 000 000

（4）将全年基金预算支出 8 900 000 元，调出资金 3 000 000 元，转入基金预算结余账户。

借：基金预算结余　　11 900 000
　　贷：基金预算支出　　8 900 000
　　　　调出资金　　3 000 000

（5）将全年专用基金收入 6 500 000 元，转入专用基金结余账户。

借：专用基金收入　　6 500 000
　　贷：专用基金结余　　6 500 000

（6）将全年专用基金支出 8 000 000 元，转入专用基金结余账户。

借：专用基金结余　　8 000 000
　　贷：专用基金支出　　8 000 000

根据年终结账后各账户余额编制年终结账后的资产负债表，如表 7－3 所示。该资产负债表即是年终决算报表，也是记入新年度有关总账的依据。

表 7－3　　资产负债表（年终结账后）

编制单位：　　2009 年 12 月 31 日　　单位：万元

资产类			负债和净资产类		
科目名称	年初数	期末数	科目名称	年初数	期末数
资产：			负债：		
国库存款		2 200	借入款		0
其他财政存款		860	暂存款		216
有价证券		500	与上级往来		0
在途款		6	负债小计		216
暂付款		4	净资产：		
与下级往来		0	预算结余		2 500
基建拨款		940	基金预算结余		960
预拨经费		1 200	专用基金结余		434
资产小计		5 710	预算周转金		1 600
			净资产小计		5 494
资产合计		5 710	负债和净资产合计		5 710

3. 资产负债表汇总报表的编制

各级财政总预算会计应先编出本级财政的资产负债表，然后和经审核无误的所属下级财政总预算会计的资产负债表汇总编成本地区财政汇总的资产负债表。

在汇编中，各级财政总预算会计应将本级财政的“与下级往来”和下级财政的“与上级往来”、本级财政的“上解收入”和下级财政的“上解支出”、本级财政的“补助支出”和下级财政的“补助收入”等核对无误后互相冲销，以免重复汇总。

二、预算执行情况表

预算执行情况表是反映政府财政总预算收支执行进度、收支构成、各级财力的形成及其分配的报表，并根据需要分为旬报、月报和年报。

1. 旬报的编制

旬报是反映各级财政部门从月初至本旬为止的预算收支主要完成情况的报表。旬报应按《政府收支分类科目》，从有关收支账户中取数，收入和支出只列报主要的大类数，并于每月上旬、中旬后报送，下旬由月报代替。

旬报要求及时、快速、简明扼要。县级旬报应在旬后 1 日内以电话报上级财政部门；上级财政部门在收齐下级财政部门的旬报后，加上本级数字，汇总上报给上一级财政部门；省、自治区、直辖市的旬报一般要求在旬后 3 日内上报财政部。旬报的具体内容和编制方法由财政部根据情况规定，并逐级布置。旬报的一般格式如表 7－4 所示。

表 7－4　预算收支旬报

编报单位：　　　　年　月　日　　　　单位：万元

代号	项目	金额	代号	项目	金额
	一般预算收入合计			基金预算收入合计	
	其中：税收收入			其中：政府性基金收入	
	社会保险基金收入			非税收入	
	非税收入			……	
	……			基金预算支出合计	
	一般预算支出合计			其中：教育	
	其中：一般公共服务			交通运输	
	外交			……	
	国防				
	……				

2. 月报的编制

月报是反映各级财政部门从年初至本月末止的预算收支完成情况的报表。按收支配比要求，具体分为一般预算收入月报、一般预算支出月报、基金预算收支月报。也可以将一般预算收支与基金预算收支合并，编报财政总预算收支月报。

月报的列报内容一般比旬报详细，通常列报到政府收支分类科目的“款”级科目，并且要附上本月预算收支执行情况的文字说明。月报的报送也需要及时，省级财政一般要求在月后5日将月报报送到财政部。月报应根据有关收支账户本月发生额直接填列。月报参考格式如表7－5和表7－6所示。

表7－5　　一般预算收入月报

编报单位：　　年　月　　单位：万元

科目编码	收入科目	当月数	累计数
	一般预算收入合计		
101	税收收入		
	增值税		
	消费税		
	……		
102	社会保险基金收入		
	金融保险业营业税（地方）		
	一般营业税		
	……		
103	非税收入		
	政府性基金收入		
	专项收入		
	……		
	……		

表7－6　　一般预算支出月报

编报单位：　　年　月　　单位：万元

科目编码	支出科目	当月数	累计数
	一般预算支出合计		
201	一般公共服务		
	人大		
	政协		
	……		
202	外交		
	外交行政管理		
	驻外机构		
	……		
203	国防		
	现役部队		
	国防报备力量		
	……		

基金预算收支月报的格式与一般预算收支月报的格式基本相同。各省、自治区、直辖市上报到财政部的月报，应按照财政部每年制发的月报格式编制，不得自行增删或变动报表项目。

3. 年报的编制

年度预算执行情况表就是反映政府财政收支的决算报表，是反映整个预算年度内政府预算收支执行情况及其结果的报表。年报是各级政府全年政治经济活动在财政上的集中反映。编制年报是各级财政总预算会计的主要任务之一，各级财政总预算会计应在财政部门的领导下，参与或负责有关决算草案的编审工作。

各级财政预算情况执行表的年报可由年度政府一般预算收支决算总表、收入决算明细表、支出决算明细表、政府性基金收支决算总表和专用基金收支明细表等组成。在政府收支分类改革的情况下，预算收支情况决算报表体系的完善还将经历一个建设过程。但是，改革后的决算报表体系应能全面反映政府整体收支情况，即包括一般预算、政府性基金和预算外资金三大部分；设计的报表应具有实用性，能满足政府和财政工作的实际需要；设计的决算指标应与国际通行的体系、方法接轨，并具有一定的连续性和稳定性。一般预算收支决算总表的参考格式如表 7－7 所示。

表 7－7　　一般预算收支决算总表

编报单位：　　年　　单位：亿元

收入			支出		
收支分类科目	预算数	决算数	收支分类科目	预算数	决算数
一、税收收入			一、一般公共服务		
1. 增值税			二、外交		
2. 消费税			三、国防		
3. 营业税			四、公共安全		
4. 企业所得税			五、教育		
5. 企业所得税退税			六、科学技术		
6. 个人所得税			七、文化体育与传媒		
7. 资源税			八、社会保障和就业		
8. 城市维护建设税			九、医疗卫生		
9. 房产税			十、环境保护		
10. 印花税			十一、城乡社区事务		
…			十二、农林水事务		
二、非税收入			十三、交通运输		
1. 专项收入			十四、工业、商业、金融等事务		

续上表

收入			支出		
收支分类科目	预算数	决算数	收支分类科目	预算数	决算数
2. 行政事业性收费收入			十五、其他支出		
3. 罚没收入			十六、转移支出		
4. 国有资本经营收入			十七、调出资金		
5. 国有资源有偿售后服务收入					
6. 其他收入					
…					
三、转移收入					
四、债务收入					
五、调入资金					
本年收入合计			本年支出合计		

政府性基金收支决算总表反映年度政府性基金的收入和支出的预算数和决算数。其参考格式如表7－8所示。

表7－8　**政府性基金收支决算总表**

编制单位：　　年　　单位：亿元

收入			支出		
收入科目	预算数	决算数	支出科目	预算数	决算数
政府性基金收入			教育		
1. 地方教育附加收入			1. 地方教育附加支出		
…			…		
			文化体育与传媒		
			社会保障和就业		
			城乡社区事务		
			农林水事务		
			交通运输		
			…		
本年收入合计			本年支出合计		

年度预算执行情况决算报表体系的具体内容与编制方法应根据财政部有关决算报表的

规定办理。财政总预算会计在编制预算执行情况表的年报时，还应编写预算执行情况说明书及其他附表，以便用文字和有关附表补充说明年度财政收支情况。其他附表主要有基本数字表、行政事业单位收支汇总表等。

【本章小结】

财政总预算会计报告是各级预算收支执行情况及其结余的定期书面报告，会计报告的主要报表是：资产负债表、预算执行情况表和政府性基金收支表。财政总预算会计的收支结转是在年末进行，因此，清理、结算和结账工作集中在年末开展。

资产负债表只要求编制和汇总月报和年报。月报反映五大会计要素的内容，与企业资产负债表不同；预算执行情况表要按照需要编制旬报、月报和年报，并且反映从年初以来的累计发生额；政府性基金收支表反映年度政府性基金收支情况。

【关键术语和概念】

财政总预算会计报告　资产负债表　预算执行情况表　政府性基金收支表　年终清理　年终结算　年终结账

第八章　行政单位会计收入和支出的核算

行政单位要开展日常业务和完成国家交给的行政任务，就必须有一定的财力作为保证。本章主要围绕行政单位的资金来源和业务费用使用介绍收入和支出的核算。

通过本章的学习，应该掌握以下内容：

（1）行政单位收入的来源渠道。

（2）行政单位各项收入的管理及账务处理。

（3）行政单位经费支出的分类及明细科目的设置。

（4）行政单位各项支出的账务处理。

（5）国库集中收付制度在行政单位会计的实施。

第一节　收入的核算

收入是指行政单位为开展业务活动，依法取得的非偿还性资金，包括拨入经费、预算外资金收入和其他收入等。

行政单位不直接从事物质资料生产，它是履行国家职能的管理部门，因此，其资金来源主要有两大渠道：一是来源于国家财政拨款，二是来源于预算外资金收入。行政单位会计应当按照要求对这两大类资金进行反映和监督。

一、拨入经费的核算

拨入经费是指行政单位按照经费领拨关系，由财政部门或上级单位拨入的预算经费。拨入经费是行政单位的主要资金来源，是行政单位开展业务活动的基本财力保证。因此，行政单位必须加强对拨入经费的管理。

1．领拨经费的依据

各级行政单位领拨经费的依据是经过审核批准的单位年度预算和季度分月用款计划。行政单位应当根据核定的年度预算指标和工作计划，在每个季度开始前，按照政府收支分类科目中“支出功能分类”的内容，按“款”分项编制“季度分月用款计划”和“经费拨款申请单”，报同级财政部门或上级单位核定，作为领拨经费的依据。财政部门或主管单位收到所属单位的“季度分月用款计划”和“经费拨款申请单”后，应根据工作计划进度以及单位资金结存情况，核定各月拨款数，并据以及时拨款。季度分月用款计划表如表8－1所示。

表 8-1　　季度（分月）用款计划

编制单位：　　××年第一季度　　单位：万元

收支分类科目			全年预算款	分月用款计划							
编号		名称		合计		1月份		2月份		3月份	
款	项			计划	核定	计划	核定	计划	核定	计划	核定

单位负责人：　　会计：　　制表：

2．领拨经费的原则

领拨经费是执行政府预算的主要环节，各行政单位领拨经费时，应坚持“按计划领拨经费、按进度领拨经费、按用途领拨经费、按级次领拨经费”的原则。

（1）按计划领拨经费。行政单位应当严格按照经批准的单位年度预算以及季度分月用款计划按月申请取得拨入经费，不得申请无预算、无计划或超预算、超计划的拨款。如果由于行政计划或任务发生变动而需要增加拨款，行政单位应编制追加预算请求，并经财政部门或上级单位审核批准后，方可申请增加拨款。

（2）按进度领拨经费。行政单位除了应当严格按单位预算和用款计划申请取得拨入经费以外，还应结合各项业务活动的执行进度、资金的结余情况申请取得拨入经费。行政单位既要保证及时申请以取得预算和计划内供应的各项资金，又要防止或减少预算资金的积压，从而提高预算资金的使用效益。

（3）按用途领拨经费。行政单位应当按照预算规定的用途申请取得拨入经费，未经财政部门同意，不得擅自改变拨入经费的用途。行政单位对于拨入的专项经费，应当与拨入的经常性经费分别核算，不得混淆，执行专款专用的原则。

（4）按级次领拨经费。行政单位应当按照预算级次逐级申请取得拨入经费，不得越级申请取得拨入经费。同级主管会计单位之间不能发生拨入经费的业务，没有预算关系的不同级别的行政单位之间也不能发生拨入经费的业务。行政单位的隶属关系如有改变，应在办理划转预算关系的同时，办理拨入经费的划转手续，并结清已经取得的拨入经费。

3．领拨经费的方式

行政单位领拨经费的方式有两种：一是传统的经费拨款方式，二是国库集中收付拨入经费方式。目前，绝大部分行政单位都采用了国库集中收付拨入经费方式。

（1）传统经费拨款方式。

财政部门对主管部门或主管部门对所属单位的传统经费拨款方式是指划拨资金。划拨资金是财政部门根据各行政主管部门的申请，按月开出“预算拨款凭证”，通知国库将财政存款划到申请单位在银行开立的存款户，由主管单位按规定用途办理转拨或支用，月末由用款单位编报单位预算支出报表的一种拨款方式。预算拨款凭证如表 8－2 所示。

表 8－2　　　　　　　　　　　　**预算拨款凭证**

拨款日期　　　　年　月　日　　　　　　　　　　　　　　　　　　　　　　第　　号

<table>
<tr><td rowspan="3">收款单位</td><td>全　称</td><td></td><td rowspan="3">付款单位</td><td colspan="3">全　称</td><td colspan="7"></td></tr>
<tr><td>账　号</td><td></td><td colspan="3">账　号</td><td colspan="7"></td></tr>
<tr><td>开户银行</td><td></td><td colspan="3">开户银行</td><td colspan="7"></td></tr>
<tr><td rowspan="2">拨款金额</td><td colspan="3" rowspan="2">人民币：
（大写）</td><td>千</td><td>百</td><td>十</td><td>万</td><td>千</td><td>百</td><td>十</td><td>元</td><td>角</td><td>分</td></tr>
<tr><td></td><td></td><td></td><td></td><td></td><td></td><td></td><td></td><td></td><td></td></tr>
<tr><td>用途</td><td colspan="2"></td><td colspan="11"></td></tr>
<tr><td colspan="3">拨款单位盖章</td><td>银行分录</td><td colspan="10">对方科目：
复核员：　　　　记账员：</td></tr>
</table>

（2）国库集中收付拨入经费方式。

按照国库集中收付制度的要求，在“收入直缴”的基础上，先在工资性支出、政府采购支出、基本建设项目支出和专项支出等项目实施财政直接支付方式；对零星支出实施财政授权方式，最终将所有政府性基金、行政性收费、罚没收入和预算外资金全部纳入国库集中收付管理，全面实施“收入直缴，支出直拨”。国库集中收付制度的实施，引起行政单位的拨入经费方式发生新的变化。与传统的经费拨款方式相比，在国库集中收付制度下，行政单位的经费领拨产生以下两个新的变化：

第一，预算资金在各行政单位间层层转拨的情况将消失，代之以国库直接支付。各行政单位需要使用资金时，将由国库单一账户直接支付到劳务提供者或商品供应者账户上。主管部门和上级单位在汇总资产负债表时，将所属单位的数字相加时，上级的“拨出经费”和下级的“拨入经费”不用相抵。

第二，各单位在银行应开设零余额账户，并在会计科目上增加一个“零余额账户用款额度”总账科目，专门核算单位在财政下达授权支付额度内的支付业务。这样，财政资金在各单位沉淀的现象将消失。行政单位原来的“银行存款”账户主要核算自筹资金收入、各项往来款项和以前年度结余等内容。

4．拨入经费的核算

为了核算拨入经费的业务，应设置“拨入经费”总账科目。该科目贷方登记各行政单位按照经费领拨关系，由同级财政或上级主管部门拨入的预算经费（传统拨款方式），由财政直接支付或财政授权支付下拨的经费（国库集中收付方式）；该科目平时的贷方余额反映拨入经费的累计数，年终结账时，将本科目的贷方余额（不含预拨下年度经费）转入“结余”科目的贷方；结转后该科目无余额。该科目应按拨入经费的资金管理和部门预算要求分别设置“基本支出”和“项目支出”两个二级科目。二级科目下按政府收支分类科目中“支出功能分类科目”的“项”级科目设置明细账。

行政单位的专项经费需要单独向拨款单位（财政部门或上级主管部门）报账并在“项目支出”二级科目下核算。专项经费拨款一般以科研专款和工程专款为主，如科技三项拨款、专项设备购置拨款、房屋大修拨款等。为了保证专项工程或专项作业所需资金，各行政单位对于拨入的专项资金应坚持“专款专用，计划管理，单独核算，专项报账，按实列支”的原则。按规定使用专项资金，不得挪作他用，并应按有关拨款部门的要求，定期报告其使用情况。专项业务结束后，应当及时处理报账结算手续。

［例1］某行政单位本月按计划收到同级财政局拨来经常性经费（传统拨款方式）1 800 000元。应作如下会计分录：

借：银行存款　　1 800 000
　贷：拨入经费——基本支出　　1 800 000

［例2］某二级会计单位从上级主管部门获得本月经常性经费（传统拨款方式）500 000元。应作如下会计分录：

借：银行存款　　500 000
　贷：拨入经费——基本支出　　500 000

［例3］某行政单位收到同级财政部门预拨的下年度经费（传统拨款方式）150 000元。应作如下会计分录：

借：银行存款　　150 000
　贷：拨入经费——预拨下年度经费　　150 000

［例4］某行政单位收到上级主管部门的通知，要求缴回多拨的经常性经费（传统拨款方式）5 500元。应作如下会计分录：

借：拨入经费——基本支出　　5 500
　贷：银行存款　　5 500

［例5］某行政单位职工工资由财政部门统发。本月单位职工工资总额为80 000元，根据同级财政部门开具的拨款通知单和工资发放表。应作如下会计分录：

（1）借：经费支出——基本支出　　80 000
　　贷：应付工资　　80 000
（2）借：应付工资　　80 000
　　贷：拨入经费——基本支出　　80 000

［例6］某行政单位收到财政部门委托代理银行转来的财政直接支付入账通知书，A专项工程款650 000元。该工程完工后作为单位固定资产，并向财政部门报账。应作如下会计分录：

（1）借：经费支出　　650 000
　　贷：拨入经费——项目支出　　650 000
（2）借：固定资产　　650 000
　　贷：固定基金　　650 000

［例7］某行政单位收到代理银行转来的财政授权支付到账通知书，收到用款额度

200 000元，用于日常性支出。应作如下会计分录：

借：零余额账户用款额度　　200 000

　　贷：拨入经费——基本支出　　200 000

［例8］某行政单位年终将“拨入经费”账户余额进行年终结转，其中，拨入基本经费为550 000元，拨入项目经费为230 000元。应作如下会计分录：

借：拨入经费——基本支出　　550 000

　　　　　　——项目支出　　230 000

　　贷：结余——基本结余　　550 000

　　　　　　——项目结余　　230 000

二、预算外资金收入的核算

预算外资金收入指财政部门按规定从财政专户核拨给行政单位的预算外资金，以及部分经财政部门核准，不上缴预算外资金财政专户而直接由行政单位按计划使用的预算外资金。

1．预算外资金收入的管理要求

预算外资金收入是行政单位为开展业务活动而取得的一部分财政性资金，应加强对预算外资金收入的管理：

（1）分类管理，加强核算。按照国务院《关于加强预算外资金管理的决定》的规定，对行政单位的预算外资金收支按不同性质实行分类管理。首先，国家机关和受政府委托的部门、单位统一收取和使用的专项用于公共工程和社会公共承包的基金、收费等，收入全额缴入同级财政专户，支出按计划和规定用途专款专用，不得挪作他用，收支结余可结转下年度专项使用；其次，各部门和各单位的其他预算外资金，收入缴入同级财政专户，支出由财政结合预算内资金统筹安排；再次，对于少数费用开支有特殊需要的预算外资金，经财政部门核定收支计划后，可按确定比例或按收支结余的数额定期缴入同级财政专户。因此，预算外资金收入的核算应与应缴财政专户款的核算结合起来，只有在财政机关拨回或确认留用时，才能作为单位预算外资金收入核算。

（2）将预算外资金收入纳入单位的综合财务收支计划。行政单位应当按规定编制综合财务收支计划，将预算外资金收入纳入单位部门预算中，以便加强对预算外资金的管理。

（3）实行直接缴库和集中汇缴的方式，逐步将预算外资金纳入国库单一账户体系管理。在两种方式下，由执收单位开具统一规定的《非税收入一般缴款书》，由缴款人直接持票据到代理银行缴款；或由执收单位收款并按日汇总后，到代理银行将所收款项缴入预算外资金财政专户。

2．预算外资金收入的账务处理

为了核算预算外资金收入的业务，应设置“预算外资金收入”总账科目。该科目贷方登记收到的预算外资金收入。年终结账时，将本科目贷方余额全数转入“结余”科目。结转后该科目无余额。本科目应按资金管理和部门预算要求分别设置“基本支出”和“项目支出”二级科目，二级科目下按政府收支分类科目中“支出功能分类科目”的“项”级设置明细账，进行明细分类核算。

实行按确定的比例上缴预算外资金财政专户办法的行政单位收到预算外资金收入时，借方登记“银行存款”等科目，贷方登记“应缴财政专户款”科目和“预算外资金收入”科目；实行结余上缴预算外资金财政专户办法的单位收到预算外资金收入时，借方登记“银行存款”科目，贷方登记“预算外资金收入”科目；定期结算应缴预算外资金结余时，借方登记“预算外资金收入”科目，贷方登记“应缴财政专户款”科目。

主管部门收到财政专户核拨的属于应返还所属单位的预算外资金收入时，应通过“暂存款”科目核算，不通过“预算外资金收入”科目核算。

［**例9**］某行政单位收到财政专户核拨的预算外资金收入400 000元，其中，一般收入300 000元，专项收入100 000元。应作如下会计分录：

借：银行存款	400 000	
贷：预算外资金收入——基本支出		300 000
——项目支出		100 000

［**例10**］某行政单位实行按确定比例上缴预算外资金财政专户办法。某日收到预算外资金款150 000元，均为经常性收入，上缴比例为40%。应作如下会计分录：

借：银行存款	150 000	
贷：应缴财政专户款		60 000
预算外资金收入		90 000

［**例11**］某行政单位实行结余上缴预算外资金财政专户办法。某日收到预算外资金款100 000元，均为经常性收入。应作如下会计分录：

借：银行存款	100 000	
贷：预算外资金收入——基本支出		100 000

［**例12**］接上例，该行政单位按规定日期结算预算外资金结余为30 000元，均为经常性收入结余。应作如下会计分录：

借：预算外资金收入——基本支出	30 000	
贷：应缴财政专户款		30 000

［**例13**］某行政单位收到财政专户核拨的应返还所属B单位的预算外资金75 000元。应作如下会计分录：

借：银行存款	75 000	
贷：暂存款——B单位		75 000

［**例14**］年终，某行政单位将“预算外资金收入”科目余额650 000元转入“结余”科目，其中，经常性收入为600 000元，专项收入为50 000元。应作如下会计分录：

借：预算外资金收入——基本支出	600 000	
——项目支出	50 000	
贷：结余——基本结余		600 000
——项目结余		50 000

三、其他收入的核算

其他收入是指行政单位按规定收取的其他各种收入，以及其他来源形成的收入。主要包括行政单位在业务活动中按规定收取的不必上缴财政的零星杂项收入、有价证券利息收入、银行存款利息收入等。

其他收入中的多数项目是由行政单位自行组织的，这就要求行政单位必须遵守国家的有关规定不得擅自扩大收费项目或提高收费标准。

为了核算其他收入的业务，应设置“其他收入”总账科目。该科目贷方登记发生的其他收入；冲销转出时，借方登记本科目，贷方登记有关科目。该科目平时贷方余额反映其他收入的累计数。年终结账时，该科目贷方余额全数转入“结余”科目。年终转账后，该科目无余额。该科目可按其他收入的主要类别设置明细账，进行明细分类核算。

［例 15］某行政单位收到到期兑付的国库券本金 200 000 元，两年的利息收入 6 000 元。应作如下会计分录：

借：银行存款　　206 000

　贷：有价证券　　200 000

　　　其他收入　　6 000

［例 16］某行政单位接银行通知，本季度的银行存款利息为 2 500 元。应作如下会计分录：

借：银行存款　　2 500

　贷：其他收入　　2 500

［例 17］某行政单位收到出售废旧物品的现金 200 元。应作如下会计分录：

借：现金　　200

　贷：其他收入　　200

［例 18］某行政单位年终将“其他收入”科目余额 91 200 元转入“结余”科目。应作如下会计分录：

借：其他收入　　91 200

　贷：结余　　91 200

第二节　支出的核算

支出是指行政单位为开展业务活动而发生的各项资金耗费及损失。行政单位核算的支出包括经费支出、拨出经费和结转自筹基建等。

一、经费支出的核算

经费支出是指行政单位在开展业务活动中发生的各项支出。经费支出表现为行政单位为实现国家管理职能、完成行政任务所必须发生的各项资金耗费，也体现了行政单位组织和领导经济建设、文化建设等各项建设的业绩。

经费支出是行政单位对包括拨入经费、预算外资金收入和其他收入等各项收入来源综合使用的结果，是行政单位在预算执行过程中各项资金的实际消耗数，也就是“实际支出数”。因此，实际支出数是行政单位预算支出的核算基础，也是上级机关和财政部门考核单位预算执行情况和核销单位预算支出的依据。

1. 经费支出的内容及分类

对行政单位经费支出的内容进行分类，便于分析和考核各项经费支出的实际发生情况及其效果，从而有针对性地加强和改善对经费支出的管理。行政单位经费支出从部门预算的编制划分可分为两大类——基本支出和项目支出，并以此设置二级明细科目，再按照《政府收支分类科目》中的“支出经济分类”的“款”级设置三级明细科目，进行明细核算。

（1）基本支出和项目支出。

基本支出是行政单位为保障机构正常运转，完成日常工作任务发生的支出。基本支出反映了行政单位进行公务活动必需的基本资金耗费，是具体履行国家管理职能的基本资金保证，也是编制部门预算、接受上级部门检查预算执行情况的重要依据。基本支出的经费必须是能够实行定员或定额管理的经费，可分为人员经费和公用经费两部分。

项目支出是行政单位为完成特定的行政任务所发生的支出，主要包括专项基本建设、专项业务费、大型专项修缮、大型专项购置、大型专项会议等支出。这些业务都是不易实行定员定额管理的支出项目，必须有严格的制度为保障。项目支出也是部门支出预算的组成部分，具有专项、专业的特点，并要求专款专用、单独核算和加强检查监督。

（2）支出用途的经济分类。

行政单位的经费支出核算需要按用途进行分类，政府支出分类科目的“支出经济分类”内容，正是反映政府行政单位涉及的支出具体用途，其中的“类”、“款”级科目是基本支出、项目支出核算的具体内容，主要有以下四类：

①工资福利支出类。反映行政单位开支的在职职工和临时聘用人员的各类劳动报酬，以及为上述人员缴纳的各项社会保险费等。该类下设的“款”级内容包括：基本工资、津贴补贴、奖金、社会保障缴费、伙食费、伙食补助费、其他工资福利支出等。

②对个人和家庭的补助类。反映行政单位用于对个人和家庭的补助支出。该类下设的“款”级内容包括：离休费、退休费、退职（役）费、抚恤金、生活补助、救济费、医疗费、助学金、奖励金、生产补贴、住房公积金、提租补贴、其他对个人和家庭的补助支出等。

③商品和服务支出类。反映行政单位购买商品和服务的支出，不包括用于购置固定资产的支出、战略性和应急储备支出等。该类下设的“款”级内容包括：办公费、印刷费、咨询费、手续费、水费、电费、邮电费、取暖费、物业管理费、交通费、差旅费、出国费、维修（护）费、租赁费、会议费、培训费、招待费、专用材料费、装备购置费、工程建设费、劳务费、委托业务费、工会经费、福利费、其他商品和服务支出等。

④资本性支出类。反映行政单位发生的由各级发展与改革部门集中安排以及各级非发展与改革部门集中安排的用于购置固定资产、战略性和应急性储备、土地和无形资产，以及购建基础设施、大型修缮所发生的支出。

2. 经费支出的管理要求

经费支出管理是行政单位财务管理的一项重要组成部分，也是财政部门或上级部门考核行政单位预算执行情况的重要内容。行政单位必须严格按照有关规定，采取切实可行的办法，加强对经费支出的管理。

(1) 按批准的部门预算和计划用款，不得办理无预算、无计划或超预算的开支。行政单位应在财政部门批复的年度部门预算框架内编制季度分月用款计划，并根据支出的类型分为财政直接支付计划和财政授权支付计划两部分。行政单位的经费支出必须按照预算规定的开支标准支用，不得任意改变经费开支标准。对于违反财经纪律的开支，一律不得办理报销支付。

(2) 保证单位基本支出的需要。行政单位应当保证人员经费和公用经费开支的需要，对于符合预算的人员经费和维持单位正常运转的基本公用经费切实予以落实；对于大型设备的购置和大型会议的召开等方面的开支尽量控制和压减。

(3) 严格项目支出的管理。专项业务支出应当保证专款专用，不得任意改变内容或扩大使用范围。对于具有限定用途的资金，应严格按限定用途使用，不得任意挪用。应当为专项资金单独设账，反映和监督专项资金支出、进度和完成结算等情况。

(4) 对经费支出的薄弱环节实施重点管理和控制。行政单位往往在“人、车、会、电话”等方面的支出难以控制，对这些支出应当实施重点管理。在人员经费管理方面，应当严格执行核定的编制数，不能超编；在车辆购置费管理方面，标准配备车辆，不得超标；在会议费管理方面，应当健全审批制度，坚持务实、节约、高效的原则；在电话费管理方面，应当严格按规定配备电话等通讯设备，未经审批，不负担购置费或消耗费。

(5) 注意勤俭节约，讲求支出的效益。行政单位在办理经费支出时必须注意勤俭节约，既要考虑保证行政任务的顺利完成，又要考虑合理节约地使用各项资金。讲求少花钱、多办事、办好事，提高资金的利用效益。

3. 经费支出的账务处理

为了反映和监督经费支出的业务，应设置“经费支出”总账科目。该科目的借方登记行政单位开展业务活动以合法凭证支出的经费数；贷方登记经费支出的冲销转出数；余额在借方，反映行政单位累计发生的经费支出数。年终，将其余额全数转入“结余”科目。该科目应按“基本支出”和“项目支出”分设二级科目，二级科目下按政府收支分类科目中“支出经济分类”的“款”级设置明细账，进行明细核算。

行政单位收回本年度已列为经费支出的款项，应当冲减当年的经费支出；收回以前年度已列为经费支出的款项，应当增加上年结余，不得冲减当年的经费支出。

[**例 19**] A 行政单位以财政授权方式交纳本月电话费 5 500 元。应作如下会计分录：

借：经费支出——基本支出（邮电费）　　5 500

　　贷：零余额账户用款额度　　5 500

[**例 20**] A 行政单位以财政授权方式购入零星办公用品 7 000 元，并直接领用。应作如下会计分录：

借：经费支出——基本支出（办公费）　　7 000

　　贷：零余额账户用款额度　　7 000

[**例 21**] A 行政单位职工出差回单位报销，原借款 3 000 元，现报销交来发票 2 500 元，交回多余现金 500 元。应作如下会计分录：

借：现金　　500

　　经费支出——基本支出（差旅费）　　2 500
　　贷：暂付款　　3 000

[例 22] A 行政单位使用专项资金 12 000 元购入电脑两台，并采用财政直接支付方式，已到货。应作如下会计分录：

借：经费支出——项目支出（专用设备购置费）　　12 000
　　贷：拨入经费——项目支出　　12 000

同时：

借：固定资产　　12 000
　　贷：固定基金　　12 000

[例 23] A 行政单位按规定采用财政授权方式支付职工福利费 90 000 元。应作如下会计分录：

借：经费支出——基本支出（其他工资福利支出）　　90 000
　　贷：零余额账户用款额度　　90 000

[例 24] A 行政单位领用库存材料 8 000 元用于维修。应作如下会计分录：

借：经费支出——基本支出（专用材料费）　　8 000
　　贷：库存材料　　8 000

[例 25] A 行政单位的财务部门购入账簿表册，共计 560 元，以银行支票支付。应作如下会计分录：

借：经费支出——基本支出（办公费）　　560
　　贷：银行存款　　560

[例 26] A 行政单位收回本年度已列入"经费支出——基本支出（业务费）"中的暂付款 1 000 元。应作如下会计分录：

借：银行存款　　1 000
　　贷：经费支出——基本支出　　1 000

[例 27] A 行政单位年终将"经费支出"科目的借方余额 880 000 元，其中，基本支出 550 000 元，项目支出 330 000 元，进行年终转账。应作如下会计分录：

借：结余——基本结余　　550 000
　　　　——项目结余　　330 000
　　贷：经费支出——基本支出　　550 000
　　　　　　　　——项目支出　　330 000

二、拨出经费的核算

拨出经费是指行政单位根据核定的预算拨付给其所属单位的预算资金。主管单位或二级会计单位从财政部门或上级主管部门取得的预算经费中就包含了其所属单位的预算经费。因此，主管单位或二级会计单位应当在取得预算经费时，及时将归其所属单位的部分转拨给其所属单位。转拨经费属于拨入经费的一项支出，应按实际发生额记账。

为了反映和监督拨出经费业务，应设置"拨出经费"总账科目。该科目借方登记行政单位按批准的预算额拨付给所属单位的经费数额；贷方登记收回或冲销转出的经费数额；

余额在借方，表示行政单位转拨给所属单位的累计经费。年终应将其借方余额（不含预拨下年度经费）全数转入“结余”科目。该科目应按“基本支出”和“项目支出”设置二级科目，并按拨出对象设置明细账，进行明细分类核算。应说明的是，在国库集中收付制度下，不需要设置该科目。

［**例 28**］某行政主管部门将从财政部门获得的经费拨款按核定的预算转拨给其所属单位（传统经费拨款方式）800 000 元，其中基本经费 700 000 元，项目经费 100 000 元。应作如下会计分录：

借：拨出经费——基本支出　　700 000
　　　　　　——项目支出　　100 000
　贷：银行存款　　800 000

［**例 29**］某行政单位收回多拨给其所属单位基本经费的款项 40 000 元。应作如下会计分录：

借：银行存款　　40 000
　贷：拨出经费——基本支出　　40 000

［**例 30**］某行政单位年终将“拨出经费”科目借方余额 760 000 元，其中拨出基本经费 660 000 元，拨出项目经费 100 000 元，进行年终转账。应作如下会计分录：

借：结余——基本结余　　660 000
　　　　——项目结余　　100 000
　贷：拨出经费——基本支出　　660 000
　　　　　　　——项目支出　　100 000

三、结转自筹基建的核算

结转自筹基建是指行政单位经批准，用拨入经费以外的资金安排基本建设，其所筹集并转存建设银行的资金。行政单位应当严格控制自筹基本建设支出。确需安排支出的，应当按照规定进行申报，按照程序履行报批手续。核批后的自筹基本建设资金应纳入基本建设资金管理，并由基本建设会计组织会计核算。

为了核算结转自筹基建业务，应设置“结转自筹基建”总账科目。该科目借方登记转存建设银行的资金数；贷方登记基本建设项目完工后，剩余资金收回数。年终转账时，应将本科目的借方余额全数转入“结余”科目，结转后该科目无余额。

［**例 31**］某行政单位经批准将自筹基本建设资金 1 000 000 元按基建计划转存建设银行。应作如下会计分录：

借：结转自筹基建　　1 000 000
　贷：银行存款　　1 000 000

［**例 32**］接上例，某行政单位年终将“结转自筹基建”科目的借方余额 1 000 000 元进行年终转账。应作如下会计分录：

借：结余　　1 000 000
　贷：结转自筹基建　　1 000 000

［**例 33**］该基本建设项目已完工，共耗费 950 000 元，项目已交付使用，多余款从建

设银行转回。应作如下会计分录：

借：银行存款　　50 000

　贷：结转自筹基建　　50 000

同时：

借：固定资产　　950 000

　贷：固定基金　　950 000

【本章小结】

收支业务是行政单位会计最主要的业务，反映了行政单位履行国家管理职能的具体情况。拨入经费和预算外资金收入是行政单位开展业务的主要经费来源，前者是通过国库下拨的，体现了总预算会计与行政单位会计的直接联系；后者是通过预算外资金财政专户下拨的，体现行政单位在执行业务中收取的预算外资金经过上缴财政专户后的核拨。经费支出是行政单位唯一的费用科目，反映的是行政单位在执行业务中的全部资金耗费。

【关键术语和概念】

拨入经费　预算外资金收入　经费支出

第九章　行政单位会计资产的核算

资产是行政单位占用或使用的、能以货币计量的经济资源。包括流动资产和固定资产两大类。流动资产是指行政单位在一年内变现或耗用的资产，主要有现金、银行存款、有价证券、暂付款和库存材料等。固定资产是指行政单位拥有的各种可长期使用的设备和设施。

通过本章的学习，应该掌握以下内容：

（1）行政单位各项流动资产的内容及管理要求。

（2）各项流动资产的账务处理。

（3）固定资产的分类与计价。

（4）固定资产的账务处理。

第一节　流动资产的核算

一、现金的管理与核算

行政单位的现金，是指行政单位在预算执行过程中为保证日常开支需要而存放在财务部门的库存现金。现金是流动性最强的流动资产。行政单位在开展行政管理活动中，需要一定量的现金。为了正确、及时地进行现金结算并如实反映和严格监督现金的收支、结存情况，行政单位应当加强现金管理，遵循各种手续，保证现金的安全、完整，并指定专职的出纳员办理现金收支业务。

1. 现金管理原则

现金管理制度是国家金融管理的一项重要制度，也是行政单位会计工作的一个组成部分。根据《现金管理暂行条例》和《现金管理暂行条例实施细则》等有关规定，现金管理应做到以下五点：

（1）严格遵守银行核定的库存现金限额。库存现金限额是指银行根据规定，对在银行开户的行政单位，核定一个保留库存现金的最高额度。这一额度内的库存现金主要用于行政单位日常零星现金支付和备用金的需要。凡是超过限额的现金，必须及时存入银行。

（2）收入的现金必须及时送存银行，不得随意坐支。坐支是指以本单位的现金收入直接支付本单位的支出。行政单位每天收入的现金，必须当天送存银行，不能直接支用。因特殊原因需要坐支现金的，应事先报经银行审查批准，由开户银行核定坐支范围和限额。

（3）明确规定现金的使用范围。根据《现金管理暂行条例》规定，现金的使用范围为：职工工资、津贴，个人劳务报酬；根据国家规定颁发给个人的各种科学技术、文化艺术、体育等各项奖金；各种劳保、福利费用以及国家规定的对个人的其他现金支出；向个人收购农副产品和其他物资支付的价款；出差人员必须随身携带的差旅费；结算起点以下的零星支出和银行确定需要支付现金的其他支出。行政单位之间以及和其他单位的经济往来，除按规定范围可以使用现金外，均应通过开户银行转账结算。

（4）规范现金的收付手续。行政单位向银行提取现金时，必须如实写明提取现金的用途；将现金存入银行时，必须如实写明存入现金的来源。收入现金必须开给收款人正式的收据，支付现金应在付款的原始凭证上加盖“现金付讫”戳记。

（5）建立现金内部控制制度。行政单位应在现金的管理上强调内部控制的作用。行政单位的会计核算比较单一，没有分得那么细，按照现金的内部控制要求，主要在以下方面进行控制：一是不得以“白条”抵库，所谓“白条”抵库，就是以不符合财务制度的凭证顶替库存现金；二是行政单位之间不得相互借用现金，因为借用现金逃避了银行监督，给不正当地使用现金开了方便之门；三是进行钱账分管，相互牵制，做到明确职责，相互监督；四是对现金收付款凭证从真实性、合法性、完整性、正确性方面加强审核。

2. 现金的核算

为了核算现金业务，应设置“现金”科目。该科目借方登记现金的增加；贷方登记现金的减少；余额在借方，反映单位库存现金的实有数额。

行政单位应根据科目设置“现金日记账”，由出纳员根据收付款凭证按照业务的发生顺序逐笔登记。每日终了，应计算当日的现金收入合计数、现金支出合计数和结存数，并将结余数与库存数相核对，做到账款相符。发现不符时，应及时查明原因。有外币现金的单位还要设置外币现金账户，进行现金明细分类核算。

除出纳人员每日要进行现金清查以外，行政单位会计部门或内部审计机构也应定期和不定期地清查现金。发生长款或短款，应及时调整“现金”科目，进行相关会计处理。如果发生长款，应通过“暂存款”科目核算；如果发生短款，应通过“暂付款”科目核算。待查明原因后，转销“暂存款”和“暂付款”；对不能查明原因的长、短款，将作为“应缴预算款”和“经费支出”处理。

［**例** 1］某行政单位开出现金支票，从银行提款 1 000 元以备零用。应作如下会计分录：

借：现金	1 000	
贷：银行存款		1 000

［**例** 2］某行政单位收到违法乱纪者以现金缴入的罚没款项 480 元。应作如下会计分录：

借：现金	480	
贷：应缴预算款		480

［**例** 3］某行政单位办公室用现金购买办公用品 1 000 元，并直接领用。应作如下会计分录：

借：经费支出	1 000	
贷：现金		1 000

[**例** 4] 某行政单位盘点库存现金时发现长款200元，原因待查。应作如下会计分录：

借：现金　　200

　贷：暂存款　　200

如果查明原因是某人或某单位多交款，应及时退还给别人。借记“暂存款”科目，贷记“现金”科目。如果该笔长款无法查明原因，也应经单位领导批准后及时处理。

借：暂存款　　200

　贷：应缴预算款——无主收入　　200

[**例** 5] 某行政单位清查出纳的现金时，发现短款1 000元，原因待查。应作如下会计分录：

借：暂付款——××出纳　　1 000

　贷：现金　　1 000

如果查明原因是单位多付款给某人或某单位，应及时追回此款。借记“现金”科目，贷记“暂付款”科目。假设此笔短款是由于出纳工作差错而引起的，无法追回，经单位领导批准，20%由出纳赔偿，其余部分记入“经费支出”。

借：经费支出　　800

　　现金　　200

　贷：暂付款——××出纳　　1 000

二、银行存款及财政授权用款额度的管理与核算

1. 银行存款及财政授权用款额度的管理要求

银行存款是行政单位存放在开户银行或其他金融机构的货币资金。行政单位的银行存款来源于财政拨款，这是行政单位行使行政职能的物质保证。行政单位必须按照《人民币银行结算账户管理办法》的规定，对银行存款进行严格的管理，遵守下列银行账户的管理原则：

（1）行政单位必须严格遵从银行的开户管理，禁止多头开户。行政单位的预算经费应统一在同级财政部门或主管部门指定的银行开户，并履行银行规定的申请开户程序。有外币的行政单位，应在有关银行开立外币存款户。

（2）严格遵守银行的各项结算制度和现金管理制度，接受银行的监督和管理。

（3）银行账户只限于本单位使用，不得出租、出借或转让。

（4）建立银行存款内部控制制度。行政单位对银行存款加强管理和控制主要表现在以下三方面：一是严格审核收付款凭证。各种收付款凭证必须如实填写款项来源或用途，不得巧立名目，弄虚作假，严禁利用银行账户进行非法活动。二是严格管理支票，不得签发空头支票和其他远期支付凭证。三是严格按照国库集中收付制度进行有关的政府采购开支。四是定期与银行对账单核对，编制银行存款余额调节表。

（5）按照规定的银行结算方式办理业务。由于行政单位涉及银行结算的业务主要是由预算资金的领拨和经费的支用所引起的，在实际工作中，行政单位经常使用的银行结算方式主要是支票、汇兑和预算拨款凭证等。其中，预算拨款凭证是财政部门与主管部门或基层单位之间办理预算拨款时使用的结算凭证。当主管部门或基层单位收到银行转来的“预

算拨款凭证”收款通知时，据以编制收款凭证。

在财政授权支付方式下，虽然支付指令由行政单位下达，但财政不再将货币资金拨付到行政单位，而是将用款额度划拨到行政单位的零余额账户，要求行政单位设置“零余额账户用款额度”科目，并于收到代理银行盖章的“授权支付到账通知书”时，按到账通知书标明的额度确认收入。

2. 银行存款及财政授权用款额度的核算

为了核算银行存款业务，应设置“银行存款”总账科目。该科目借方登记从财政部门或上级主管部门拨入经费和其他原因使行政单位增加的银行存款数；贷方登记支取和转账结算而减少的银行存款数；余额在借方，反映行政单位的银行存款结存数。

为了核算财政授权支付业务，还应设置“零余额账户用款额度”科目，其核算与银行存款相同。

同现金核算一样，行政单位也应设置“银行存款日记账”，由出纳人员根据银行收付款凭证，按照业务发生的时间顺序逐日逐笔登记。每日终了，应计算当日银行存款收入合计数、银行存款支出合计数和银行存款结存数。月末，收到银行的对账单时，应编制“银行存款余额调节表”检查银行存款的记录是否有差错，如有差错，应及时查明原因。银行存款调节表的编制和核对方法见第十四章“事业单位会计资产的核算”。行政单位发生外币银行存款业务时，应将外币金额折合为人民币金额记账，并同时登记外币的金额和折合率。

［例6］某行政单位收到财政部门或上级主管部门拨来的日常经费800 000元（传统拨款方式）。应作如下会计分录：

借：银行存款	800 000	
贷：拨入经费——基本支出		800 000

［例7］某行政单位开出现金支票从银行提取现金500元备用。应作如下会计分录：

借：现金	500	
贷：银行存款		500

［例8］某行政单位接到代理银行通知，本月的财政授权支付额度300 000元已到账，与核对用款计划相符。应作如下会计分录：

借：零余额账户用款额度	300 000	
贷：拨入经费		300 000

［例9］某行政单位下达支付指令，以用款额度购买材料20 000元，已验收入库；购买一般办公用品500元并直接使用。应作如下会计分录：

借：库存材料	20 000	
经费支出	500	
贷：零余额账户用款额度		20 500

三、有价证券的管理与核算

有价证券是由国家指定的证券发行部门依照法定程序发行的，约定在一定期限内还本付息的信用凭证。行政单位持有的有价证券是行政单位用结余资金购买的政府债券。政府债券一般分为中央政府债券和地方政府债券。中央政府债券主要指国库券。行政单位购买有价证券时，应当遵守以下管理原则：

（1）行政单位应严格执行国家规定进行政府债券的购买和兑付，不得购买公司债券和股票。

（2）行政单位购买政府债券的资金来源只能是可自行支配的结余资金，不得使用拨入经费和预算外资金购买，也不能将购买政府债券列为支出。

（3）购入的有价证券应作为货币资金妥善保管，保证账券相符。

（4）当期有价证券的利息以及转让有价证券取得的收入与其账面成本的差额，应记入其他收入，而不能作为福利费处理或设立“小金库”。

为了核算有价证券业务，应设置“有价证券”总账科目。该科目借方登记行政单位购入的有价证券数额；贷方登记有价证券到期收回的本金；余额在借方，反映行政单位尚未到期兑付的有价证券数额。

［例10］某行政单位按规定用结余资金购入国库券100 000元。应作如下会计分录：

借：有价证券	100 000	
贷：银行存款		100 000

［例11］某行政单位收回到期的国库券本息525 000元。其中500 000元为本金，25 000元为利息收入。应作如下会计分录：

借：银行存款	525 000	
贷：有价证券		500 000
其他收入		25 000

四、暂付款的核算

暂付款是行政单位在业务活动中与所属单位、其他单位、本单位职工发生的临时性待结算款项。暂付款业务具体表现为借款给所属单位、职工出差预借差旅费、预付的购货款和有关部门领用的备用金等。

1. 暂付款的管理要求

暂付款是行政单位的待结算债权，应当从以下三方面加强对暂付款的管理：

（1）行政单位的暂付款项必须遵守预算资金管理有关规定，严格管理，认真加以控制。必须在规定的范围内发生暂付款业务，以少量、短期、必需和安全为原则。

（2）行政单位必须制定相应的审批制度，完善有关审批手续，建立暂付款回收的责任制。暂付款根据受款单位或收款人的借款收据，须经本单位负责人签批，会计主管人员审核后办理。

（3）行政单位的暂付款必须及时清理结算，不得长期挂账。凡有前借未清的款项，原则上不得办理第二次借款。单位财务部门应要求借款者及时办理结清手续，防止长期拖欠，占用单位资金。对所属单位的备用金，既要根据实际需要明确定额，又要所属单位定期结报。年终时，备用金原则上全部结清收回，下年初另行办理。

2. 暂付款的核算

为了核算暂付款业务，应设置“暂付款”总账科目。该科目借方登记暂付款的增加数；贷方登记暂付款的收回数；余额在借方，表示期末暂付款的结存数。该科目应按借款对象，即债务单位和个人名称设置明细账，进行明细分类核算。在实行政府采购并需要单位自筹配套资金时，应在暂付款科目下设“政府采购款”明细科目进行核算。

［例 12］某行政单位职工张三出差预借差旅费 2 500 元，财务部门以现金支付。应作如下会计分录：

借：暂付款——张三　　2 500
　贷：现金　　2 500

［例 13］某行政单位下属部门从财务部门领取备用金 20 000 元，财务部门开出现金支票支付。应作如下会计分录：

借：暂付款——××部门　　20 000
　贷：银行存款　　20 000

［例 14］职工张三出差回单位报销差旅费 2 200 元，交回多余现金 300 元。应作如下会计分录：

借：现金　　300
　　经费支出　　2 200
　贷：暂付款——张三　　2 500

［例 15］年终，行政单位的下属部门到财务部门报销发票 23 000 元，补付给下属部门 3000 元现金。应作如下会计分录：

借：经费支出　　23 000
　贷：暂付款——××部门　　20 000
　　　现金　　3 000

［例 16］某行政单位为购买办公设备通过银行预付 50 000 元给供货方。应作如下会计分录：

借：暂付款——××单位　　50 000
　贷：银行存款　　50 000

假设 10 天后，收到供货单位发来的设备已验收。发票上的货款为 80 000 元，通过银行补付差额款。

借：固定资产　　80 000
　贷：固定基金　　80 000
借：经费支出　　80 000
　贷：暂付款——××单位　　50 000
　　　银行存款　　30 000

五、库存材料的核算

库存材料是指行政单位大宗购入、进入库存，并陆续领用的各种行政用物质材料，包括大宗办公用品、电脑耗材和器材等。对于数量不大，品种不多，随购随用的物资材料，在购入时可直接列入经费支出。行政单位的材料按其用途分类，一般分为：原材料、燃料、修理用备件、低值易耗品等四类。

1. 库存材料的管理要求

行政单位的库存材料是流动资产的重要组成部分，并处于经常不断领用和增加的状态，应从以下三方面加强管理：

（1）建立健全库存材料的管理制度。对材料的购买、验收、入库、保管和领用，要明确岗位职责，以保证库存材料的安全和完整。

（2）加强对库存材料的清查盘点工作。库存材料应至少每年盘点一次，对于盘盈或盘亏的库存材料，要及时查明原因，分清责任，并做好会计处理，以保证库存材料账实相符。

（3）严格执行财政部门关于政府采购的规定。凡是属于列入当年政府集中采购目录的材料物资，实行财政直接支付。

2. 库存材料的计价

行政单位所需的材料一般由采购、自制或委托加工等方式取得。在实行政府采购制度的情况下，行政单位应根据批准的部门预算和有关规定编制季度分月用款计划，逐级上报主管部门审核汇总，并由主管部门报财政部门审核批复，从而取得办理财政性资金支付的依据。

行政单位的库存材料一般以实际价格计价，并包括支付的增值税。购入、调入材料时，分别按购价和调入价计价；材料采购、运输过程中发生的差旅费、运杂费等不计入库存材料的价值，而直接计入有关支出。发出、领用的库存材料，一般以月末一次加权平均法计价。

3. 库存材料的核算

为了核算库存材料业务，应设置“库存材料”总账科目。该科目借方登记行政单位购入并已验收入库的材料实际成本；贷方登记行政单位领用各种库存材料的实际成本；余额在借方，表示行政单位库存材料的实际成本。本科目按库存材料的类别、品种设置明细账，进行明细核算。

［**例** 17］某行政单位以银行存款购入用量较大的通用材料一批，价值为 30 000 元（含增值税价），材料已验收入库，并以现金支付运费 500 元。应作如下会计分录：

借：库存材料	30 000	
贷：银行存款		30 000
借：经费支出	500	
贷：现金		500

［**例** 18］某行政单位收到政府统一采购的甲材料一批，价值为 35 000 元，材料已验收入库，根据财政部门开具的拨款通知单等入账。应作如下会计分录：

借：库存材料——甲材料	35 000	
贷：拨入经费		35 000

［**例** 19］某行政单位某部门领用材料一批，按加权平均成本计价 1 000 元。应作如下会计分录：

借：经费支出	1 000	

贷：库存材料　　1 000

[例20] 某行政单位以银行转账支票购买办公用品2 500元，并直接给有关部门使用。应作如下会计分录：

借：经费支出　　2 500

贷：银行存款　　2 500

[例21] 某行政单位购入一批低值易耗品，货款20 000元，并已开出转账支票支付。该批低值易耗品已验收入库。应作如下会计分录：

借：库存材料——低值易耗品　　20 000

贷：银行存款　　20 000

[例22] 某行政单位的下属部门领用低值易耗品一批，价值为15 000元。应作如下会计分录：

借：经费支出　　15 000

贷：库存材料——低值易耗品　　15 000

行政单位对于发生盘盈或盘亏的库存材料，应当查明原因，属于正常的溢出或损耗，作为减少或增加当期支出处理。发生盘盈时，应借记“库存材料”科目，贷记有关支出（暂存款）科目；发生盘亏时，借记有关支出（暂付款）科目，贷记“库存材料”科目。属于非正常性的毁损，应按规定的程序报经批准后处理。

为了节约材料资金占用，应注意减少材料库存，对于多余不用的材料应及时进行变价处理。库存材料的变价处理，变价发生的损溢，相应增减当期支出。

[例23] 某行政单位期末盘点库存材料，结果盘盈甲材料80公斤，每公斤单价20元；盘亏乙材料50公斤，每公斤单价25元。经分析认为盘亏材料属自然损耗，经领导批准盘盈、盘亏的材料分别减、增经费支出。应作如下会计分录：

借：库存材料——甲材料　　1 600

贷：经费支出　　1 600

借：经费支出　　1 250

贷：库存材料——乙材料　　1 250

[例24] 某行政单位将多余不用的材料变价处理，收到变价收入款1 000元。处理材料的实际成本为1 400元。应作如下会计分录：

借：现金　　1 000

经费支出　　400

贷：库存材料　　1 400

第二节　固定资产的核算

行政单位固定资产是指可供长期使用而不改变其实物形态的设备与设施，包括房屋及建筑物、专用设备、一般设备、文物和陈列品、图书、其他固定资产。固定资产是行政单位完成行政管理工作必要的物质条件。行政单位应当建立必要的固定资产内部控制制度，保证固定资产的安全与完整。

一、固定资产的分类

《行政单位会计制度》规定了行政单位固定资产的标准：一般设备单位价值在500元以上，专用设备单位价值在800元以上，使用期限在1年以上，并在使用过程中基本保持原有实物形态的资产。对于单位价值虽未达到规定标准，但使用时间在1年以上的大批量同类财产，如图书、桌椅、被服等，应作为固定资产。

凡是不同时具备上述固定资产标准的工具、器具等物质资料，应作为低值易耗品，纳入库存材料的核算。

行政单位的固定资产按其自然属性、用途和管理要求可分为以下六类：

（1）房屋建筑物，指行政单位拥有占用或使用的房屋、建筑物及其附属设施，包括办公大楼、库房、职工宿舍、职工食堂、锅炉、围墙、水塔及房屋的附属设施等。

（2）专用设备，指行政单位根据业务活动需要占有或使用的各种具有专门性能和专门用途的设备，如公安消防用的专用设备、仪器等。

（3）一般设备，指行政单位用于业务活动需要的通用性设备，包括办公用具、交通工具等。

（4）文物和陈列品，指行政单位占有或使用的具有特别价值的文物和陈列品，如古物、纪念物品等。

（5）图书，指行政单位统一管理使用的批量业务用书，如单位图书馆或阅览室的图书等。

（6）其他固定资产，指不属于以上各类的其他固定资产。

二、固定资产的计价

行政单位的固定资产应当按照取得时的实际成本计价。由于行政单位的固定资产可通过多种渠道取得，因此，其固定资产的计价有以下不同的具体要求。

（1）购入和调入的固定资产，应当按实际支付的买价、调拨价以及运杂费、保险费、安装费、车辆购置附加费等计价。购置固定资产过程中的差旅费不计入固定资产价值。

（2）自行建造的固定资产，应按建造过程中实际发生的料、工、费全部支出计价。

（3）在原有固定资产基础上进行改建、扩建的固定资产，应按改建、扩建过程中发生的支出，减去改建、扩建过程中发生的变价收入后的净增加值，增计固定资产价值。

（4）接受捐赠的固定资产，应按照同类固定资产的市场价格或根据所提供的有关凭据计价。接受固定资产时发生的相关费用也应计入固定资产价值。

（5）无偿调入的固定资产，应按调出单位的账面原价计价，不能查明原价的，应按估计价值计价。

（6）盘盈的固定资产，应按重置完全价值计价。

（7）已投入使用但尚未办理移交手续的固定资产，可先按估计价值计价，待确定实际价值后，再进行调整。

（8）行政单位的固定资产不计提折旧。凡是购入、有偿调入的固定资产，均一次计入费用；凡是调出、变卖、报废固定资产时，均按其原值注销。

三、固定资产的核算及规定

行政单位的固定资产核算由会计部门和财产管理部门分别进行。会计部门应设置“固定资产”和“固定基金”两个总账，并根据固定资产的分类设置二级账户，在账上只记金额，不记数量。财产管理部门应设置固定资产明细账，按类别进行数量和金额的明细分类核算，并按照使用单位或个人设立固定资产领用登记簿。登记簿只记数量不记金额。以上账簿体系定期进行核对，以保证账实相符。

“固定资产”总账科目用来核算以各种渠道增加的固定资产原始价值。该科目的借方登记各种渠道增加的固定资产原值；贷方登记调出、出售、报废固定资产的原值；余额在借方，反映行政单位期末占用全部固定资产的原值。

“固定基金”科目用来核算行政单位以各种渠道增加固定资产所形成的固定资金。该科目的贷方登记因增加固定资产而增加的固定基金；借方登记因减少固定资产而减少的固定基金；余额在贷方，反映行政单位期末占用固定资产所形成的固定基金总值。

行政单位应设置“固定资产登记簿”或“固定资产卡片”，并按固定资产类别进行明细分类核算。

按照政府采购法的要求，凡是列入当年政府采购目录并使用财政性资金购入的固定资产或建造的基本建设支出，应采用财政直接拨付的国库管理制度，由国库直接付款。行政单位应按要求编制季度分月用款计划，送主管部门审核汇总，报财政部门审核批复则可进行购建固定资产的核算。

行政单位的固定资产在运行中会发生调出、出售等事项，这就是固定资产的处置。具体来说，是指行政事业单位对其占有、使用的固定资产进行产权转让及产权注销的行为，包括无偿调出、出售、出租、出借、报废、报损等行为。行政单位对占有、使用的房屋建筑物、土地或车辆的处置，须经主管部门审核后报同级财政部门审批；规定限额以下的固定资产处置报主管部门审批，主管部门将审批结果报同级财政部门备案。国有固定资产的处置收入属于国家所有，应当按照政府非税收入管理的规定，实行“收支两条线”管理，其中，有偿转让固定资产的变价收入作为非税收入上缴财政；固定资产报废过程中的变价收入扣除清理费用后的余额也应作为非税收入上缴财政。

［**例 25**］某行政单位使用基本经费购入设备一台，买价 100 000 元，增值税 17 000 元，运杂费及安装费共计 3 000 元。接到财政直接支付到账通知书。设备 10 天后到达。应作如下会计分录：

（1）收到通知入账时：

借：经费支出——基本支出	120 000	
贷：拨入经费		120 000

（2）收到设备时：

借：固定资产	120 000	
贷：固定基金		120 000

［**例 26**］某行政单位经批准新建办公大楼一座，造价为 650 000 元，验收合格后交付

使用。应作如下会计分录：

借：固定资产　　650 000

　　贷：固定基金　　650 000

［例 27］某行政单位使用项目经费改扩建其办公楼。改扩建支出 300 000 元，改扩建过程中获得残料价值出售收入 5 000 元。接到财政直接支付到账通知书，应作如下会计分录：

借：经费支出——项目支出　　295 000

　　贷：拨入经费——项目支出　　295 000

同时：

借：固定资产　　295 000

　　贷：固定基金　　295 000

［例 28］某行政单位将自筹资金 50 000 元划入政府采购资金专户，用于采购某专项设备。应作如下会计分录：

借：暂付款——政府采购款　　50 000

　　贷：银行存款　　50 000

［例 29］接上例，所购设备已运到该行政单位，经验收合格后投入使用。设备总价格为 80 000 元，单位自筹资金承担 50 000 元，财政预算资金支出 30 000 元。应作如下会计分录：

借：经费支出　　80 000

　　贷：暂付款——政府采购款　　50 000

　　　　拨入经费　　30 000

［例 30］某行政单位接受外单位捐赠汽车一辆，价值为 350 000 元，发生与该汽车有关的费用 50 000 元，以银行存款支付。应作如下会计分录：

借：经费支出——基本支出　　50 000

　　贷：银行存款　　50 000

同时：

借：固定资产　　400 000

　　贷：固定基金　　400 000

［例 31］某行政单位经上级主管部门批准从同系统其他部门无偿调入设备一台，原单位账面价值为 800 000 元；调入后进行改造耗费 150 000 元。应作如下会计分录：

借：固定资产　　950 000

　　贷：固定基金　　950 000

同时：

借：经费支出——基本支出　　150 000

　　贷：银行存款　　150 000

［例 32］某行政单位经上级批准有偿出售旧设备，账面原价为 500 000 元，取得收入 70 000 元，货款收妥已存入银行。应作如下会计分录：

借：固定基金　　500 000

贷：固定资产　　500 000

同时：

借：银行存款　　70 000

贷：应缴财政专户款　　70 000

［例 33］某行政单位经上级批准报废已无法使用的一台复印机，账面原价为 60 000 元，其变现收入扣除清理费后有 10 000 元。应作如下会计分录：

借：固定基金　　60 000

贷：固定资产　　60 000

借：银行存款　　10 000

贷：应缴财政专户款　　10 000

固定资产在使用过程中，由于使用磨损，或由于自然力的作用，往往发生固定资产局部的损坏。为了充分发挥固定资产的整体使用效能，保持固定资产的正常运转和使用，必须对受损的固定资产进行修理。支付修理费时，借记“经费支出”科目，贷记有关科目。

［例 34］某行政单位对某设备进行修理，以银行存款支付修理费 3 000 元。应作如下会计分录：

借：经费支出——基本支出（修缮费）　　3 000

贷：银行存款　　3 000

［例 35］某行政单位经上级批准短期租出闲置用房，收到租金收入 50 000 元。应作如下会计分录：

借：银行存款　　50 000

贷：应缴财政专户款　　50 000

【本章小结】

流动资产和固定资产是行政单位执行业务中必不可少的物资条件。要充分发挥会计监督管理的职能，对行政单位的资产实施规范的管理。在国库集中收付制度下，行政单位对于大批材料、办公设备的购买需要采用财政直接支付的方式，对于零星的购买可以采用财政授权支付的方式。对固定资产的处置要严格按照规定处理。

【关键术语和概念】

现金管理　银行存款　暂付款管理　库存材料　固定资产　政府采购

第十章　行政单位会计负债和净资产的核算

行政单位的负债是行政单位承担的能以货币计量的，需用资产偿付的债务，包括应缴预算款、应缴财政专户款、暂存款、应付工资和应付津贴补贴等。行政单位的净资产是指行政单位资产总额减去负债后的差额，包括固定基金和结余。

通过本章的学习，应该掌握以下内容：

（1）行政单位负债的内容及管理。

（2）各项负债的账务处理。

（3）行政单位净资产的内容及管理。

（4）各项净资产的账务处理。

第一节　负债的核算

行政单位的负债相对于一般企业来说比较简单，由于其资金来源是财政拨款，不需要发行债券也不需要向银行借款，没有应交税金也没有应付利润等核算业务。并且，行政单位的负债属于流动负债。行政单位就其职能和目标来说，一般不应该，也不可能发生大量的债务。即使发生了少量的负债，行政单位也应该严格加强管理，定期清查，及时结算，防止拖欠。

一、应缴预算款的核算

1. 应缴预算款的内容

应缴预算款是指行政单位在公务活动中，按规定取得的应缴财政预算的各种款项。应缴预算款主要包括以下内容：

（1）纳入预算管理的政府性基金。从1996年起，国家就陆续颁布规定，将政府性基金逐步纳入预算管理。上缴国库的政府性基金，按系统、部门分为基金预算收入，并按规定安排相应的基金预算支出。

（2）纳入预算管理的行政事业性收费。这部分收费主要是指行政单位行使管理职能的过程中，依据国家法律、法规向公民、法人和其他组织收取的行政事业性费用。如各级公安、司法、民政、工商行政管理等行政单位为发放各种证照、簿册等而向有关单位或个人收取的工本费、商标注册费、企业登记注册费、公证费等费用。根据有关规定行政事业性收费实行中央、省两级审批制度，省以下各级人民政府及其部门无权审批设立行政事业性收费项目或调整收费标准。对未纳入预算管理的行政事业性收费则应缴入财政专户进行管理。

（3）罚没款项。这部分款项是指各级司法、行政执法单位依据国家法律、法规，对公民、法人和其他组织实施经济处罚所取得的各项罚款、没收款、没收财物变价款以及有关行政单位取得的无主实物变价款等。

（4）其他应缴预算的资金。这是指其他按规定应缴财政预算的资金。

2．应缴预算款的管理要求

应缴预算款是纳入财政预算的资金，行政单位必须加强对应缴预算款的管理。具体管理要求主要是：

（1）依法收取。应缴预算款的收取是一项政策性较强的工作，行政单位应当按照国家有关法律和法规的规定收取应缴预算款，不得自行立项，随意收取。

（2）及时、足额上缴国库。行政单位的应缴预算款应当采用直接缴库或集中汇缴的缴库方式，将应缴预算款及时、足额地上缴国库。行政单位不得缓缴、截留、坐支、挪用，更不得转作单位小金库。应缴预算款原则上按月清缴，年终必须将全年的应缴预算款全部缴入国库。

采用直接缴库方式时，由行政单位开具“非税收入一般缴款书”，由缴款单位或个人直接将应缴预算款缴入国库。在这种方式下，行政单位会计不接触收缴的资金，不会产生相应的核算。采用集中汇缴方式时，由行政单位开具“非税收入一般缴款书”，缴款单位或个人将应缴预算款项缴给行政单位，由行政单位于当日或次日将款项集中缴入国库。本节主要介绍集中汇缴方式的核算。

3．应缴预算款的核算

为了反映和监督行政单位应缴预算款的业务，应设置“应缴预算款”总账科目。该科目贷方登记行政单位收取的各种应缴预算款；借方登记行政单位实际上缴国库的应缴预算款；余额在贷方，反映行政单位应缴未缴的应缴预算款。年终，该科目应无余额。该科目应按应缴预算款的类别设置明细账，进行明细分类核算。

［**例**1］某行政单位根据有关规定收到行政事业性收费8 000元存入银行。应作如下会计分录：

借：银行存款　　8 000
　贷：应缴预算款——行政事业性收费　　8 000

［**例**2］某行政单位依法对某企业的违法行为处以罚款7 000元，款项存入银行。应作如下会计分录：

借：银行存款　　7 000
　贷：应缴预算款——罚款　　7 000

［**例**3］某行政单位将多年无人认领的多件财物出售，获得价款4 500元，款项存入银行。应作如下会计分录：

借：银行存款　　4 500
　贷：应缴预算款——无主财物变价款　　4 500

［**例**4］某行政单位追回赃物一批，变价出售后，获得价款500 000元，款项存入银行。应作如下会计分录：

借：银行存款　　500 000
　贷：应缴预算款——赃款赃物变价款　　500 000

［例 5］某行政单位依据有关规定收取政府性基金 60 000 元，款项存入银行。应作如下会计分录：

借：银行存款　　60 000

贷：应缴预算款——政府性基金　　60 000

［例 6］某行政单位将本日取得的应缴预算款共计 800 000 元全数上缴国库。应作如下会计分录：

借：应缴预算款　　800 000

贷：银行存款　　800 000

二、应缴财政专户款的核算

应缴财政专户款是指行政单位按规定代收的应上缴财政预算外资金专户的款项。这部分资金是行政单位在履行政府职能过程中形成的，未纳入财政总预算而纳入财政预算外资金收支计划的资金。

1. 应缴财政专户款的内容

国家对预算外资金的管理规定了实施办法，并且逐步将游离在预算外的资金，尤其是行政事业性收费方面的资金纳入预算内。应缴财政专户款的内容主要包括以下方面：

（1）根据国家法律、法规规定收取、提取的各种行政事业性收费、基金（资金、附加收入）和凭借政府职权筹集的资金等。

（2）按照国务院和省、自治区、直辖市人民政府及其财政和计划（物价）部门共同审批的项目和标准，收取和提取的各种行政事业性收费。

（3）按照国务院和财政部审批的项目和标准向企事业单位和个体征收、募集或以政府信誉建立的具有特定用途的各种基金（资金、附加收入）。

（4）主管部门按照国家规定从所属单位集中的上缴资金。

（5）行政单位处置国有资产实行收支两条线上缴财政部门的非税收入。

（6）其他未纳入财政预算管理的财政性资金。

2. 应缴财政专户款的管理要求

行政单位取得的预算外资金，是国家的财政性资金，必须按照国家的规定加强管理。应缴财政专户款的管理要求主要有：

（1）按规定收取或提取。预算外资金是体现政府职能的财政性资金，行政单位应当严格按照有关规定和标准收取或提取，不得随意提高或降低标准。

（2）实行收支两条线管理。预算外资金不是单位的自有资金，必须纳入财政管理。设置财政专户，实行收支两条线管理，是加强预算外资金管理的一个有效方法。行政单位取得的预算外资金必须缴入国库单一账户体系中的财政预算外资金专户，支出则由财政部门按预算外资金收支计划和单位部门预算，从财政预算外资金专户中核拨。具体的方法有全额上缴、比例上缴和结余上缴三种。

（3）采用直接缴库和集中汇缴的方式。按照新的预算资金管理体制的要求，预算外资金主要采用直接缴库的方式。与应缴预算款相同，在这一方式下，行政单位会计不接触收缴的资金，不会产生相应的核算。对于个别预算外资金采用集中汇缴方式时，则由行政单位进行核算。本节主要介绍集中汇缴方式的核算。

3. 应缴财政专户款的核算

为了核算应缴财政专户款业务，应设置“应缴财政专户款”总账科目。本科目贷方登记收取的应上缴财政预算外资金专户的资金；借方登记上缴财政预算外资金专户的资金。本科目的贷方余额，反映应缴未缴预算外资金。年终，本科目应无余额。该科目应按预算外资金的类别设置明细账，进行明细核算。

［例7］某行政单位收到未纳入财政预算管理的行政性收费5 000元，存入银行。应作如下会计分录：

借：银行存款　　5 000

　贷：应缴财政专户款——行政性收费　　5 000

［例8］某行政单位收到未纳入预算管理的某项基金1 000元，存入银行。应作如下会计分录：

借：银行存款　　1 000

　贷：应缴财政专户款——××基金　　1 000

［例9］接上例，次日，上述行政单位将收到的预算外资金6 000元上缴财政专户。应作如下会计分录：

借：应缴财政专户款——行政性收费　　5 000

　　　　　　　　　——××基金　　1 000

　贷：银行存款　　6 000

［例10］某行政单位收到按确定比例上缴的预算外资金80 000元存入银行，上缴比例为70%，分成留用30%。应作如下会计分录：

借：银行存款　　80 000

　贷：应缴财政专户款　　56 000

　　　预算外资金收入　　24 000

定期上缴时：

借：应缴财政专户款　　56 000

　贷：银行存款　　56 000

［例11］某行政单位的预算外资金实行结余上缴办法。本期预算外资金结余为12 000元，并将结余上缴财政专户。应作如下会计分录：

借：预算外资金收入　　12 000

　贷：应缴财政专户款　　12 000

上缴时：

借：应缴财政专户款　　12 000

　贷：银行存款　　12 000

三、工资及相关福利的核算

1. 工资及相关福利的内容

行政单位的工资及相关福利是指向职工发放的工资、离退休费、津贴补贴等，具体包括以下三类：

（1）工资（离退休费）。工资是指行政单位按国家统一规定发放给在职人员的职务工资、级别工资、年终一次性奖金；离退休费是指按国家统一规定发放给离退休人员的离休、退休费及经国务院或人力资源和社会保障部、财政部批准设立的津贴补贴。

（2）地方津贴补贴。这是指各地区各部门各单位出台的津贴补贴。

（3）其他个人收入。这是指误餐费、夜餐费，出差人员伙食补助费、市内交通费，出国人员伙食费、公杂费、个人国外零用费，发放给个人的一次性奖励等。

2．工资及相关福利的核算

为了进一步加强和规范行政单位工资和津贴补贴发放的会计管理，全面、准确地核算工资和津贴补贴发放业务，行政单位会计应设置以下三个总账科目，分别核算工资（离退休费）、津贴补贴及其他个人收入业务。

“应付工资（离退休费）”科目，核算向职工发放的工资或离退休费。发放工资（离退休费）时，借记相关支出科目，贷记“应付工资（离退休费）”；同时，借记“应付工资（离退休费）”，贷记“拨入经费”（财政直接支付）或“银行存款”等科目。

“应付地方（部门）津贴补贴”科目，核算向职工发放的各类地方（部门）津贴补贴。发放地方（部门）津贴补贴时，借记相关支出科目，贷记“应付地方（部门）津贴补贴”；同时，借记“应付地方（部门）津贴补贴”，贷记“拨入经费”（财政直接支付）或“银行存款”等科目。

“应付其他个人收入”科目，核算向职工发放除以上两个科目核算内容以外的其他个人收入。发放其他个人收入时，借记相关支出科目，贷记“应付其他个人收入”科目；同时，借记“应付其他个人收入”科目，贷记“零余额账户用款额度”或“银行存款”等科目。

在以上三个科目下可按“在职人员”、“离休人员”、“退休人员”设二级科目进行明细核算。

［例12］A行政单位本月应付职工工资510 000元，其中，基本工资480 000元，地方津贴30 000元。工资实行财政统发的办法，A行政单位凭工资单和财政部门开具的拨款通知书，应作如下会计分录：

（1）计算工资时：

借：经费支出——基本支出（基本工资）	480 000	
——基本支出（津贴补贴）	30 000	
贷：应付工资		480 000
应付地方津贴补贴		30 000

（2）实际发放时：

借：应付工资	480 000	
应付地方津贴补贴	30 000	
贷：拨入经费——基本支出		510 000

［例13］A行政单位本月发放出差人员误餐费10 000元，属于财政授权支付业务。应作如下会计分录：

（1）计算时：

借：经费支出——基本支出（其他）　　10 000

　贷：应付其他个人收入　　10 000

（2）实际发放时：

借：应付其他个人收入　　10 000

　贷：零余额账户用款额度　　10 000

四、暂存款的核算

暂存款是行政单位在业务活动中与其他单位或个人发生的临时待结算债务，主要包括其他单位或个人存入的押金、保证金、预收款，以及不明原因的盘盈资产等。

1. 暂存款的管理要求

行政单位应从以下方面加强暂存款的管理：

（1）必须将暂存款与单位的收入、应缴预算款和应缴财政专户款区分清楚，不得相互混淆。

（2）各项暂存款应当及时清理和结算，不得长期挂账。

2. 暂存款的核算

为了反映和监督行政单位的暂存款业务，应设置“暂存款”总账科目。该科目贷方登记收到其他单位或个人的暂存款；借方登记结算、退回的暂存款；余额在贷方，反映尚未结算的暂存款数额。该科目应按单位或个人名称设置明细账，进行明细分类核算。

［**例 14**］某行政单位收到 A 单位交来的业务保证金 15 000 元，存入银行。应作如下会计分录：

借：银行存款　　15 000

　贷：暂存款——A 单位　　15 000

第二节　净资产的核算

净资产是指行政单位的资产减负债和收入减支出的差额，包括固定基金和结余。

一、固定基金的核算

固定基金是指行政单位所掌管的各项固定资产所占用的基金。它体现了国家对行政单位固定资产的所有权。

固定基金是行政单位净资产中的基本份额。固定基金是固定资产的价值表现，它会随着固定资产的增加而增加，随固定资产的减少而减少。由于行政单位的固定资产不计提折旧，固定基金在数额上始终与固定资产相等。

为了反映和监督行政单位固定基金的增减变动及其结存情况，应设置“固定基金”总账科目。该科目贷方登记随固定资产增加而形成固定基金的增加数；借方登记随固定资产减少而形成固定基金的减少数；余额在贷方，表示行政单位掌握的固定资产所占用的固定基金总额。

［例 15］某行政单位使用专项收入以政府采购方式购置设备一台，价值 150 000 元，接到财政直接支付到账通知书，并以现金支付运输费 150 元。设备已到达。应作如下会计分录：

借：固定资产　　150 150
　贷：固定基金　　150 150

同时：

借：经费支出——项目支出　　150 150
　贷：拨入经费——项目支出　　150 000
　　现金　　150

［例 16］某行政单位经批准新建办公楼一座，造价为 3 000 000 元，已验收合格并交付使用。应作如下会计分录：

借：固定资产　　3 000 000
　贷：固定基金　　3 000 000

［例 17］某行政单位报废无法继续使用的房屋一栋，原账面价值 2 000 000 元，收到残值收入 30 000 元，该收入扣除清理费 10 000 元后应上缴财政。应作如下会计分录：

核销房屋的账面价值时：

借：固定基金　　2 000 000
　贷：固定资产　　2 000 000

取得净残值收入时：

借：银行存款　　20 000
　贷：应缴财政专户款　　20 000

［例 18］某行政单位收到上级单位无偿调入的专用设备一台，估计价值为 45 000 元。应作如下会计分录：

借：固定资产　　45 000
　贷：固定基金　　45 000

二、结余的核算

行政单位结余资金有两种概念：一是指行政单位的全年收入与全年支出之间的差额形成的结余；二是指在国库集中收付制度下，行政单位年度内获得的经费与预算额度不一致而形成的预算额度结余。

1. 一般结余的核算

结余是行政单位各项收入与支出相抵后的余额。行政单位的结余每年年终结算一次，它是行政单位全年全部实际收入与全年全部实际支出相抵后的最终财务结果。

行政单位的结余应全额结转下年度使用。行政单位的结余可分为当年结余和历年滚存结余，当年结余还应当区分基本结余和项目结余。行政单位对基本结余可自行支配；对于未完成项目的项目结余，应结转下年度继续该项目的支出；对于已完成项目的项目结余，应在报经主管部门或财政部门批准后，才能由行政单位统筹安排使用。

为了核算结余业务，应设置“结余”总账科目。该科目的贷方登记“拨入经费”、“预算外资金收入”和“其他收入”科目的转入数；借方登记“经费支出”、“拨出经费”和“结转自筹基建”科目的转入数。年终该科目的贷方余额，表示行政单位的滚存结余。该科目应设置“基本结余”和“项目结余”两个明细账，进行明细分类核算。

［例 19］某行政单位 2010 年年终有关收支科目的余额表如表 10－1 所示：

表 10－1　　2010 年收支科目余额表　　单位：元

收入科目	金额	支出科目	金额
拨入经费——基本支出	4 660 000	经费支出——基本支出	4 210 000
拨入经费——项目支出	920 000	经费支出——项目支出	430 000
预算外资金收入——基本支出	244 000	拨出经费——基本支出	500 000
预算外资金收入——项目支出	135 000	拨出经费——项目支出	354 000
其他收入	56 000	结转自筹基建	50 000
合计	6 015 000	合计	5 544 000

年终结转有关收支科目时，应作如下会计分录：

（1）结转基本结余：

借：拨入经费——基本支出　　4 660 000
　　预算外资金收入——基本支出　　244 000
　　其他收入　　56 000
　贷：结余——基本结余　　4 960 000

同时：

借：结余——基本结余　　4 760 000
　贷：经费支出——基本支出　　4 210 000
　　　拨出经费——基本支出　　500 000
　　　结转自筹基建　　50 000

（2）结转项目结余：

借：拨入经费——项目支出　　920 000
　　预算外资金收入——项目支出　　135 000
　贷：结余——项目结余　　1 055 000

同时：

借：结余——项目结余　　784 000
　贷：经费支出——项目支出　　430 000
　　　拨出经费——项目支出　　354 000

2. 国库集中收付制度下的年终预算结余资金的核算

预算结余资金，是指实行国库集中支付的预算单位在预算年度内，按照财政部门批复的部门预算，当年尚未支用并按有关规定应留归预算单位继续使用的资金。预算单位结余资金的数额可以按照以下公式计算：

已批复的部门预算数额＋上年预算结余数额－［当年财政国库已支付数额（财政直接支付数额和财政授权支付数额）＋应缴回财政部门数额］

预算单位的预算结余资金应按规定程序由财政部门核定。财政部门核定下达预算结余后，预算单位根据财政部门核定的上一年度预算结余和下年度预算，按规定的程序申请使用资金。

为了核算在不同支付方式下的年终结余资金，实行国库集中收付制度的行政单位应设置“财政应返还额度”总账科目进行核算。该科目是资产类科目，应分别按“财政直接支付”和“财政授权支付”两种方式设置明细账，进行明细核算。财政直接支付年终结余资金账务处理时，借方登记单位本年度财政直接支付预算指标数与财政直接支付实际支出数的差额，贷方登记下年度实际支出的冲减数；财政授权支付年终结余资金账务处理时，借方登记单位零余额账户注销额度数，贷方登记下年度恢复额度数（如单位本年度财政授权支付预算指标数大于零余额账户用款额度下达数，借方需同时登记两者差额，贷方登记下年度单位零余额账户用款额度下达数）。

（1）财政直接支付方式的年终结余资金核算。

年度终了，行政单位应根据本年度财政直接支付预算指标数与当年财政直接支付实际支出数的差额，进行相应账务处理：借记“财政应返还额度——财政直接支付”科目，贷记“拨入经费”科目。

下年度恢复财政直接支付额度后，行政单位在使用预算结余资金时，借记“经费支出”科目，贷记“财政应返还额度——财政直接支付”科目。

（2）财政授权支付方式的年终结余资金核算。

年终时，行政单位如没有用完零余额账户用款额度，代理银行会根据规定对当年的额度进行注销，并于下年度恢复额度。依据代理银行提供的对账单注销额度时，借记“财政应返还额度——财政授权支付”科目，贷记“零余额账户用款额度”科目。如果行政单位本年度财政授权支付预算指标数大于零余额账户用款额度下达数，根据两者的差额，借记“财政应返还额度——财政授权支付”科目，贷记“拨入经费”科目。

下年初恢复额度时，行政单位依据代理银行提供的额度恢复到账通知书，借记“零余额账户用款额度”科目，贷记“财政应返还额度——财政授权支付”科目。

［**例20**］2009年12月31日，乙行政单位确认本年度用于基本支出的财政直接支付预算指标有150 000元；尚未使用的财政零余额用款额度250 000元，被予以注销。已收到代理银行转来的对账单。应作如下会计分录：

借：财政应返还额度——财政直接支付	150 000	
贷：拨入经费——基本支出		150 000
借：财政应返还额度——财政授权支付	250 000	
贷：零余额账户用款额度		250 000

［**例21**］2010年1月2日，按照相关规定，乙行政单位2009年度年终财政零余额用款

额度 250 000 元得到恢复。已收到代理银行转来的“财政授权支付额度恢复到账通知书”。应作如下会计分录：

借：零余额账户用款额度　　250 000
　贷：财政应返还额度　　250 000

［例 22］2010 年 3 月 5 日，乙行政单位通过政府采购购置一批办公用电脑，财政直接支付 240 000 元，其中需要本单位动用上年结余支付 150 000 元。电脑已运达，财政已支付资金。应作如下会计分录：

借：经费支出——基本支出　　240 000
　贷：财政应返还额度——财政直接支付　　150 000
　　拨入经费——基本支出　　90 000

【本章小结】

行政单位的负债都是流动负债，并且主要是在执行公务中收到的应缴款项：应缴预算款和应缴财政专户款。这两项应缴款项应该按照规定进行核算与管理。固定基金是指行政单位所掌管的各项固定资产所占用的基金。它体现了国家对行政单位固定资产的所有权。结余是行政单位各项收入与支出相抵后的余额，它反映了单位对结余资金的所有权。

【关键术语和概念】

应缴预算款　应缴财政专户款　固定基金　结余

第十一章　行政单位会计报告

会计报告是反映行政单位某一时点的财务状况和一定期间预算执行情况的书面文件。通过阅读和分析行政单位的会计报告，能了解行政单位预算收支执行好坏及其存在的问题和原因，为管理当局提供有关财务会计方面的信息。

通过本章的学习，应该掌握以下内容：

（1）行政单位会计报告的构成。

（2）行政单位年终清理、结算和结账的内容及规定。

（3）行政单位主要会计报表的内容及编制。

第一节　行政单位会计报告的意义和分类

一、编制会计报告的意义

行政单位会计对经常的、大量的日常收支业务，运用专门的会计核算方法进行了反映和监督。但是，日常的会计记录资料毕竟还是比较分散的，不能用来直接、全面和综合反映行政单位一定时期内预算执行情况的全貌。为了进一步发挥会计的职能作用，行政单位会计必须对日常核算的资料进行整理、分类、计算和汇总，编制成相应的会计报表等，为有关各方提供总括性的财务信息资料。

利用行政单位编制的会计报告，可以分析、检查行政单位预算的计划与实际发生的差额，从而发现行政单位预算执行中存在的问题和潜力；也可以从中了解行政单位的财经纪律、财务制度的遵守情况；有利于总结经验，克服问题，不断提高行政单位的预算管理水平。

利用行政单位编制的会计报告，便于主管部门了解、分析所属单位预算的执行情况，通过对各所属单位的会计报告数据的比较，发现所属单位间预算执行的差距，了解造成差距的原因，可作为本系统领导决策和进行综合平衡的重要依据。

利用行政单位编制的会计报告或主管部门编制的汇总会计报告，便于财政部门检查、了解各行政单位应上缴的财政预算任务是否按时足额完成，预算收支是否按计划实现；可据以分析各行政单位预算资金收支的实际需要量，以便正确地核定预算拨款和调剂预算资金，作为下期部门预算编制和审核预算的重要参考依据。

行政单位的会计报告主要包括会计报表、报表附注和财务分析。其中，会计报表由主表与补充指标表组成。主表包括资产负债表、收入支出总表和经费支出明细表等。补充指标表则是根据有关要求报送的补充性报表。报表附注是用于注明需特别说明的有关报表编制事项，主要包括报表编制基础、编制依据、编制原则和方法，以及特殊事项的说明和有关重要项目的明细资料等。财务分析是对本单位收入支出、资产负债、净资产等主要财务指标增减变动情况和原因的分析。财务分析往往在报表说明书中展开。

二、会计报表的分类

会计报表是行政单位会计报告的主要组成部分。会计报表按不同的标准有以下不同的分类。

1. 按报表内容分类

行政单位会计报表按其反映的经济内容可分为：资产负债表、经费支出明细表、收入支出总表和有关附表。

资产负债表是反映行政单位在某一特定日期财务状况的报表，也反映某一期间收入与支出的实现。具体来说，就是用资产、负债、净资产、收入和支出等5个会计要素进行反映。

经费支出明细表是反映行政单位在一定时期内预算执行情况的报表。具体来说，就是通过经费支出的明细科目来反映。

收入支出总表是反映行政单位年度收支总规模的报表。它由收入、支出和结余三部分构成。

除此之外，还有一些附表，即根据财政部门或主管部门的要求编制报送的补充性报表。如基本支出明细表、项目收支明细表、基本数字表。

2. 按编报时间分类

行政单位会计报表按其编制时间可分为：月报、季报和年报。

月报是反映行政单位截止报告月度资金活动情况和经费收支情况的报表。月报要求编报资产负债表、经费支出明细表。

季报是分析、检查行政单位季度资金活动情况和经费收支情况的报表。季报应在月报的基础上较详细地反映单位经费收支的全貌。季报还要求加报基本数字表。

年报，也叫年度决算报表，是全面反映年度资金活动和经费收支预算执行情况的报表。年度决算报表的种类和要求，按财政部门和上级主管部门下达的有关决算编审规定组织执行。

3. 按编制层次分类

行政单位会计报表按编制层次可分为单位会计报表和汇总会计报表。

单位会计报表是反映行政单位财务状况和经费收支预算执行情况的会计报表。

汇总会计报表是主管会计单位根据本级会计报表和经审查过的所属单位会计报表汇总编制，反映主管单位及所属单位的财务状况和经费收支预算执行情况的会计报表。

三、会计报表的编制要求

1. 数字准确

行政单位会计报表应该是对行政单位预算执行情况真实性、正确性的反映。因此，行政单位在编制会计报表前，所有应入账的预算资金收支业务，都要全部登记入账，切实做到账实相符、账证相符、账账相符、账表相符，并根据核对无误的账簿记录，编制会计报表。数字有根有据，不能估列数字，更不准弄虚作假，要保证会计报表数字准确无误。

2．内容完整

行政单位会计报表要严格按照财政部门或上级主管部门统一规定的报表种类、格式、内容、计算方法和填制口径编报，以保证逐级分析和汇总的需要。会计报表中每一行次、项目均应一一填明。凡上级规定应加报的补充资料和要求做文字说明的，也要分别报送，以保证会计报表的内容完整。

3．报送及时

行政单位会计决算报告的统一编制时间为每年的 12 月 31 日。会计报表的时间性很强，如果编报不及时，就会失去它应有的作用，且影响各单位报表的及时汇总上报，从而影响会计信息使用者作出正确的决策。

第二节　年终清理结算和结账

行政单位会计核算工作最繁忙的时间是在年终。年终的工作主要包括年终清理结算和年终结账，并在此基础上进行年终会计报表的编制。

一、年终清理结算内容

年终清理结算，就是对行政单位全年预算资金和其他资金收支活动进行全面清理、核对、整理和结算的工作。年终清理结算是行政单位编制年度决算报表的一个重要环节，是保证单位决算报表数字准确、真实、完整的一项基础工作。行政单位应当根据财政部门和上级主管部门关于决算编审工作的要求，认真做好此项工作。年终清理结算的主要内容有：

1．清理核对各项预算收支

行政单位在年度终了前，应当清理、核对各项年度预算收支数字和各项缴拨款，保证上下级之间的年度预算数和领拨经费数相互一致。为了准确反映各项收支数额，凡属本年度的应拨款项，应当在 12 月 31 日前汇达对方。主管会计单位对所属各单位的预算拨款和预算外资金拨款，截至 12 月 25 日为止，逾期一般不再下拨。

凡属本年的各项收入，应当及时入账。凡属于本年的各项支出，应当按规定的支出渠道如实列报。行政单位的年度支出决算，一律以基层用款单位截至 12 月 31 日止的本年实际支出数为准，不得将年终前预拨下级单位的下年预算拨款列入本年的支出，也不得以上级会计单位的拨款数代替基层会计单位的实际支出数。

2．清理结算各项应缴款项

行政单位应当认真清理结算各项应缴国库的预算款项和应缴财政专户的预算外资金，所有应缴预算款和应缴财政专户款应当在年终前全部上缴国库或财政专户。

3. 清理结算各项往来款项

行政单位的暂付款、暂存款等往来款项，年终前应尽量清理完毕。凡是在年终前可以结算清楚的，一定要结算清楚，做到人欠收回，欠人归还。按有关规定应当转作各项收入或各项支出的往来款项，应当及时转入有关收入、支出账户，编入本年决算，不得在往来账上长期挂账，造成收入、支出数字不实。主管会计单位收到的应当转拨所属单位的预算外资金，应及时转拨所属单位，不得作为暂存款挂账。

4. 清查核对各项财产物资

年终前，行政单位应对各项物资财产进行全面的实地清查盘点。对于发生盘盈或盘亏的，应当及时查明原因，并按规定作出相应会计处理，做到账账相符，账实相符。由于年末会计事务较多，而盘点财产物资又牵涉面较广，盘点清查工作应做好规划。

5. 清查核对各项货币资金

清查货币资金，即清查银行存款、现金和有价证券。年终时，行政单位首先应当及时清理用于政府采购而设置的零余额账户用款额度，对直接支付和授权支付的业务进行清理；其次与开户银行进行对账。行政单位的银行存款账面余额应当与银行对账单的余额一致。行政单位还应当将现金的账面余额与库存现金进行核对。经过核对，两者应当相符。行政单位还应当将有价证券的账面数与实存的有价证券实际成本数字进行核对。经过核对，两者应当相符。

二、年终结账内容及步骤

行政单位应当在年终清理结算的基础上进行年终结账。年终结账工作，一般分为年终转账、结清旧账和记入新账三个阶段。

1. 年终转账

在这一阶段，首先应计算出各账户借方或贷方的 12 月份合计数和全年累计数，结出 12 月末的余额。然后，根据 12 月末的账户余额，编制结账前资产负债表进行试算，经试算平衡无误后，对于应结转结余的各个收支账户的余额，再填制 12 月 31 日的记账凭证办理年终转账。具体分录见第十章第二节“净资产的核算”。

2. 结清旧账

在这一阶段，应将转账后无余额的账户结出全年总累计数，然后在下面划双红线，表示该账户已全部结清。对年终有余额的账户，在“全年累计数”下行的“摘要”栏内注明“结转下年”字样，再在下面划双红线，表示该账户的年终余额已转入新账，旧账结束。

3. 记入新账

在这一阶段，应根据本年度有关账户的余额，编制年终决算的资产负债表和有关明细表。然后，将表列各账户的年终余额数（不编制记账凭证），直接记入新年度相应的各有关账户，并在“摘要”栏注明“上年结余”字样，以区别新年度内的发生数。

行政单位的单位决算经财政部门或上级单位审核批复后，需调整上报决算数字时，还应当调整相应旧账，重新办理结账和过入新账的手续。

第三节 行政单位会计报表的编制

如前所述，会计报表按经济内容主要分为资产负债表、经费支出明细表、收入支出总表、有关附表及报表说明书等。下面就介绍主要报表的编制。

一、资产负债表的内容及编制

资产负债表是反映行政单位在某一特定日期财务状况和经费收支情况的会计报表。行政单位的资产负债表应于每月末、每季末和每年末编报。

1．资产负债表的平衡原理

由于行政单位会计是以会计年度作为一个完整的结账期，各收入、支出账户在年度中间都保留有余额，到年终才把收支账户的余额结平。因此，月报和季报应以“资产 + 支出 = 负债 + 净资产 + 收入”的平衡等式为依据编制，反映行政单位月末或季末的资产、负债和净资产的实有数以及至本月末或本季止的收入和支出的累计数。行政单位的年报则以“资产 = 负债 + 净资产”的平衡等式编制，反映年末资产、负债和净资产的实有数。

行政单位资产负债表的月报和季报的基本格式如表 11 - 1 所示。

表 11 - 1　　资产负债表（月报或季报）

编报单位：　　年　月　日　　单位：元

资产类	年初数	期末数	负债和净资产类	年初数	期末数
一、资产类			二、负债类		
现金			应缴预算款		
银行存款			应缴财政专户款		
有价证券			暂存款		
暂付款			应付工资（离退休费）		
库存材料			应付地方（部门）津贴补贴		
固定资产			应付其他个人收入		
零余额账户用款额度			三、净资产		
五、支出类			固定基金		
经费支出			结余		
拨出经费			其中：基本结余		
结转自筹基建			项目结余		
			四、收入类		
			拨入经费		
			预算外资金收入		
			其他收入		
资产和支出合计			负债、净资产和收入合计		

年终决算后，所有的收入、支出账户都已结平，此时的资产负债表中收入、支出项目为零，只有资产、负债和净资产三个会计要素。因此，资产负债表年报基本格式如表11－2所示。

表11－2　　资产负债表（年报）

编报单位：　　年　月　日　　单位：元

资产类	年初数	期末数	负债和净资产类	年初数	期末数
一、资产类			二、负债类		
现金			应缴预算款		
银行存款			应缴财政专户款		
有价证券			暂存款		
暂付款			应付工资（离退休费）		
库存材料			应付地方（部门）津贴补贴		
固定资产			应付其他个人收入		
财政应返还额度			三、净资产类		
			固定基金		
			结余		
			其中：基本结余		
			项目结余		
资产合计			负债和净资产合计		

2. 资产负债表的编制方法

资产负债表的编制，应当根据账簿记录和其他有关资料填列。

（1）表首，应填写编报单位的名称、编制日期和货币单位。其中，如果是月报或季报，编制日期应为月末或季末；如果是年报，编制日期则为年末。

（2）“年初数”，是指行政单位年初有关的资产、负债和净资产各项目的数额。此栏目应根据上年决算后结转本年的各账户“期初数”填列。一般来说，年初数全年不变。

（3）“期末数”，是指行政单位月末或季末有关资产、负债、净资产、收入和支出各项目的数字，或年末有关资产、负债和净资产各项目的数字。“期末数”表示报告期末的财务状况，应根据月末、季末或年末有关账户的余额填列。

（4）年末编制资产负债表时，应分别编制结账前资产负债表与结账后资产负债表。其中，结账前资产负债表就是月末或季末的资产负债表；结账后资产负债表就是年报资产负债表。

（5）上级行政单位在编制汇总资产负债表时，原则上是相同项目直接相加汇总。

二、经费支出明细表的内容及编制

经费支出明细表是反映行政单位在一定时期内预算执行情况的报表，是考核行政单位经费实际支出情况的依据。经费支出明细表的项目，应按照政府收支分类科目中经济分类的“款”目列示。通过阅读经费支出明细表，可以了解行政单位预算支出执行情况，对于财政部门或上级主管部门加强预算管理、控制预算拨款数均有重要的意义。

经费支出明细表与资产负债表一样，要编制月报、季报和年报。表内各项目的数据应根据经费支出明细账中的发生额数据填列。经费支出明细表的基本格式如表 11－3 所示。

表 11－3　　经费支出明细表

编表单位：　　年　月　日　　单位：元

明细科目名称	按支出经济分类的实际支出				
	工资福利支出	商品和服务支出	对个人和家庭的补助	资本性支出	备注
小计					
基本工资 津贴补贴 奖金 ……					
办公费 印刷费 咨询费 ……					

三、收入支出总表的内容及编制

收入支出总表是反映行政单位年度收支总规模的报表。它由三部分内容组成，即收入、支出和结余。

收入支出报表为年度报表，它总括地反映行政单位全年的收入、支出和结余情况，还可反映行政单位各项收入和支出的结构、行政单位当年取得的结余以及以前年度的结余。通过分析收入支出总表，有关方面可以及时肯定行政单位在预算执行过程中所取得的成绩。同时，也可以及时发现在预算执行中存在的问题，以便采取相应措施，保证行政单位的各项收支按部门预算顺利完成。收入支出总表的基本格式如表 11－4 所示。

收入支出总表采用三栏式，第一栏反映行政单位的各项收入情况；第二栏反映行政单位各项支出情况；第三栏反映行政单位的结余情况。其中，“本月数” 是指行政单位本月实际取得的收入数和实际发生的支出数。本月数应根据有关收入和支出账户的本月发生额填列。有些行政单位也可把收入支出总表作为月报。“本年累计数” 是指行政单位自年初至报告期末止实际取得的收入合计数和实际发生的支出合计数。累计数应根据有关收入和支出账户的期末累计发生额填列。

上级行政单位在编制汇总收入支出总表时，原则上相同项目可直接相加，并将本行政单位收入支出总表中“拨出经费” 的数字与所属单位收入支出总表中相应 “拨入经费” 的数字进行冲销。但实行财政直接支付和授权支付的现代国库集中收付制度后，上级行政单位在编制汇总收入支出总表时，本级的 “拨出经费” 不和所属单位的 “拨入经费” 项目相抵冲。

表 11－4

收入支出总表

编表单位：　　　　　　　　　　　　年　月　日　　　　　　　　　　　　单位：元

收入			支出			结余	
项目	本月数	本年累计	项目	本月数	本年累计	项目	金额
拨入经费			拨出经费			结转当年结余	
其中：基本支出			经费支出			其中：基本结余	
项目支出			其中：基本支出			项目结余	
预算外资金收入			项目支出			以前年度结余	
其中：基本支出			结转自筹基建				
项目支出							
基本建设经费							
其他收入							
收入合计			支出合计			累计结余	

四、有关补充指标表和报表说明书的内容及编制

补充指标表是指行政单位根据财政部门或主管会计单位的要求编报的补充性报表，如基本数字表、基本支出明细表和项目支出明细表等。报表说明书是对行政单位会计报表进行技术方面和分析方面的说明。行政单位的补充指标表和报表说明书应当按照财政部门和上级主管部门规定的内容和格式编制。

1．基本数字表

基本数字表是反映行政单位定员定额执行情况的报表补充指标表。行政单位应按照制度规定编制基本数字的季度报表和年度报表。表中数据应根据行政单位人事部门和有关业务部门提供的统计数字填列。基本数字表格式如表 11－5 所示。

表 11－5

基本数字表

编报单位：　　　　　　　　　　　　年　月　日

项目	人员情况（人）		项目	机动车船数（辆、艘）		项目	房屋建筑物（平方米）		项目	一般设备情况	
	编制数	实有数		编制数	实有数		合计	其中：办公用房		数量	存放地点

2. 基本支出和项目支出明细表

（1）基本支出明细表。这是反映行政单位一定时期内所发生的基本支出明细情况的补充指标报表。该表的项目，应当根据经批准的部门预算中的“基本支出预算”项目列示，具体内容与“经费支出明细表”相同，并将“人员经费”和“公用经费”分类列示。

（2）项目支出明细表。这是反映行政单位在一定时期内所发生的项目支出明细情况的补充指标表。该表一般可以包括专项会议支出、专项基础设施建设支出、专项设备购置支出、专项修缮支出和专项行政任务支出等情况，一般是一个项目编制一张表，通过这些明细表，有关方面可以了解和掌握行政单位对专项经费是否做到了专款专用，以及有关项目的开支是否符合要求。该表应按照“经费支出明细表”的内容列示和填制。

3. 报表说明书

报表说明书是行政单位会计报表的重要组成部分。行政单位在报送月报、季报和年报时，都应当组织专人编写报表说明书。报表说明书包括报表编制技术说明和报表分析说明两方面的内容。这些内容有助于财政部门和上级主管部门更好地理解行政单位的会计报表。

（1）行政单位编写的报表技术说明。这方面的内容包括采用的主要会计处理方法，特殊事项的会计处理方法，会计处理方法的变更情况、变更原因以及对收支情况和结果的影响。

（2）行政单位编写的报表分析说明。这方面的内容包括基本情况，影响预算执行、资金活动的原因，经费支出、资金活动的趋势，管理中存在的问题和改进措施，以及对主管会计单位工作的意见和建议等。

【本章小结】

行政单位会计报告包括了会计报表、补充指标表和报表说明书，而且会计报告要作为财政总预算会计的附表报送。其中，主要报表有：资产负债表、经费支出明细表和收入支出总表。行政单位会计的收支结转集中在年末，因此，年终清理结算和结账的工作非常重要。

【关键术语和概念】

资产负债表　经费支出明细表　收入支出总表　年终清理结算　年终结账

第三编　事业单位会计

我国非营利组织主要分为国有事业单位和民间非营利组织两大类。在公共财政框架下，国有事业单位会计仍属于公共部门，其会计核算和政策也有自己的特点。

第十二章　事业单位会计概述

我国事业单位会计由于会计主体的特殊性，使其会计核算表现出既与企业会计不同，又与行政单位会计不同的特点。本章从事业单位会计的基本概念出发，介绍事业单位会计的组织系统和账务处理要求。

通过本章的学习，应该掌握以下内容：

（1）事业单位会计的概念和特点。

（2）国有事业单位会计的组织系统。

（3）事业单位会计的账务处理总体要求。

第一节　事业单位会计的概念和特点

一、事业单位的特征

事业单位是指接受国家行政机关领导的，主要通过生产精神产品和提供各种劳务的形式直接或间接地为上层建筑、生产建设和人民生活服务的单位。

事业单位按其具体的业务性质主要包括以下几类：工业、交通等部门的事业单位；农林、水利、气象等部门的事业单位；商业部门的事业单位；文化、科学、教育等部门的事业单位；社会保障、卫生等部门的事业单位；科学研究事业单位和其他事业单位。

事业单位与政府、行政单位和企业相比，具有许多不同的特点：

（1）事业单位以生产精神产品和提供劳务为主，一般不生产物质产品。经济管理体制改革和事业单位业务活动多元化之后，有的单位虽然在其基本专业业务之外，也生产某些物质产品，但主要是高科技产品，它通常是作为知识、信息和技术的载体来提供的。

（2）事业单位的主要业务（即其专业业务）不以营利为目的，而是以社会效益为目的。事业单位在其专业业务之外所开展的经营活动，虽然也实行有偿服务或盈利管理，但它必须以不影响其非营利性的专业业务活动为前提。

（3）出资者不具有明确的经济权益，不要求投入资产的回报，也不准备收回投入资产。

（4）事业单位没有国家赋予的管理社会公务活动的权利，不具有国家管理职能。

（5）事业单位通常要接受国家行政机关的领导。大多数事业单位都是由国家出资建立起来的，定期或不定期地接受国家的无偿拨款，通常为行政单位的下属机构。

二、事业单位会计的概念及特点

事业单位会计是指核算和监督事业单位资金的增减变化及其结果的专业会计。加强事业单位会计核算有利于会计主体在保证事业单位活动的社会效益的前提下，不断提高资金的使用效益。

事业单位业务活动的特点和管理要求，决定了事业单位会计核算与财政总预算会计、行政单位会计和企业会计的核算有以下的不同点：

（1）不同类型的业务活动采取不同的核算基础。根据《事业单位会计准则》的规定，事业单位会计核算一般采用收付实现制，但经营性收支业务核算可采用权责发生制。事业单位可以根据开展业务活动及其他活动的实际需要，实行内部成本核算办法，对经营性业务活动采用权责发生制原则。在开展非独立核算经营活动中，应当正确归集实际发生的各项费用；不能直接归集的，应当采用一定的方法进行合理分配，正确划分各会计期间的成本费用界限。经营支出应当与经营收入配比。

（2）可设立本单位的专用基金。由于来源的多样化，使得事业单位有一定的资金使用权，可以设置各种专用基金。例如，可按规定从结余和支出中提取职工福利基金、可按照收入的比例提取修购基金、可按规定设置和提取医疗基金等。

（3）资金来源多元化。事业单位资金的来源主要有这几方面：一是表现为财政拨款，二是表现为上级下拨的补助，三是来自于业务活动的收入，四是来自于附属单位的缴款以及其他资金的收入。

（4）事业单位举办的经济实体可以利用其非财政补助收入对外投资，由此形成对外投资和投资收益的核算业务。

（5）可根据不同的业务采用不同的事业单位会计制度。由于事业单位的种类很广泛，不同单位的业务相差很远，很难实行统一的会计科目。因此，财政部除了出台通用的事业单位会计制度和科目以外，还根据不同的行业出台不同的会计制度和科目。例如，《中小学校会计制度》、《高等院校会计制度》、《医院会计制度》等。

本教材所涉及的事业单位，仅指纳入预算管理的国有事业单位，不包括非国有事业单位和实行企业化管理的事业单位。

第二节　事业单位会计的核算组织

一、国有事业单位会计的组织系统

与行政单位的会计组织系统一样，它也分为主管会计单位、二级会计单位和基层会计单位三级。其中：

1．主管会计单位

主管会计单位是指向同级财政部门领拨经费，并发生预算管理关系，下面有所属会计单位的单位。

2. 二级会计单位

二级会计单位是指向主管会计单位或上级单位领拨经费，并发生预算管理关系，下面有所属会计单位的单位。

3. 基层会计单位

基层会计单位是指向上级单位领拨经费，并发生预算管理关系，下面没有所属会计单位的单位。

在社会主义市场经济条件下，事业单位会计的主要目的是向单位的管理者、立法和监督机构、政府主管部门、投资者、社会赞助者和其他有关方面的会计报表使用者提供有用信息。事业单位会计的主要职责是进行会计核算，实行会计监督并参与经济管理。

二、事业单位会计科目的设置要求

设置会计科目，填制会计凭证，登记会计账簿是事业单位会计核算体系的重要组成内容。

1. 通用会计科目

会计科目是对会计核算对象按其经济内容或经济用途所作的科学分类。每个会计科目都要规定一定的名称、编号和核算内容，它是账户设置和经济业务核算的依据。科学设置和正确使用会计科目，是做好会计核算工作的重要条件。

按《事业单位会计制度》规定，事业单位会计科目按其反映的经济内容和用途的不同分为资产类、负债类、净资产类、收入类、支出类五大类。各级各类事业单位应设置和使用的通用会计科目如表 12－1 所示。

2. 会计科目的设置要求

各级各类事业单位在设置和使用通用会计科目时，应当遵循以下要求：

（1）应当按规定统一设置。首先，应按规定设置总账科目，并按单位实际需要设置有关的明细科目。其次，实行成本核算的事业单位，可以根据实际情况自行增设或减少某些会计科目。

（2）不得擅自更改统一设置的会计科目名称和编号。不需要的会计科目可以不用，但不能随意更改。统一规定的会计科目编号，也不得打乱重编。

三、会计凭证的规定

会计凭证是记录经济业务、明确经济责任的书面证明。事业单位发生的任何一项经济业务，都必须及时取得或填制会计凭证，只有根据合法的会计凭证，才能记账。

事业单位的原始凭证主要有以下九种：①收款收据；②借款凭证；③预算拨款凭证；④各种相关税票；⑤材料出、入库单；⑥固定资产出、入库单；⑦银行结算凭证；⑧往来结算凭证；⑨其他足以证明会计事项发生经过的凭证和文件等。

事业单位的记账凭证主要包括收款凭证、付款凭证和转账凭证三种。记账凭证的编制方法和要求与一般企业会计的记账凭证相同。

事业单位的会计凭证应按照《会计基础工作规范》的要求填写、传递、登账、装订和保管。在核算过程中，如发现错误，应按规定的更正方法给予更正。

表 12－1　　事业单位通用会计科目表

序号	编码	科目名称	序号	编码	科目名称
		一、资产类			三、净资产类
1	101	现金	25	301	事业基金
2	102	银行存款	26	302	固定基金
3	103	零余额账户用款额度	27	303	专用基金
4	105	应收票据	28	306	事业结余
5	106	应收账款	29	307	经营结余
6	108	预付账款	30	308	结余分配
7	110	其他应收款			
8	115	材料			四、收入类
9	116	产成品	31	401	财政补助收入
10	117	对外投资	32	403	上级补助收入
11	120	固定资产	33	405	事业收入
12	124	无形资产	34	406	财政专户返还收入
13	125	财政应返还额度	35	409	经营收入
			36	412	附属单位缴款
		二、负债类	37	413	其他收入
14	201	借入款项			
15	202	应付票据			五、支出类
16	203	应付账款	38	501	拨出经费
17	204	预收账款	39	504	事业支出
18	207	其他应付款	40	505	经营支出
19	208	应缴预算款	41	509	成本费用
20	209	应缴财政专户款	42	512	销售税金
21	210	应交税金	43	516	上缴上级支出
22	211	应付工资（离退休费）	44	517	对附属单位补助
23	212	应付地方（部门）津贴补贴	45	520	结转自筹基建
24	213	应付其他个人收入			

四、会计账簿的设置

会计账簿是会计核算过程中，以会计凭证为依据，运用账户全面、系统、连续地记录核算事业单位资金运动和结果的簿籍。

事业单位会计可以根据需要设置总分类账、明细分类账和日记账。其中，日记账的设置与行政单位会计完全相同，有外币业务收支的事业单位，应按人民币、各种外币分别设置“现金日记账”和“银行存款日记账”进行明细核算。下面主要介绍分类账的设置：

1. 总分类账簿的设置

总分类账是按照会计科目设置的，用于记录资产、负债、净资产、收入、支出总括情况的账簿。它可以全面、系统、综合地反映事业单位资金运动的总情况，是编制资产负债表的依据。总账通常采用三栏式账簿。三栏式账簿的格式与行政单位会计总账格式相同，采用借、贷、余三栏式，按照会计科目名称设置账户。

2. 明细分类账簿的设置

明细账是用以对总账有关科目进行明细核算的账簿，事业单位可根据实际需要来设置。各种明细账一般采用三栏式和多栏式。

事业单位通常应该设置下列明细账簿：

（1）收入明细账。它包括财政补助收入明细账、事业收入明细账、经营收入明细账、附属单位缴款明细账和其他收入明细账。

（2）支出明细账。它包括拨出经费明细账、事业支出明细账、经营支出明细账和对所属单位补助明细账等。

（3）往来款项明细账。它包括应收账款明细账、其他应收款明细账、应付账款明细账和其他应付款明细账等。

事业单位的会计账簿也应按照《会计基础工作规范》的要求进行登账、结账和保管，如发现错误，应及时用专门方法进行更正。

【本章小结】

本章所介绍的事业单位会计是核算和监督国有事业单位资金的增减变化及其结果的专业会计。国有事业单位会计在财政拨款方面有着与行政单位相同的核算，在专业业务方面有着自己独特内容的核算，在走向市场经营业务方面又有着与企业会计相同的核算。学习国有事业单位会计，必须结合行政单位会计和企业会计的内容学习。

【关键术语和概念】

事业单位会计　事业单位会计特点　事业单位会计通用会计科目

第十三章　事业单位会计收入与支出的核算

事业单位为了开展业务活动及其他活动，将依法取得的非偿还性资金收入，用于相关的资金耗费，这就形成了收入与支出。

通过本章的学习，应该掌握以下内容：

（1）事业单位的收入与支出的分类及内容。

（2）对各项收入与支出在管理方面的要求。

（3）各项收入与支出的账务处理。

第一节　事业单位收入与支出的含义及管理

一、事业单位收入的含义及管理

1. 事业单位收入的含义

事业单位的收入是指事业单位为开展业务活动，从各种渠道依法取得的各项资金。主要包括财政补助收入、财政专户返还收入、事业收入、经营收入、上级补助收入、附属单位缴款和其他。对于事业单位的收入，应从以下四方面理解其含义：

（1）事业单位的收入是为开展业务活动和其他活动而取得的。

事业单位的主要活动不是直接从事物质资料的生产、交通运输和商品流通，而是在教育、文化、体育、卫生等领域组织和开展各项业务活动和其他活动。由于这些活动具有非营利性的特点，因此，事业单位开展业务活动的资金耗费一般不能从事业收入中得到完全的补偿，需要从财政部门获得财政补助收入，从主管部门或上级单位获得上级补助收入，来解决其开展正常业务所需要的资金。同时，事业单位还可以通过开展有偿服务活动和生产经营活动获得事业收入和经营收入，以补偿业务活动的资金耗费。

（2）事业单位的收入是依法取得的。

事业单位取得的任何收入，都必须符合国家的有关法律、法规和规章制度的规定。事业单位开展业务活动的各项收费项目、收费范围和收费标准必须按照国家的有关规定，经过法定程序报经批准后方可施行。

（3）事业单位的收入是通过多种形式、多种渠道取得的。

在社会主义市场经济条件下，事业单位的收入来源形式和渠道，呈多元化趋势。既有财政或上级单位拨入或下级单位上缴的，又有本单位自己组织的；在财政或上级单位的拨款中，既有财政性资金又有非财政性资金，又有经常性补助又有专项拨款；在本单位自己组织的收入中，既有单位开展正常业务活动取得的经营收入，又有对外投资取得的收益、存款的利息收入等其他收入。这是一个大收入概念，是事业单位在某一时期所取得的所有收入。

（4）事业单位的收入是非偿还性的。

事业单位取得的各项收入，是不需要偿还的，可以用于业务活动和其他活动。事业单位取得的需要偿还的资金，应当作为负债处理，不能作为单位的收入处理。

2. 事业单位收入的管理及核算规定

（1）事业单位收入的管理原则。

事业单位收入的管理原则主要包括以下四点：

①收入统管，保证收入的合法性与合理性。事业单位所有的收支活动都必须归口到单位财务部门，实行统一核算、统一管理。同时，各部门、单位在组织收入时，属于行政事业性收费的要使用省以上（含省）财政部门统一监制的票据，属于经营性收入的应使用税务发票，并照章纳税。各种收费项目和收费标准，必须按规定程序报经国家有关部门批准，对于各种收入要取之得当，用之合理，严禁乱收、滥用。

②依法合理组织各项收入，缴纳各种税费。要根据国家的有关收费政策和管理制度，将事业单位组织收入的活动纳入正确轨道，强调收入的合法性与合理性。收费时，要开具行政事业性收费专用发票。对按规定应上缴预算的收入和应上缴财政专户的收入要及时上缴，不能直接作为事业收入处理。对经营服务性收入，要依法缴纳各项税费。

③充分利用现有条件积极组织收入，提高经费自给率和自我发展能力。有条件的事业单位要按市场经济的要求，充分利用现有人、财、物等资源和设备，拓宽服务领域，扩大财源，增强自我发展能力。

④正确处理社会效益和经济效益的关系。事业单位开展各种组织收入的活动，必须将社会效益放在首位，必须有利于事业的发展，有利于社会主义精神文明建设。同时，事业单位组织各项收入要按照市场经济规律办事，讲求经济效益。事业单位要将社会效益和经济效益有机结合起来，不能片面追求经济效益，要在获得社会效益的同时取得较好的经济效益。

（2）注意划清各种收入界限。

正确理解各项收入的含义还必须从性质上划清各种收入的界限，尤其是以下主要收入的界限：

①财政补助收入与上级补助收入的界限。

财政补助收入是指事业单位按照核定的部门预算和经费申报关系，从财政部门或主管部门取得的各类事业经费，包括正常经费和专项资金，不包括国家对事业单位的基本建设投资。

上级补助收入是指事业单位从上级单位取得的非财政补助收入。即事业单位的上级单位用自身组织的收入或集中下级单位的收入拨给事业单位的资金。

②事业收入与经营收入的界限。

事业收入是指事业单位开展专业业务活动及辅助活动所取得的收入。所谓专业业务活动，是指事业单位根据本单位专业特点所从事或开展的主要业务活动，通俗地讲，也可以叫做“主管业务”。例如，文化事业单位的演出活动、教育事业单位的教学活动等。辅助活动是指与专业业务活动相关，直接为专业业务活动服务的行政管理活动、后勤服务活动及其他有关活动。例如，科研单位的科研收入、技术收入、科普活动收入、试制产品收入等，均作为事业收入处理。

经营收入是指事业单位在专业业务活动及其辅助活动之外开展经营活动取得的收入。例如，科研单位的产品（商品）销售收入、经营服务收入等。事业单位的经营收入必须同时具备以下两个特征：一是经营活动取得的收入，而不是专业业务活动及其辅助活动取得的收入；二是非独立核算的经营活动取得的收入，而不是独立核算的经营活动取得的收入。因此，事业单位经营活动规模较大的，应当尽可能进行独立核算，执行企业财务制度。有些经营活动规模较小，不便或无法独立核算的，可纳入到经营收入中核算。

区分事业收入和经营收入的标准主要是看取得收入的业务活动性质，如果是开展专业业务活动及其辅助活动取得的收入，就是事业收入；如果是在专业活动及其辅助活动以外取得的收入就是经营收入。对少部分事业收入与经营收入的性质和内容相互有交叉，难以准确划分清楚的，由主管部门和财政部门根据实际情况予以认定。

③经营收入与附属单位缴款收入的界限。

经营收入是事业单位附属非独立核算单位开展经营活动或者某些经营性项目而获得的经济收入。所谓独立核算是指单位对其经济活动或预算执行过程及其结果，独立地、完整地进行会计核算，如校办企业。学校的非独立核算是指单位从上级单位领取一定数额的物资、款项从事业务活动，不独立计算盈亏，把日常发生的经济业务资料报给上级集中进行会计核算，如学校的车队、食堂等后勤单位等。

附属单位缴款收入是指事业单位附属独立核算单位按有关规定上缴的收入，包括附属的事业单位上缴的收入和附属的企业上缴的利润等，附属单位补偿上级单位在事业支出中垫支的各种费用，应当相应冲减支出，不能作为缴款收入处理。

（3）事业单位收入的确认。

事业单位应根据业务性质合理确定收入的实现。财政补助收入、上级补助收入、财政专户返还收入、事业收入以及附属单位的缴款收入等，应当在收到款项时予以确认；经营性收入应当在提供劳务或发出商品同时收讫价款或者取得索取价款的凭证时予以确认；对于长期项目的收入，应当根据年度完成进度予以确认；当事业单位取得的收入为实物时，应根据有关凭证确认其价值；没有凭证可供确认的，可参照市场价格确定。

二、事业单位支出的分类及管理

事业单位的支出多种多样，需要加强其分类管理。同时，事业单位的各种支出关系到业务的完成和事业计划的实现，应该加强其核算和监督。下面结合支出的分类，说明事业单位各项支出的主要内容。

1. 事业单位支出的分类

事业单位由于收入的来源多元化，支出也多种多样，但支出的分类主要有以下三种：

（1）按支出对象的分类。

事业单位的支出按其对象的不同，可分为本单位业务支出和对上下级的缴拨款支出两大类。

①本单位业务支出，是指在本单位各项业务活动过程中发生的各种支出，包括人员经费支出和公用经费支出两类。

人员经费支出，是指为了开展业务活动的需要，用于个人方面的支出，包括基本工资、津贴补贴、奖金、职工福利费、社会保障缴费、伙食费等。其金额与相关人员的数量有关。

公用经费支出，是指为了完成有关业务任务，实现事业活动的目的，用于公共业务方面的支出，包括办公费、印刷费、会议费、装备购置费、工程建设费、劳务费和其他费用。其金额通常与业务活动的规模有关。

②对上下级的缴拨款支出，是指事业单位向上级单位上缴的款项和向下属独立核算单位拨付的补助款等。

(2) 按支出用途的分类。

按支出用途分类主要指事业支出，就是按照政府收支分类科目中的“支出经济分类”的“款”级科目分类，并设置三级明细科目，进行明细核算。

①工资福利支出类。反映事业单位开支的在职职工和临时聘用人员的各类劳动报酬，以及为上述人员缴纳的各项社会保险费等。该类下设的“款”级内容包括：基本工资、津贴补贴、奖金、社会保障缴费、伙食费、伙食补助费、其他工资福利支出等。

②商品和服务支出类。反映事业单位购买商品和服务的支出，不包括用于购置固定资产等的支出。该类下设的“款”级内容包括：办公费、印刷费、咨询费、手续费、水费、电费、邮电费、取暖费、物业管理费、交通费、差旅费、出国费、维修（护）费、租赁费、会议费、培训费、招待费、专用材料费、装备购置费、工程建设费、劳务费、委托业务费、工会经费、福利费、其他商品和服务支出等。

③对个人和家庭的补助类。反映事业单位用于对个人和家庭的补助支出。该类下设的“款”级内容包括：离休费、退休费、退职（役）费、抚恤金、生活补助、救济费、医疗费、助学金、奖励金、生产补贴、住房公积金、提租补贴、其他对个人和家庭的补助支出等。

④基本建设支出类。反映事业单位由各级发展与改革部门集中安排的一般预算财政拨款，用于购置固定资产、土地和无形资产，以及进行大型修缮所发生的支出。该类下设的“款”级内容包括：房屋建筑物购建、办公设备购置、专用设备购置、交通工具购置、大型修缮、信息网络购建、其他基本建设支出等。

(3) 按支出性质的分类。

事业单位支出按其性质的不同，可分为以下五项：

①事业支出，是指事业单位开展各项专业业务活动及其辅助活动发生的各种支出。

②经营支出，是指事业单位在专业业务活动及其辅助活动之外开展非独立核算经营业务发生的支出。

③对附属单位补助，是指事业单位用非财政预算资金对附属单位补助而发生的支出。

④上缴上级支出，是指事业单位按规定标准或比例上缴给上级单位的支出。

⑤结转自筹基建，是指事业单位用自筹资金安排的基本建设形成的支出。在事业单位会计核算中，只核算自筹基建支出对基建单位的转拨。

2. 事业单位支出的管理及核算规定

事业单位应该加强其支出的核算，控制不合理的资金耗费和支出，保证会计信息的真实性，提高资金的使用效率，并促进各项业务的顺利进行。

（1）严格执行国家财政财务制度和财经纪律。

事业单位必须严格执行国家财政财务制度和财经纪律，按照规定的各项事业支出的开支范围和标准，加强支出原始凭证的审核，从源头上进行严格的控制。

（2）对支出实行分类管理，保持合理的支出结构。

支出管理的重点是事业支出和经营支出。事业支出应当根据财政补助收入、上级补助收入、事业收入和财政专户返还收入等的情况统筹安排。上述收入原则上不得用于经营支出。人员经费支出和公用经费支出应保持一个合理的比例。要加强项目资金支出的管理，定期向财政部门或主管部门报送项目资金使用情况。要加强经济核算，采取切实可行的措施控制支出，不断提高资金的使用效益。

（3）划清主要支出的界限，保证支出用途符合规定。

按支出管理和资金管理要求，事业单位应该划清以下三方面的支出界限：①划清单位支出与个人支出的界限；②划清事业支出与经营支出的界限；③划清事业支出与对附属单位补助支出、上缴上级支出的界限。

第二节　业务收入的核算

事业单位通过开展专业业务活动及其辅助活动可取得事业收入，开展专业业务活动及其辅助活动以外的非独立核算经营活动可取得经营收入。

一、事业收入的核算

事业收入是指事业单位通过开展专业业务活动及其辅助活动所取得的收入。所谓专业业务活动，是指事业单位根据本单位专业特点所从事或开展的主要业务活动。所谓辅助活动，是指与其专业业务活动相关的、直接为专业业务活动服务的单位行政管理活动、后勤服务活动以及其他有关活动。

1. 事业收入的种类

在我国，由于事业单位的种类较多，不同行业的事业单位从事不同的专业业务活动及其辅助活动，因此事业收入在会计上也应划分不同的类别。下面以学校、文化、医院等事业单位的事业收入分类为例来说明：

（1）中小学校的事业收入。

中小学校的事业收入是指中小学校开展教学及其辅助活动依法取得的收入，包括义务教育阶段学生缴纳的杂费、非义务教育阶段学生缴纳的学费、借读学生缴纳的借读费、住宿学生缴纳的住宿费，以及按照有关规定向学生收取的其他费用等。

（2）高等学校的事业收入。

高等学校的事业收入是指高等学校开展教学、科研及其辅助活动所取得的收入，包括：①教学收入，指高等学校开展教学及其辅助活动所取得的收入，包括通过学历和非学历教育收取的学费、培养费、住宿费等；②科研收入，指高等学校开展科研及其辅助活动所取得的收入，包括通过承接科技项目、开展科研协作、转让科技成果、进行科技咨询所取得的收入等。

(3) 文化事业单位的事业收入。

文化事业单位取得的收入主要有：①演（映）出收入，即艺术表演团体进行各类文艺演出所取得的收入、各类文艺演出和从事电影、录相放映所取得的分成收入；②技术服务收入，即文化事业单位提供各种技术指导、技术咨询、技术服务所取得的收入；③委托代培收入，即文化事业单位举办各种文化艺术培训班所取得的收入；④复印复制收入，即图书馆、文化馆、群艺馆、展览馆、美术馆、纪念馆等对外提供馆藏资料的复印复制等项目服务所取得的收入；⑤外借人员劳务收入，即文化事业单位对外提供演职人员、技术人员等所取得的劳务收入。

(4) 医院的事业收入。

医院取得的收入主要有：①医疗收入，即医院在开展医疗业务活动中所取得的收入，包括挂号收入、床位收入、诊察收入、检查收入、治疗收入、手术收入、化验收入、护理收入等；②药品收入，即医院在开展医疗业务活动中所取得的中、西药品收入；③其他收入，如培训收入、救护车收入、转让无形资产收入等。

2. 事业收入的账务处理

为了核算事业收入业务，应设置“事业收入”总账科目。该科目贷方登记收到（或取得）的专业业务活动的收入和辅助活动的收入；对于一般纳税人的单位，取得事业收入时，应按实际收到的价款扣除增值税销项税额后的余额计入该科目的贷方。年终结账时，借方登记转入“事业结余”科目的事业收入累计数，结转后该科目应无余额。该科目还应根据事业收入的种类设置明细科目，进行明细分类核算。

[例1] A单位收到银行通知，本单位开展专业业务活动的收入32 000元已划入本单位账户。应作如下会计分录：

借：银行存款	32 000	
贷：事业收入		32 000

[例2] B医院门诊部交来当天门诊收入25 000元，其中医疗收入20 000元，药品收入5 000元。医院财会部门已开出送款单，并将款项全部送存银行。应作如下会计分录：

借：银行存款	25 000	
贷：事业收入——门诊医疗收入		20 000
——药品收入		5 000

[例3] A市勘测设计院完成一项移动电话宽带网的建设项目设计任务，取得收入88 000元，已存入银行。应作如下会计分录：

借：银行存款	88 000	
贷：事业收入		88 000

[例4] A市邮电科学研究院（一般纳税人）销售新开发的电子产品一批，不含增值税的销售收入为80 000元，增值税税率为17%。款项已全部收到，并存入银行。应作如

下会计分录：

借：银行存款　　93 600
　贷：事业收入　　80 000
　　　应交税金——应交增值税（销项税额）　　13 600

［例 5］接上例，已销产品中，因部分产品规格不符合要求发生退货，其价款（不含增值税）为 4 000 元。已将其款项退回购货单位。应作如下会计分录：

借：事业收入　　4 000
　　应交税金——应交增值税（销项税额）　　680
　贷：银行存款　　4 680

［例 6］C 事业单位取得辅助业务活动收入 50 000 元，该收入为应纳营业税收入，其适用税率为 3%。款项已收到并存入银行。应作如下会计分录：

借：银行存款　　50 000
　贷：事业收入　　50 000

同时：

借：销售税金　　1 500
　贷：应交税金——应交营业税　　1 500

［例 7］上例邮电科学研究院本年度发生的事业收入总额为 2 000 000 元，年终结账时全部转入"事业结余"科目。应作如下会计分录：

借：事业收入　　2 000 000
　贷：事业结余　　2 000 000

二、经营收入的核算

经营收入是指事业单位在专业业务活动及其辅助活动之外开展非独立核算经营活动所取得的收入。

1. 经营收入的特征

事业单位的经营收入，一般必须同时具备以下两个特征：

（1）是经营活动所取得的收入，而不是开展专业业务活动及其辅助活动所取得的收入。例如，科研事业单位的社会咨询服务活动所取得的收入，属于经营收入；而科研单位为政府等有关单位提供科研服务取得的规费收入，属于事业收入。又如，教育事业单位（学校）对社会开展服务活动，或利用闲置固定资产开展有偿服务取得的收入，属于经营收入；而向学生收取的学杂费，属于专业业务及其辅助活动取得的收入，应作为事业收入处理。

（2）是非独立核算的经营活动取得的收入，而不是独立核算的经营活动取得的收入。例如，学校非独立核算的车队，取得的收入和发生的支出，报由学校财务部门集中进行会计核算，因此，车队对外服务取得的收入和发生的支出，应作为经营收入和经营支出处理。又如，学校的校办企业，单独设置财会机构或单独配备财会人员，单独设置会计账簿，单独计算盈亏，就是独立核算的经营活动。学校收到校办企业上缴（或分配）的纯收入，应作为附属单位上缴收入，而不能作为经营收入处理。

2. 经营收入的种类

事业单位经营收入的种类主要有：①销售收入，即事业单位非独立核算部门销售商品取得的收入；②经营服务收入，即事业单位非独立核算部门对外提供经营服务取得的收入；③租赁收入，即事业单位出租房屋、场地和设备等取得的收入；④其他经营收入，即事业单位在专业业务活动及其辅助活动以外取得的除上述各项收入之外的收入。

3. 经营收入的账务处理

为了核算经营收入业务，应设置“经营收入”总账科目。该科目贷方登记取得的经营收入；借方登记冲销和期末结转额；平时的贷方余额表示本期经营收入累计额，年终结账后无余额。该科目应根据经营收入的种类设置明细账，进行明细分类核算。

［**例** 8］华南大学非独立核算的车队向外单位提供服务，取得运输服务收入 10 000 元；非独立核算的学生食堂对外承办宴席，获得劳务收入 6 000 元。款项均已存入银行。应作如下会计分录：

借：银行存款	16 000	
贷：经营收入		16 000

［**例** 9］A 单位（一般纳税人）销售新开发产品一批，不含增值税售价为 100 000 元，增值税税率为 17%。同时，收到转账支票一张，金额为 60 000 元，其余价款尚未收到。应作如下会计分录：

借：银行存款	60 000	
应收账款	57 000	
贷：经营收入		100 000
应交税金——应交增值税（销项税额）		17 000

［**例** 10］B 单位（小规模纳税人）出租闲置房屋用于经营活动，取得半年租金 4 800 元，已存入银行。应作如下会计分录：

借：银行存款	4 800	
贷：经营收入		4 800

［**例** 11］年终结账，A 单位本年度共发生经营收入 116 000 元，全额转入“经营结余”科目。应作如下会计分录：

借：经营收入	116 000	
贷：经营结余		116 000

第三节　缴拨款收入及其他收入的核算

缴拨款收入包括拨款收入和缴款收入。拨款收入是指财政部门或上级单位拨给事业单位的各种款项，如财政补助收入、财政专户返还收入、上级补助收入等；缴款收入是指附属单位上缴的各种款项，如附属单位缴款。其他收入是除了以上收入之外取得的零星杂项收入。

一、财政补助收入的核算

财政补助收入是指事业单位按照核定的预算和经费领报关系收到的由财政部门或上级单位拨入的各类事业经费。它来源于政府预算资金，是国家对发展各项事业的投入，是事业单位开展业务活动的经常性资金来源。

为了加强预算资金的核算与管理，主管会计单位应根据审批的部门预算编报季度分月用款计划。在申请当期财政补助时，要填写“预算经费请拨单”并进行上报。事业单位在使用财政补助收入时，应按计划控制用款，不得随意改变资金用途。资金的用途如果确实需要调整，应报同级财政部门审批。

1．财政补助收入的确认

在国库集中收付制度下，财政部门对事业单位的拨款包括三种方式：划拨资金、财政直接支付、财政授权支付。其中，划拨资金方式是传统拨款方式，财政资金直接进入单位的开户银行并确认，再由单位按照部门预算使用资金。财政直接支付方式与行政单位的核算相同，事业单位根据部门预算向财政部门提出支付申请，财政部门审核后，通过财政零余额账户直接将款项支付给收款人并通知事业单位确认。因此，事业单位在确认财政补助收入时，实际上已经使用了财政资金。财政授权支付方式也与行政单位的核算相同，事业单位根据部门预算向财政部门申请用款额度，财政部门审核后，将额度下达到代理银行，事业单位以银行通知确认财政补助收入。

2．财政补助收入的账务处理

为了核算财政补助收入业务，应设置“财政补助收入”总账科目。该科目贷方登记本单位收到的预算拨款额；借方登记缴回或核销数；平时贷方余额表示拨入经费的累计数，年终转账后一般无余额。该科目应按资金管理设置“基本支出”和“项目支出”明细科目，并在明细科目下按政府收支分类科目中“支出功能分类”的“项”级设置明细账，进行明细分类核算。

［例 12］A 事业单位是主管会计单位，采用划拨资金方式，本期发生以下经费领拨业务。应作如下会计分录：

（1）收到银行通知，财政部门拨入的事业经费 1 000 000 元，已收妥入账。

借：银行存款	1 000 000	
贷：财政补助收入		1 000 000

（2）按计划转拨给所属单位事业经费 250 000 元，已通过银行办妥。

借：拨出经费	250 000	
贷：银行存款		250 000

（3）将多拨的事业经费 150 000 元缴回同级财政部门。

借：财政补助收入	150 000	
贷：银行存款		150 000

（4）年终结账时，A 单位将“财政补助收入”科目贷方余额 850 000 元结转到“事业结余”科目。

借：财政补助收入	850 000	

贷：事业结余　　850 000

［例13］在国库集中收付制度下，A事业单位发生的有关财政补助收入的业务，应作如下会计分录：

（1）根据财政国库支付中心委托代理银行转来的“财政直接支付入账通知书”及有关原始凭证，登记支付文献印刷费的相关收入5 000元。

借：事业支出——基本支出　　5 000

贷：财政补助收入　　5 000

（2）根据代理银行转来的“财政直接支付入账通知书”及有关原始凭证，登记购入汽车一辆160 000元。

借：事业支出——基本支出　　160 000

贷：财政补助收入　　160 000

借：固定资产　　160 000

贷：固定基金　　160 000

（3）根据代理银行转来的“授权支付到账通知单”，与分月用款计划核对后，登记住房补贴的授权用款额度180 000元。

借：零余额账户用款额度　　180 000

贷：财政补助收入——住房补贴　　180 000

（4）从零余额账户支付本月的住房补贴180 000元。

借：事业支出——基本支出（住房补贴）　　180 000

贷：零余额账户用款额度　　180 000

二、财政专户返还收入的核算

财政专户返还收入是指事业单位按规定从财政预算外资金专户取得的预算外资金返还收入，与财政补助收入一样，都是事业单位为开展业务活动而取得的财政性资金。应按照“分别核算、分类管理”的原则，将财政专户返还收入纳入单位部门预算管理和实行收支两条线管理。

为核算财政专户返还收入业务，应设置“财政专户返还收入”总账科目。收到财政专户返还收入时，借记“银行存款”科目，贷记该科目。年终结账时，将该科目贷方余额全数转入“事业结余”科目。该科目应设置“基本支出”和“项目支出”两个二级科目，进行明细核算。

［例14］某事业单位收到财政部门从财政预算外资金专户核拨的一笔预算外资金，用于日常业务活动，金额为52 000元。应作如下会计分录：

借：银行存款　　52 000

贷：财政专户返还收入——基本支出　　52 000

三、上级补助收入的核算

上级补助收入是指事业单位从上级单位取得的非财政性补助收入。它是上级单位用财政补助收入之外的收入，如自身组织的收入、集中下级单位的收入等非预算资金，拨给下级单位的非财政性资金。这是一种调剂附属单位资金收支余缺的机动财力。财政部门通过事业单位的上级单位转拨的事业经费，应作为财政补助收入处理，不能作为上级补助收入处理。

为了核算上级补助收入业务，应设置“上级补助收入”总账科目。该科目贷方登记实际收到上级单位的非预算资金；借方登记缴回上级单位数和转销数；平时的贷方余额表示上级补助收入累计数，年终结账后，本科目无余额。

[例 15] A 事业单位本期发生下列有关上级非财政性补助资金的经济业务。应作如下会计分录：

(1) 收到银行通知，上级单位拨入的非财政性补助资金 300 000 元，已收妥入账。

借：银行存款　　300 000

　贷：上级补助收入　　300 000

(2) 将多拨的上级非财政性补助款 60 000 元缴回上级单位。

借：上级补助收入　　60 000

　贷：银行存款　　60 000

(3) 年终结账时，将“上级补助收入”科目余额 240 000 元结转到“事业结余”科目。

借：上级补助收入　　240 000

　贷：事业结余　　240 000

四、附属单位缴款的核算

附属单位缴款是指事业单位所属的独立核算单位按规定标准和比例缴纳的各项款项，包括附属单位上缴的收入和利润。附属单位补偿本单位在支出中垫付的各种费用，应当冲减相应的支出，而不能作为附属单位缴款收入处理。附属单位缴款是事业单位完成事业计划所需资金的必要补充，事业单位应当对其附属单位的业务活动和上缴款项实行计划管理，并加强调控和监督。

为了核算附属单位缴款业务，应设置“附属单位缴款”总账科目。该科目贷方登记收到实际上缴的款项；借方登记退回数和冲销数；平时的贷方余额表示附属单位本期累计缴款额，年终结账时，将本科目贷方余额全数转入“事业结余”科目，结账后本科目无余额。该科目还应按所属缴款单位设置明细账，进行明细分类核算。

[例 16] A 事业单位本期发生如下附属单位缴款业务。应作如下会计分录：

(1) 收到银行通知，附属单位按规定标准上缴收入 480 000 元，已收妥入账。

借：银行存款　　480 000

　贷：附属单位缴款　　480 000

(2) 经核实，附属单位多缴收入 80 000 元，已通过银行退回。

借：附属单位缴款　　80 000

　贷：银行存款　　80 000

(3) 年终结账时，将“附属单位缴款”科目余额 370 000 元结转到“事业结余”科目。

借：附属单位缴款　　370 000

　贷：事业结余　　370 000

五、其他收入的核算

其他收入是指事业单位除拨款收入、事业收入、经营收入、附属单位缴款以外的各项收入。例如，对外投资收益、固定资产出租的租金收入、外单位捐赠的未限定用途的财物及其他零星杂项收入。

为了核算其他收入业务，应设置“其他收入”总账科目。该科目贷方登记取得的其他收入；借方登记其他收入的退回额和期末结转额；平时的贷方余额表示本期其他收入累计额，年终结账时，将本科目贷方余额全数转入“事业结余”科目，结账后本科目无余额。该科目应按收入种类设置明细账，进行明细分类核算。

［例 17］A 单位购买的国库券到期，实际收到本息额 118 000 元，并已存入银行。其债券投资的账面成本为 100 000 元。应作如下会计分录：

借：银行存款　　118 000

　贷：对外投资　　100 000

　　　其他收入——投资收益　　18 000

同时：

借：事业基金——投资基金　　100 000

　贷：事业基金——一般基金　　100 000

［例 18］A 单位出租礼堂使用权，取得租金收入 20 000 元，并已存入银行。应作如下会计分录：

借：银行存款　　20 000

　贷：其他收入——固定资产出租收入　　20 000

［例 19］A 单位转让一项无形资产使用权，转让收入 300 000 元，已存入银行。应作如下会计分录：

借：银行存款　　300 000

　贷：其他收入——无形资产转让收入　　300 000

［例 20］A 单位以多余资金进行联营投资，年终分得利润 50 000 元。应作如下会计分录：

借：银行存款　　50 000

　贷：其他收入——投资收益　　50 000

［例 21］B 单位获得某企业未限定用途的捐赠收入 58 000 元。应作如下会计分录：

借：银行存款　　58 000

　贷：其他收入——捐赠收入　　58 000

［例 22］年末，A 单位将全年其他收入总额 500 000 元转入“事业结余”科目。应作如下会计分录：

借：其他收入　　500 000

　贷：事业结余　　500 000

第四节　业务支出的核算

事业单位的业务支出主要有事业支出、经营支出、销售税金和有关自筹基建的支出等。

一、事业支出的核算

事业支出是事业单位开展各项专业业务活动及其辅助活动发生的实际支出。它是事业单位支出的主体，包括财政性资金和非财政性资金的支出。

1. 事业支出的列支口径和要求

事业单位基本业务支出的报销，应符合以下规定和要求：

（1）对于发给个人的工资、津贴、补贴等，应根据实有人数和规定标准予以报销列支。

（2）购入随买随用的办公用品、业务用品，一般按实际购入数额列报支出。但是，购入需要入库保管的物资材料，以及达不到固定资产标准的工具、器具、低值易耗品等，应先列入“材料”科目核算，领用时再列报支出。

（3）社会保障费、职工福利费和管理部门支付的工会经费，按照规定的标准每月提取，列报当月事业支出。

（4）固定资产修购基金按核定的比例提取，列报当期支出。

（5）购入固定资产的实际成本，经验收后列报支出，同时计入“固定资产”和“固定基金”科目。

（6）其他各项支出，均以实际报销数列报支出。

2. 事业支出的账务处理

为了核算事业支出业务，应设置“事业支出”总账科目。该科目借方登记实际发生的属于事业支出范围的数额；贷方登记当年支出收回数；平时的借方余额反映本期事业支出累计数，年终结账时，将本科目借方余额全数转入“事业结余”科目，结转后本科目无余额。该科目应设置“财政性资金”和“非财政性资金”两个明细科目，并在此基础上，再设置“基本支出”和“项目支出”二级明细科目，按照政府收支分类科目中的“支出经济分类”的款级科目设置明细项目，进行明细分类核算。

［**例23**］A单位采用财政授权支付方式。本月发生以下业务：

（1）总务部门购买办公用品一批，金额为380元，并持有关发票到财务处报销。应作如下会计分录：

借：事业支出——基本支出	380	
贷：零余额账户用款额度		380

（2）收到银行转来的付款通知，支付上月电话费1 000元。应作如下会计分录：

借：事业支出——基本支出	1 000	
贷：零余额账户用款额度		1 000

［**例** 24］A 单位采用政府采购方式购置办公设备，已和供货商签订合同，金额为 8 000 000元。其中，财政性资金 4 000 000 元，非财政性资金 4 000 000 元。

（1）已收到代理银行转来的财政直接支付入账通知书。应作如下会计分录：

借：事业支出——基本支出　　8 000 000
　贷：财政补助收入——基本支出　　4 000 000
　　　财政专户返还收入　　4 000 000

（2）设备已到达并验收。应作如下会计分录：

借：固定资产　　8 000 000
　贷：固定基金　　8 000 000

［**例** 25］C 单位按规定标准和实有人数，计提 8 月份职工福利费 3 000 元。应作如下会计分录：

借：事业支出——基本支出　　3 000
　贷：专用基金——职工福利基金　　3 000

［**例** 26］C 单位将一批闲置的库存材料出售，材料的账面价值为 1 900 元，售价 1 700 元，尚未收到材料款。应作如下会计分录：

借：应收账款　　1 700
　　事业支出　　200
　贷：材料　　1 900

［**例** 27］将应由经营支出负担的水电费 1 800 元冲减事业支出。应作如下会计分录：

借：经营支出　　1 800
　贷：事业支出　　1 800

［**例** 28］年终结账时，A 单位将本年度发生的事业支出总额 450 000 元转入“事业结余”科目的借方。应作如下会计分录：

借：事业结余　　450 000
　贷：事业支出　　450 000

二、经营支出的核算

经营支出是指事业单位在专业业务活动及其辅助活动之外开展非独立核算的经营活动所发生的各项支出。

1. 经营支出的内容

事业单位经营支出的内容，没有统一的规定，可比照事业支出，按经济分类的“款”级项目进行明细分类，如工资福利支出、商品和服务支出项目等。

事业单位非独立核算的经营活动所发生的一切支出，以及实行内部成本核算单位已销产品的实际成本，都应纳入经营支出范围核算，并且，经营支出应与相关经营收入相配比。对于独立核算的经营活动，则应当按照企业会计准则和制度的规定单独进行核算，不在“经营支出”科目中反映。

2. 经营支出的账务处理

为了核算经营支出业务，应设置“经营支出”科目。该科目借方登记经营支出的实际发生数；贷方登记经营支出收回数和期末冲转数（实行内部成本核算的事业单位，一般在月末将本月的经营支出余额全数转入“经营结余”科目；不实行内部成本核算的事业单位，则在年末将本年的经营支出余额全数转入“经营结余”科目）；平时的借方余额反映本期经营支出累计数，年终结账后无余额。本科目按事业单位经营业务的主要类别设置明细账，进行明细分类核算。

［例29］C单位实行内部成本核算。本月发生以下经济业务：

（1）开出转账支票支付经营人员的基本工资90 000元。应作如下会计分录：

借：经营支出——基本工资　　90 000

　贷：银行存款　　90 000

（2）以银行存款支付办公费10 000元，邮电费8 000元。应作如下会计分录：

借：经营支出——办公费　　10 000

　　　　　　——邮电费　　8 000

　贷：银行存款　　18 000

（3）结转内部成本核算的已销产品实际成本为40 000元。应作如下会计分录：

借：经营支出　　40 000

　贷：产成品　　40 000

（4）结转实行内部成本核算的有偿服务项目的成本费用5 000元。应作如下会计分录：

借：经营支出——××服务项目　　5 000

　贷：成本费用　　5 000

（5）经营活动部门领用材料一批，价值为1 700元。应作如下会计分录：

借：经营支出——业务费　　1 700

　贷：材料　　1 700

（6）月末，结转本月经营支出总额95 500元。应作如下会计分录：

借：经营结余　　95 500

　贷：经营支出　　95 500

三、销售税金的核算

销售税金是指事业单位提供劳务或销售产品时应上缴国家的销售税金及附加，包括营业税、消费税、资源税、城市维护建设税和教育费附加等。

为了核算销售税金的业务，应设置“销售税金”总账科目。该科目借方登记按规定计算的应负担的销售税金及附加金额；贷方登记期末结账时按规定分别转入“经营结余”、“事业结余”科目的金额，期末结账后该科目无余额。该科目应按产品、劳务的类别（或品种）设置明细账，进行明细分类核算。

［例30］A事业单位开展专业业务活动，取得应税（营业税）收入30 000元，适用营业税税率为3%。应作如下会计分录：

借：银行存款　　30 000

　贷：事业收入　　30 000

同时：

借：销售税金　　900

　贷：应交税金——应交营业税　　900

［例 31］年终结账时，A 单位将“销售税金”科目的借方余额 8 000 元（其中事业收入的销售税金为 5 000 元，经营收入的销售税金为 3 000 元）转入有关结余科目。应作如下会计分录：

借：事业结余　　5 000

　　经营结余　　3 000

　贷：销售税金　　8 000

四、结转自筹基建的核算

结转自筹基建是指事业单位经批准，用财政补助收入和财政专户返还收入以外的资金安排自筹基本建设时，其所筹集并转存建设银行的资金。目前，《事业单位会计制度》只对基建资金来源于单位自筹部分规定了核算办法。

为了核算结转自筹基建资金的业务，应设置“结转自筹基建”总账科目。该科目借方登记自筹基本建设资金转存建设银行的基建专户数；年终结账时，应将本科目的余额全部转入“事业结余”科目。结转后该科目无余额。

［例 32］A 单位经批准，将自筹基本建设资金 200 000 元，转存建设银行基本建设专户。应作如下会计分录：

借：结转自筹基建　　200 000

　贷：银行存款　　200 000

［例 33］年终结账时，A 单位将“结转自筹基建”科目借方余额 200 000 元转入“事业结余”科目。应作如下会计分录：

借：事业结余　　200 000

　贷：结转自筹基建　　200 000

自筹基建资金转存建设银行后，交由基建部门管理和核算，而事业单位暂不对此项资金的使用情况进行核算；待基建完工并交付使用后，事业单位再将交付使用的固定资产入账核算。因此，事业单位向财政部门和主管部门上报会计报表时，应将本单位的会计报表和基建部门的会计报表一同报出，以便完整地反映事业单位的资产负债情况。

第五节　缴拨款项支出的核算

缴拨款项是指事业单位对附属单位的拨款和对上级单位的缴款。其中，对附属单位的拨款是指事业单位向其下属单位转拨财政部门或上级单位拨入的款项，以及用本单位集中的资金补助所属单位的拨款，包括拨出经费和对附属单位的补助。对上级单位的缴款是指独立核算的事业单位按规定的标准或比例上缴上级单位的支出。

一、拨出经费的核算

拨出经费是指事业单位在资金划拨方式下，按核定的预算拨付给所属单位的预算资金。事业单位对附属单位拨付的补助资金，不属于拨出经费的核算范围。

为了核算拨出经费业务，应设置“拨出经费”总账科目。该科目借方登记拨出数；贷方登记拨款收回数；平时余额在借方，表示对附属单位财政预算资金的累计转拨数，年终结账时，应将该科目借方余额全数转入“事业结余”科目，结账后该科目无余额。该科目还应按附属单位名称和“基本支出”、“项目支出”设置明细账，进行明细分类核算。实行国库集中收付制度的单位，由于不再进行转拨财政经费的核算，可不设置此科目。

[**例** 34] A单位按核定的财政预算，通过银行向附属单位转拨事业经费60 000元。应作如下会计分录：

借：拨出经费　　60 000
　贷：银行存款　　60 000

二、对附属单位补助的核算

对附属单位补助是指事业单位用非财政预算资金对所属单位进行补助所发生的支出。该项补助资金的性质是非财政预算资金，如果补助资金属于财政预算资金，并且采用资金划拨方式的，则应在“拨出经费”科目中核算。对附属单位补助的资金来源，主要有本单位的事业基金、上级补助的资金、集中下属单位的上缴款项等。

为了核算对附属单位补助的业务，应设置“对附属单位补助”总账科目。该科目借方登记对附属单位的补助数；贷方登记收回补助数；年终结账时，应将本科目的借方余额全数转入“事业结余”科目，结账后该科目无余额。该科目与附属单位的“上级补助收入”科目相对应。

[**例** 35] A单位用自有资金拨给附属乙单位一次性补助50 000元，并已通过银行支付。应作如下会计分录：

借：对附属单位补助　　50 000
　贷：银行存款　　50 000

三、上缴上级支出的核算

上缴上级支出是指独立核算的事业单位按规定的标准或比例上缴上级单位的支出。这些上缴上级的款项都属于非财政性资金，是单位调剂收支余缺的机动财力。事业单位应将这一支出纳入单位的基本支出预算。

为了核算上缴上级支出的业务，应设置“上缴上级支出”总账科目。该科目借方登记上缴上级单位的资金数；年终结账时，应将本科目的借方余额全数转入“事业结余”科目，结账后本科目无余额。该科目与上级单位的“附属单位缴款”相对应。

[**例** 36] A单位开出转账支票，按规定向上级单位缴款80 000元。应作如下会计分录：

借：上缴上级支出　　80 000
　贷：银行存款　　80 000

第六节　成本费用的核算

一、成本费用的概念

成本费用是指实行内部成本核算的事业单位应列入劳务（产品、商品）成本的各项费用。费用和成本是两个不同的概念。费用，是指以货币表现的某一期间内的资产耗费；成本则是为生产一定种类和数量的产品或劳务所发生的耗费。成本是以费用为基础形成的，一定期间发生的费用也一定都是当期的产品或劳务的成本。费用和成本两者既有联系，又有区别。

二、事业单位实行内部成本核算的特点

《事业单位财务规则》规定："事业单位可以根据开展业务活动及其他活动的实际需要，实行内部成本核算办法。"这一规定体现了事业单位成本特点。

（1）从核算形式来看，事业单位成本核算是内部的成本核算。其目的是为了加强事业单位的内部管理，正确反映事业单位财务状况和事业成果，提高成本意识和资金利用效果。虽然各事业单位情况有所不同，但都可以根据自身业务特点，参照企业成本管理的方式、成本开支范围制定出具体的成本核算办法，计算出开展每项事业或经营活动的成本费用额。如学校可以计算出学生培养成本，电视台可以计算出电视制作成本，医疗单位可计算出每个病人的医疗成本等。事业单位的内部成本核算，不是为了盈利，而是为了给考核业务成果、制定收费标准、筹划资金来源、进行经济决策等方面，提供真实的会计信息，从而提高业务管理水平。

（2）从核算内容来看，事业单位成本核算属于不完全成本核算。因为，事业单位成本核算的内容没有企业成本核算的内容那么完整，有些费用项目可能没有发生，有些费用项目发生了但又无法进行准确的成本核算。

（3）从核算方法来看，事业单位成本核算不是严格的成本核算。因为，事业单位一般不具备真正意义上的成本核算条件，各种成本费用的界限不像企业那样容易划分，计算分配方法也难以严格分开使用。

对于不同的事业单位来说，是否实行内部成本核算，如何实行内部成本核算，主要由主管部门与财政部门共同商定。例如，医院、科学事业单位、文化事业单位、体育事业单位的财务制度，都规定了实行内部成本核算的范围和办法。

三、事业单位进行内部成本核算的方法

事业单位实行内部成本核算，其成本项目的确定、费用归集和计算分配成本的方法，必须做到在一定时期内的统一性和完整性，成本费用开支项目必须与事业支出衔接，以满足加强内部管理的需要。

（1）可单设成本费用账户。即将有关成本支出直接计入或间接计入成本费用账户，然

后，再将成本费用账户转入已完工的产品中，当产品销售后，再将产品成本转入经营支出。如果是核算项目成本，则可将成本费用账户按要求转入事业支出或经营支出科目中去。具体来说，成本费用的一级明细科目可参照企业财务制度的规定，按成本对象开设，并设计直接费用（直接材料、直接工资、其他直接支出）、制造费用等成本项目，也可以根据实际情况进行简化合并。成本费用的二级明细科目可按照用途设置。

（2）不单设成本费用账户。即有关支出直接计入事业支出和经营支出科目，而另设成本计算表进行计算有关产品的成本。

（3）成本费用的归集方法。对于能直接归集的费用，可直接计入成本费用科目；对于不能直接归集的费用，应参照企业会计的分配方法，采用生产工时、消耗定额、生产人员工资等分配标准，进行费用的分配。

四、成本费用的账务处理

为了核算成本费用的业务，应设置“成本费用”科目。该科目借方登记应列入劳务（产品、商品）成本的各项费用；贷方登记完工并验收入库的产品成本；余额在借方，反映未完工产品的成本。该科目应按经营类别或产品品种设置明细账，进行明细分类核算。

［**例37**］A事业单位生产甲产品本月发生了以下业务：

（1）领用材料80 000元，发生工资费用3 000元，发生其他直接费用2 000元。应作如下会计分录：

借：成本费用——甲产品（直接材料）　80 000
　　　　　　——甲产品（直接工资）　3 000
　　　　　　——甲产品（制造费用）　2 000
　贷：材料　80 000
　　　现金　5 000

（2）甲产品全部完工，结转完工产品成本85 000元。应作如下会计分录：

借：产成品　85 000
　贷：成本费用——甲产品　85 000

（3）甲产品向市场销售，取得销售收入6 000元，销售成本3 000元。应作如下会计分录：

借：银行存款　6 000
　贷：经营收入　6 000

同时：

借：经营支出　3 000
　贷：产成品　3 000

［**例38**］B事业单位承担甲、乙两项目的研究课题。在研究课题过程中，发生以下业务，应作如下会计分录：

（1）领用材料，分别用于甲项目1 200元和乙项目3 000元。

借：成本费用——甲项目（直接材料）　1 200
　　　　　　——乙项目（直接材料）　3 000

贷：材料　　4 200

（2）以银行存款支付甲项目的计算机测试费500元、咨询费300元。

借：成本费用——甲项目（其他直接费用）　　800

　贷：银行存款　　800

（3）开出转账支票一张计2 400元，为乙项目购置专用设备一台。

借：成本费用——乙项目（其他直接费用）　　2 400

　贷：银行存款　　2 400

同时：

借：固定资产　　2 400

　贷：固定基金　　2 400

（4）甲、乙两项目共支付工资3 000元，办公费用2 100元，以银行存款支付。

借：成本费用——间接费用　　5 100

　贷：银行存款　　5 100

（5）按规定标准进行分配：甲项目应承担工资1 000元，办公费用700元；乙项目应承担工资2 000元，办公费用1 400元。

借：成本费用——甲项目　　1 700

　　　　　——乙项目　　3 400

　贷：成本费用——间接费用　　5 100

（6）完成甲、乙两项目课题研究，结转研究成本12 500元。

借：事业支出——甲项目　　3 700

　　　　　——乙项目　　8 800

　贷：成本费用——甲项目　　3 700

　　　　　　——乙项目　　8 800

【本章小结】

收入与支出是事业单位主要的业务内容。事业单位的收入既有财政性资金收支，又有非财政性资金收支；既有专业业务收支，又有经营业务收支，使得其收入与支出的核算涉及多个收入与支出的科目。对实行内部成本核算的单位，还要进行成本费用的核算。在国库集中收付制度下，也有与行政单位相同的收支核算。因此，需要对事业单位的收入与支出的科目核算内容进行分类掌握。

【关键术语和概念】

财政补助收入　上级补助收入　事业收入　经营收入　事业支出　经营支出　成本费用

第十四章　事业单位会计资产的核算

资产是事业单位拥有或控制的、由过去的经济业务或会计事项形成的、能以货币计量的经济资源。该资源能够给事业单位带来服务能力或经济利益。事业单位的资产包括流动资产、对外投资、固定资产和无形资产等。

通过本章的学习，应该掌握以下内容：

（1）事业单位资产的内容。

（2）各项资产在核算方面的要求。

（3）各项资产的账务处理。

第一节　流动资产的核算

流动资产是指事业单位可以在一年内变现或者耗用的资产。它包括现金、银行存款、应收及预付款项、存货等。

一、货币资金的核算

1. 现金的核算

现金是指各单位的库存现金，包括库存的人民币和外币。根据国家现金管理制度和结算制度的规定，各事业单位应在银行开立账户，以办理有关存款、取款和转账结算。各事业单位的各种款项，必须按照国务院颁发的《现金管理暂行条例》的规定办理，在规定的范围内使用现金。

（1）现金管理的有关规定。

现金是流动性最强的一种货币资产，它可以立即作为交换媒介，投入流通。事业单位应当按照国家的有关规定，加强对现金的管理。

①遵守库存现金限额规定。库存现金限额是指为保证各单位日常零星支出的需要，按规定允许留存的现金的最高数额，是由开户银行根据开户单位的实际需要和距离银行远近等情况核定的。对于超过限额的现金，应当及时送存银行。

②遵守现金的使用范围规定。事业单位应在规定的使用范围内使用现金，不属于现金使用范围的开支必须通过银行转账结算。

③规范现金收付手续。事业单位办理任何现金收支，都必须以合法的原始凭证为凭据。出纳人员付出现金时，应当在原始单据上加盖“现金付讫”戳记；收取现金时，应当开出正式的收款收据。

④建立健全现金内部控制制度。为了保证现金的安全，事业单位应当加强对现金的控制。例如，不得坐支现金、会计与出纳分开、严格执行现金盘点制度等。

（2）现金的账务处理。

为了核算现金业务，应设置“现金”总账科目。该科目借方登记库存现金的增加，贷方登记库存现金的减少；余额在借方，表示库存现金余额。

事业单位现金收入的主要途径是：从银行提取现金、收取转账起点以下的小额现金、职工交回的预借差旅费剩余款等。现金支出的主要途径是：支付零星开支、购买少量办公用品等。

［**例** 1］A 事业单位出纳签发现金支票，到银行提取现金 2 000 元。应作如下会计分录：

借：现金	2 000	
贷：银行存款		2 000

［**例** 2］经批准，A 事业单位张立因公出差，预借差旅费 5 000 元，用现金支出。三天后，张立出差回来，报销差旅费 4 500 元，并交回多余款 500 元。应作如下会计分录：

（1）预借款时：

借：其他应收款——张立	5 000	
贷：现金		5 000

（2）报销时：

借：事业支出	4 500	
现金	500	
贷：其他应收款——张立		5 000

2．银行存款的核算

银行存款是指事业单位存入银行或其他金融机构的货币资金，包括人民币存款和外币存款。

（1）银行存款的管理要求。

按照国家《支付结算办法》和《人民币银行结算账户管理办法》等法规的要求，事业单位应在指定的银行开立有关结算账户，遵守各项规定，以办理存款、取款和转账等结算业务。

①加强开户管理。事业单位在实行国库集中收付制度后，对银行存款开户的要求更加严格。原则上应由单位财务部门统一开立银行账户，其他非独立核算部门不得开立账户；事业单位内部各部门取得的收入，都要纳入单位财务部门的统一监管之下，严禁“小金库”行为；防止和杜绝开立账户过多、过滥的现象。

②银行转账结算方式和结算纪律。事业单位根据有关法规的规定和业务需要，可以采用银行汇票、银行本票、支票、汇兑、委托收款、异地托收承付等结算方式。

事业单位除了按规定留存的库存现金以外，所有货币资金都必须存入银行。与其他单位之间的一切收付款项业务，除制度规定可用现金支付部分外，都必须通过银行办理转账结算。通过银行账户办理资金收付时，必须遵守国家有关法律、法规和各项规定，遵守结算纪律。不准出租、出借账户，不准签发空头支票和远期支票，不准套取银行信用。

（2）主要业务的账务处理。

为了核算银行存款业务，应设置“银行存款”总账科目。该科目借方登记收入的存款数额，贷方登记支出的存款数额；余额在借方，表示事业单位银行存款的结余数额。

事业单位还应该按开户银行的名称、存款种类、货币种类分别设置“银行存款日记账”，由出纳员根据审核无误的原始凭证或记账凭证，逐日逐笔顺序登记。

［例3］A单位未实行国库集中收付制度。本月发生了以下有关银行收支业务，应作如下会计分录：

①收到财政机关拨入的当年事业预算经费600 000元。

借：银行存款　　600 000

　贷：财政补助收入　　600 000

②收到事业活动业务收入20 000元，存入银行。

借：银行存款　　20 000

　贷：事业收入　　20 000

③开出转账支票一张，拨付所属二级单位事业经费300 000元。

借：拨出经费　　300 000

　贷：银行存款　　300 000

④开出转账支票支付外购材料的货款（含增值税）80 000元，该批材料已验收入库。

借：材料　　80 000

　贷：银行存款　　80 000

（3）银行存款日记账的核对。

为了防止银行存款账目发生差错，准确掌握银行存款实际结余情况，事业单位应定期进行银行存款日记账的对账工作。

对账时，应做以下工作：一是银行存款日记账与银行存款收、付款凭证互相核对，做到账证相符。如果有差错，应进行更正。二是银行存款日记账与银行存款总账互相核对，做到账账相符。如果发现差错，应进行更正。三是银行存款日记账与银行对账单互相核对，以便准确地掌握事业单位可动用的银行存款实有额。事业单位应按期与银行对账，至少每月核对一次。核对时，如果发现双方余额不一致，要及时查找原因，属于未达账项的，应编制“银行存款余额调节表”进行调节；属于记账差错的，应进行更正。

3. 国库集中收付制度下的货币资金核算

实行国库集中收付制度的事业单位，对于不纳入工资支出、工程采购支出、物品、服务采购支出管理的购买支出和零星支出，应采用财政授权支付方式。具体来说，包括单件物品或单项服务购买额不足10万元人民币的购买支出，年度财政投资不足50万元人民币的工程采购支出。此外，特别紧急的支出和经财政部门批准的其他支出也包括在内。

在财政授权支付方式下，事业单位按照批复的部门预算和资金使用计划，申请授权支付的月度用款限额；财政授权支付的月度用款限额申请由上级事业单位汇总，报财政部门国库支付执行机构。具体来说，就是财政部门不再将货币资金拨付到事业单位，而是将用款额度划拨到事业单位的零余额账户，并要求事业单位设置“零余额账户用款额度”科目，支付指令由事业单位下达，并于收到代理银行盖章的“授权支付到账通知书”时，按到账通知书标明的额度确认收入。

为了核算财政授权业务，应设置“零余额账户用款额度”总账科目。收到“授权支付到账通知书”后，根据通知书所列数额，借记“零余额账户用款额度”科目，贷记“财政补助收入”科目。事业单位购买物品、服务等支用额度时，借记“事业支出”、“材料”等科目，贷记“零余额账户用款额度”科目；属于购入固定资产的，同时，应借记“固定资产”科目，贷记“固定基金”科目。事业单位从零余额账户提取现金时，借记“现金”科目，贷记“零余额账户用款额度”科目。该科目平时为借方余额，表示事业单位尚未使用的用款额度。

[**例** 4] B 事业单位实行国库集中收付制度。1 月份发生如下业务，应作如下会计分录：

(1) 1 月 2 日，授权支付额度 400 000 元到账，与核定用款计划相符，并收到代理银行转来的“授权支付到账通知书”。

借：零余额账户用款额度　　400 000

　贷：财政补助收入　　400 000

(2) 1 月 15 日，从零余额账户中提取 40 000 元现金，用于购买办公用品。1 月 18 日，实际收到该批办公用品并取得发票。

1 月 15 日：

借：现金　　40 000

　贷：零余额账户用款额度　　40 000

1 月 18 日：

借：材料　　40 000

　贷：现金　　40 000

二、应收及预付款项的核算

应收及预付款项是指事业单位因销售货品或提供劳务等而形成的应收或预付的款项，包括应收票据、应收账款、预付账款和其他应收款等。

1. 应收票据的核算

(1) 应收票据的概念。

应收票据是指事业单位因从事经营活动销售商品而收到的商业汇票。包括商业承兑汇票和银行承兑汇票。商业汇票是指由收款人（或付款人）签发，由承兑人（付款人或付款人的委托银行）承兑，并于到期日向收款人（或被背书人）支付款项的票据。

商业汇票按其票面是否注明利息，可分为带息票据和不带息票据。前者是指到期时根据票据面值和利息率收取本息的票据。后者是指票据到期时根据票据面值收取款项的票据。

应收票据在到期前可以向银行申请贴现。贴现是指票据持有人将未到期的票据在背书后送交银行，银行受理后从票据到期金额中扣除按银行贴现率计算确定的贴现利息，然后将贴现余额付给持票人，作为银行对事业单位的短期贷款的行为。所谓背书，是指持票人在票据背面签字。签字人即为背书人。背书人对票据的到期付款负连带责任。

（2）应收票据的核算。

为了核算应收票据业务，应设置“应收票据”总账科目。该科目借方登记收到的应收票据，贷方登记票据到期时收回的票面金额。将未到期的应收票据向银行贴现时，按实际收到的金额借记“银行存款”科目，按应收票据的票面金额与贴现时实际收到的差额借记“经营支出”科目，按应收票据的票面金额贷记“应收票据”科目。余额在借方，表示期末持有应收票据的票面金额。

事业单位还应设置“应收票据备查簿”，逐笔登记每一笔应收票据的种类、号数、出票日期、交易合同号、付款人、承兑人、背书人、到期日期、利率、贴现日期、贴现率、贴现净额、收款日期、收回金额等资料。应收票据到期结清票款后，应在备查簿内逐笔注销。

事业单位的应收票据核算与企业会计的应收票据核算基本相同。

［**例 5**］A 事业单位开展经营活动，向某企业销售产品一批，货款共计 80 000 元，增值税 13 600 元，收到 3 个月期的不带息商业汇票一张，面值 93 600 元。应作如下会计分录：

①销售时：

借：应收票据——某企业	93 600	
贷：经营收入		80 000
应交税金——应交增值税（销项税额）		13 600

②到期收回票款时：

借：银行存款	93 600	
贷：应收票据		93 600

［**例 6**］A 事业单位向 B 单位提供劳务，4 月 15 日收到商业承兑汇票一张，票面额为 58 500 元，年利率为 10%，期限 180 天。应作如下会计分录：

①收到票据时：

借：应收票据——B 单位	58 500	
贷：经营收入		58 500

②票据到期日为 10 月 12 日：

借：银行存款	61 425*	
贷：应收票据——B 单位		58 500
其他收入		2 925*

*58 500 × 10%/360 × 180 = 2 925（元）

*58 500 + 2 925 = 61 425

利息计算公式如下：

$$\text{应收票据利息额} = \text{应收票据票面金额} \times \frac{\text{票据年利息率}}{360} \times \text{票据到期天数}$$

其中：票据到期天数是指从出票日至到期日止实际经历的天数。通常出票日和到期日，只能算其中的一天，即“算尾不算头”（或“算头不算尾”）。

2. 应收账款的核算

（1）应收账款的概念。

应收账款是指事业单位因提供劳务、开展有偿服务及销售产品等业务应收取的款项。如学校应向学生收取的学杂费，医院应向病人收取的医药费等。应收账款是事业单位在其主要业务活动中形成的应收款项，非主要业务活动中形成的应收款项，如应收取的保证金、利息等，不属于应收账款核算的范围。

（2）应收账款的账务处理。

为了核算应收账款的业务，应设置“应收账款”总账科目。该科目借方登记发生的应收项款，贷方登记收回款项；将应收账款转作商业汇票结算方式时，应按其账面金额借记“应收票据”科目，贷记“应收账款”科目；余额在借方，表示尚未收回的应收赊销款。事业单位还应按不同的购货单位（或接受劳务的单位）、个人名称设置明细账，进行明细核算。

应收账款应在商品已经交付（或劳务已经提供），合同已经履行，销售手续已经完备时，确认其入账金额并入账。在一般情况下，事业单位销售商品（或提供劳务）时，应按买卖双方在成交时的实际发生额（即确定的总金额）入账。但是，由于折扣等原因，往往使应收账款的发生额与其收回额不一致。因此，在确定应收账款的入账金额时，还应考虑折扣因素。折扣主要包括商业折扣和现金折扣两种。折扣的核算方法与企业会计相同。

［**例 7**］A 单位对 C 单位提供劳务，按照合同，应向其收取款项 32 000 元。10 天后，接银行通知，收到 C 单位支付的劳务款。应作如下会计分录：

①确认收入时：

借：应收账款——C 单位	32 000	
贷：事业收入		32 000

②收到款项时：

借：银行存款	32 000	
贷：应收账款——C 单位		32 000

3. 预付账款的核算

（1）预付账款的概念。

预付账款是指事业单位按照购货、劳务合同规定预先支付给供应单位的款项。预付账款和应收账款都是事业单位的流动资产，两者主要的区别是：预付账款是由购货引起的，而应收账款是由销货引起的；预付账款是事业单位主动付出的款项，而应收账款是事业单位等待客户付款。

（2）预付账款的账务处理。

为了核算预付货款的业务，应设置“预付账款”总账科目。该科目借方登记向供应单位预付的货款，贷方登记收到所购物品或接受劳务时所转销的金额；余额在借方，表示向供应单位已预付但尚未结算的款项。该科目出现贷方余额时，则表示预付款小于收到的货款（或接受的劳务款）即应付账款。

预付账款业务不多的事业单位，可以不设置“预付账款”科目，而将预付的款项记入

“应付账款”科目的借方；收到物品或接受劳务时，再将结算额记入“应付账款”科目的贷方予以转销。通过“应付账款”科目核算预付货款业务时，会使应付账款的某些明细科目出现借方余额。在期末编制资产负债表时，“应付账款”所属明细科目的所有借方余额，应列入资产负债表的资产方，即列入“预付账款”项目。

[例8] A事业单位向某公司订购材料一批，按照合同的规定，该批材料的款项共计40 000元，A单位先预付货款的30%，待收到材料验收合格后，再补付其余的70%。应作如下会计分录：

①预付30%货款时：

借：预付账款——某公司　　12 000

　贷：银行存款　　12 000

②收到材料并验收合格入库，同时用银行存款补付货款28 000元。

借：材料　　40 000

　贷：预付账款——某公司　　12 000

　　　银行存款　　28 000

4. 其他应收款的核算

其他应收款是指事业单位除应收票据、应收账款、预收账款以外的应收、暂付款项。包括职工预借的差旅费、预付给内部单位（或个人）的备用金、应收保险公司（或其他单位和个人）的各种赔款、应收的各种罚款、存出的保证金、应向职工收取的各种垫支款项、划入政府采购资金专户的自筹资金等。其他应收款一般与事业单位的主要业务活动没有直接的关系，而且其数额也不大。

为了核算其他应收款业务，应设置“其他应收款”总账科目。该科目借方登记发生的各种其他应收款项，贷方登记收回金额和结转的款项。余额在借方，表示尚未结算的其他应收款项。该科目应按其他应收款的项目和债务人名称设置明细账，进行明细分类核算。

[例9] A单位实行定额备用金制度。2月8日，财会部门根据核定的业务周转金2 000元，用现金支付给总务处。3月15日，总务处持发票账单到财务部门报销1 600元，同时财会部门用现金补足其定额。应作如下会计分录：

（1）支付备用金时：

借：其他应收款——总务处　　2 000

　贷：现金　　2 000

（2）3月份报销时：

借：事业支出　　1 600

　贷：现金　　1 600

[例10] A单位有一批材料物资因火灾而被毁损，保险公司已确认赔偿6 000元。几天后，收到保险公司的全部赔款。应作如下会计分录：

（1）保险公司确认赔款时：

借：其他应收款——保险公司　　6 000

　贷：材料　　6 000

（2）收到保险公司的赔款时：

借：银行存款　　6 000

　贷：其他应收款——保险公司　　6 000

三、存货的核算

存货是指事业单位在业务及其他活动过程中为耗用或者为销售而储存的各种资产。事业单位的存货主要是材料和产成品。

1. 材料的管理及核算

（1）材料的概念。

材料是指事业单位库存的物资材料以及未达到固定资产标准的工具、器具、低值易耗品等。事业单位随买随用的零星办公用品，在购入时直接作为支出处理，不列入材料的管理。

（2）材料的计价。

①购入材料的计价。按照《事业单位会计准则（试行）》的规定，事业单位购入的材料，应以购价、运杂费作为材料的入账价格。单位购入的自用材料，按实际支付的含税价格计算。

根据《中华人民共和国增值税暂行条例》的规定：凡在中国境内销售货物（销售不动产和无形资产除外）或者提供加工、修理、修配劳务以及进口货物的均为增值税的征税范围。增值税是价外税，其计税价格为不含税价格。事业单位购进的材料属于应纳增值税范围的应税货物，其购价本身不含缴纳的增值税部分。购进材料所负担的增值税是否计入材料的价格中，首先取决于材料的用途：是单位自用，还是对外投资或加工成产品后出售。对于非自用的材料，则又区分为一般纳税人和小规模纳税人两种情况：

第一，事业单位购入的自用材料，按实际支付的含税价格计算。

第二，事业单位购入的非自用材料，因单位属于不同类型的增值税纳税人而不同。事业单位按规定属于小规模纳税人的，其购进材料应按实际支付的含税价格计算。事业单位按规定属于一般纳税人的，其购进的材料非自用部分按不含税价格计算。

②发出材料的计价。事业单位发出的材料，一般选择月末一次加权平均法确定其实际成本。

月末一次加权平均法，是指用各批购进材料的数量与期初的数量分别进行加权，以计算加权平均单价成本，再据以对发出材料和期末库存材料进行计价的方法。加权平均法的计算公式如下：

$$全月加权平均单价=\frac{月初结存存货成本+本月入库存货成本}{月初结存存货数量+本月入库存货数量}$$

本月发出存货成本 = 本月发出存货数量×全月加权平均单位成本

月末结存存货成本 =（月初结存存货成本 + 本月入库存货成本）－本月发出存货成本

③材料的账务处理。

为了核算材料业务，应设置“材料”总账科目。该科目的借方登记验收入库材料的成本，贷方登记发出（领用，对外销售，委托外单位加工）、盘亏、毁损等各种原因而减少的材料成本，余额在借方，表示结存材料的成本。该科目应按照材料的保管地点、材料的种类和规格设置明细账，并根据收料凭证和发料凭证逐笔登记，进行明细分类核算。

为了反映和监督在途材料的增减变化及结存情况，事业单位也可以增设“材料采购”科目，核算与企业会计相同。

［**例** 11］A 事业单位购入自用材料 50 箱，每箱价格 100 元，支付增值税 850 元，运杂费 200 元，以银行存款支付。应作如下会计分录：

借：材料　　6 050
　贷：银行存款　　6 050

［**例** 12］A 事业单位所用甲材料采用政府采购方式，财政资金为 150 000 元，单位自筹资金为 50 000 元。应作如下会计分录：

（1）将自筹资金 50 000 元划到政府采购资金专户时：

借：其他应收款——政府采购款　　50 000
　贷：银行存款　　50 000

（2）10 天后，材料运到验收入库，价款及承担的增值税 200 000 元，根据财政部门开具的拨款通知等相关票据入账：

借：材料——甲材料　　200 000
　贷：其他应收款——政府采购款　　50 000
　　　财政补助收入　　150 000

（3）发现购入材料不符合单位使用要求，经研究协商，决定退回该批材料：

借：其他应收款——政府采购款　　50 000
　　财政补助收入　　150 000
　贷：材料——甲材料　　200 000

［**例** 13］C 事业单位收到某单位捐赠的材料一批，增值税专用发票上注明的材料成本为 20 000 元，增值税税额为 3 400 元，已收到的捐赠材料用于经营活动。应作如下会计分录：

借：材料　　20 000
　　应交税金——应交增值税（进项税额）　　3 400
　贷：其他收入　　23 400

按照税法规定，①捐赠方应将无偿赠送他人的货物视同销售，计算和登记增值税的销项税额；②接受捐赠的单位，如果是一般纳税人并用于经营活动，对收到的捐赠货物增值税不计入成本。如果是一般纳税人用于非经营活动、小规模纳税人或不从事经营活动的事业单位，都应该将增值税额计入材料成本。

［**例** 14］C 单位 2 月份“发料凭证汇总表”列明：总务处为开展有关业务活动领用 30 000元，科技开发中心为开展有偿服务活动领用 20 000 元（不实行内部成本核算），实行内部核算的附属印刷厂领用 10 000 元。应作如下会计分录：

借：事业支出　　　　　　　　　　　　　　　　30 000
　　经营支出　　　　　　　　　　　　　　　　20 000
　　成本费用　　　　　　　　　　　　　　　　10 000
　贷：材料　　　　　　　　　　　　　　　　　　60 000

［例 15］C 单位月末盘点，盘盈事业用乙材料 10 件，单价为 100 元；盘亏经营用丙材料 20 件，单价为 80 元 。应作如下会计分录：

借：材料——乙材料　　　　　　　　　　　　1 000
　贷：事业支出　　　　　　　　　　　　　　　1 000
借：经营支出　　　　　　　　　　　　　　　1 600
　贷：材料——丙材料　　　　　　　　　　　　1 600

事业单位的材料，每年至少盘点一次，发生盘盈、盘亏等情况 ，属于正常的溢出或损耗，按照实际增加或减少材料处理。其中，属于经营用材料的应同时冲减或增加“经营支出”，属于事业用材料的应冲减或增加“事业支出”。

2. 产成品的管理与核算

产成品是指实行内部成本核算的事业单位已加工完毕并已验收入库合乎标准规格和技术条件，可以作为商品对外销售的产品，它包括事业单位自备材料加工制造的产品，接受外来原材料加工制造的代制品和为外单位加工修理的代修品等。从事劳务活动的事业单位，其劳务成果可视同产品核算。

为了核算产成品业务，应设置“产成品”总账科目。该科目借方登记验收入库的产成品实际成本；贷方登记发出、盘亏等原因减少库存的产成品实际成本；余额在借方，表示库存产成品的实际成本。该科目应按产成品的种类、品种、规格设置产成品明细账，进行明细分类核算。

事业单位对产成品一般采用实际成本计价核算法。平时，对产成品的收入和发出只记数量，不记金额。月末，通过成本计算，计算和登记完工入库产成品的实际成本。对发出的产成品，一般采用加权平均法确定并登记其实际成本。

事业单位凡是购买政府采购目录上规定的物品，需按照规定采用财政直接支付方式进行核算。

［例 16］C 单位（一般纳税人）印刷厂本月印刷完毕并验收入库专著 A 和教材 B。月末，根据“产成品入库单”和产品成本计算单，编制“产成品入库汇总表”如表 14 - 1 所示。

表 14 - 1　　　　　　　　　产成品入库汇总表　　　　　　　　　单位：元

产品名称	单位	数量	单位成本	总成本
专著 A	本	4 000	10	40 000
教材 B	本	10 000	8	80 000
合 计				120 000

根据上述“产成品入库汇总表”，应作如下会计分录：

借：产成品　　120 000

　贷：成本费用　　120 000

［例 17］C 单位乙部门进行培训领用教材 B 100 本，单位成本 8 元。同时，销售给市新华书店专著 A 500 本，每本售价为 20 元，增值税为 1 700 元，单位成本 10 元，款项收到并存入银行。应作如下会计分录：

借：事业支出　　800

　　经营支出　　5 000

　贷：产成品　　5 800

借：银行存款　　11 700

　贷：经营收入　　10 000

　　　应交税金——应交增值税（销项税额）　　1 700

［例 18］乙事业单位与 B 供货商签订合同，合同规定该供货商 5 天后提供一批办公用品，合同金额为 1 100 000 元。5 天后，收到办公用品和购货发票，验货后于当日向财政部门提出直接支付申请书。应作如下会计分录：

（1）购买时：

借：材料　　1 100 000

　贷：应付账款　　1 100 000

（2）收到代理银行转来的“财政直接支付入账通知书”，支付金额为 1 100 000 万元。

借：应付账款　　1 100 000

　贷：财政补助收入　　1 100 000

第二节　对外投资的核算

对外投资是指事业单位利用货币资金、实物、无形资产等方式向其他单位的投资。它是事业单位利用正常专业业务活动及辅助活动、经营活动中的闲置资金，用于购买其他企业（或单位）的债券，或直接对其他企业（或单位）出资，以获得经济利益的行为。

一、事业单位对外投资的管理与分类

事业单位主要从事非营利性活动，以社会效益为最高准则。其资金来源主要是财政拨款，对外投资并不构成其经济活动的主要内容。因此，在《事业单位财务规则》中没有对事业单位的对外投资按投资期限划分为短期投资和长期投资。但是应对投资业务进行严格的管理。

（1）对外投资要按照规定的程序报批。事业单位对外投资，应当按照国家有关规定报经主管部门、国有资产管理部门和财政部门批准或者备案。

（2）事业单位以实物、无形资产对外投资的，应按照国务院发布的《国有资产评估管理办法》及国家国有资产管理局颁发的《国有资产评估管理办法实施细则》的有关规

定进行资产评估。事业单位利用国有资产对外投资的，资产的国家所有性质不变。

（3）事业单位对外投资所使用的货币资金、实物和无形资产等，总体原则是以不影响本单位完成正常的事业计划为前提。特别是将非经营性资产转作经营性投资活动的，则不能用财政补助收入、上级补助收入取得的或用于维持事业正常发展、保证事业计划完成的各项资产。

（4）事业单位对外投资的对象，包括其他事业单位、企业及本单位自身兴办的独立核算的生产经营单位等；不包括事业单位依法兴办的附属非独立核算的生产经营单位，也不包括事业单位对外出租、出借有关资产的行为。

事业单位对外投资包括债券投资和经营投资。债券投资，是指事业单位以购入各种债券（包括国库券、国家重点建设债券、金融债券和公司债券等）的形式所进行的对外投资。经营投资，是指事业单位与其他单位共同出资组成合资或者联营实体的对外投资。

二、对外投资的核算

为了核算对外投资业务，应设置“对外投资”总账科目。该科目借方登记事业单位本期对外投资的增加额，如用货币资金投资时的实际支付的价款，用实物和无形资产投资时的评估确定或合同、协议确定的价值；贷方登记事业单位本期对外投资的减少额，如售出债券或到期收回债券的实际成本，收回经营投资的实际成本；其余额在借方，表示对外投资的期末结存额。该科目还应按对外投资的种类设置明细账，进行明细分类核算。

1. 债券投资的账务处理

事业单位一般用货币资金进行债券投资。债券投资成本包括购买债券时发生的买价、经纪人佣金和手续费用等。如果支付的价款中含有自发售日至购买日期间已实现的利息，可以计入债券投资成本内而不予单独核算。

为了简化核算，购入债券时发生的溢价或折价，可以不单独核算和分期摊销；债券投资的应计利息也可以不按月计提。但是，如果应计利息金额较大且期限超过一年，可以按年并于年末预计应计利息。债券投资持有期内收到的利息，应作为其他收入处理。

［**例 19**］2010 年 3 月 1 日，C 单位开出转账支票 101 500 元，购入白云公司发行的债券，债券面额为 100 000 元，还本期为 3 年，年利率为 9%，每年年末付息一次。2011 年 4 月 1 日，将持有白云公司的债券全部转让给其他单位，扣除转让手续费等有关费用后实际取得的价款为 102 500 元，款项存入银行。应作如下会计分录：

（1）购入债券时：

借：对外投资——白云公司债券	101 500	
贷：银行存款		101 500

同时：

借：事业基金——一般基金	101 500	
贷：事业基金——投资基金		101 500

（2）2010 年 12 月 31 日收到利息时：

借：银行存款	7 500	
贷：其他收入		7 500*

＊100 000×（9%/12）×10＝7 500

（3）2011 年 4 月 1 日转让时：

借：银行存款　　102 500

　贷：对外投资——白云公司债券　　101 500

　　其他收入　　1 000

同时：

借：事业基金——投资基金　　101 500

　贷：事业基金——一般基金　　101 500

［例 20］C 单位以前年度购买的国库券到期兑付，收到本金 100 000 元，利息收入 3 500元。应作如下会计分录：

借：银行存款　　103 500

　贷：对外投资——债券投资　　100 000

　　其他收入　　3 500

同时：

借：事业基金——投资基金　　100 000

　贷：事业基金——一般基金　　100 000

2．经营投资的账务处理

事业单位的经营投资（即其他投资）一般采用“成本法”核算，即期末对投资的账面价值按投资时的原始成本反映。投资期内收到分派来的红利和收回投资时的款项与账面投资成本之间的差额，应作为其他收入处理。

对外投资时，应区分不同的投资方式进行账务处理：

（1）以货币资金对外投资时，借记“对外投资”科目，贷记“银行存款”科目；同时，借记“事业基金——一般基金”科目，贷记“事业基金——投资基金”科目。

（2）以固定资产对外投资时，应按评估价（或合同、协议确认的价值）借记“对外投资”科目，贷记“事业基金——投资基金”科目；同时，按账面原价，借记“固定基金”科目，贷记“固定资产”科目。

（3）以材料对外投资时，又应区分下列两种情况：

第一，属于一般纳税人的事业单位投出已作进项税额处理的材料，应按合同协议确定的价值（或评估确认的价值）借记“对外投资”科目，按材料账面金额（不含增值税），贷记“材料”科目，按应交增值税的销项税额贷记“应交税金——应交增值税（销项税额）”科目，按合同协议确定的价值（或评估确认的价值）扣除材料账面价值与应交增值税的销项税额之差，借记（或贷记）“事业基金——投资基金”科目；同时，按材料的账面价值借记“事业基金——一般基金”科目，贷记“事业基金——投资基金”科目。

第二，属于小规模纳税人的事业单位对外投出材料（已含增值税），应按合同协议确定的价值（或评估确认的价值）借记“对外投资”科目，按材料账面价值（含税）贷记“材料”科目，按合同协议确定的价值（或评估确认的价值）与材料账面价值之差借记（或贷记）“事业基金——投资基金”科目；同时，按材料账面价值借记“事业基金——一般基金”科目，贷记“事业基金——投资基金”科目。

（4）以无形资产对外投资时，按合同协议确定的价值（或评估确定的价值）借记“对外投资”科目，按账面原价贷记“无形资产”科目；按其差额借记（或贷记）“事业基金——投资基金”科目；同时，按无形资产账面价值借记“事业基金——一般基金”科目，贷记“事业基金——投资基金”科目。

［**例21**］C单位（一般纳税人）向越秀联营公司投入1台旧设备，账面原价20 000元（未提折旧），经投资各方协议确定的价值为19 000元；投入一批经营用材料，账面成本10 000元，原已入账的增值税税额1 700元，协商确定的价值为15 000元；并以场地使用权对越秀联营公司进行投资，该土地使用权的账面价值为80 000元，协议确定的价值为90 000元，已办理了有关法律手续。应作如下会计分录：

借：对外投资——经营投资（越秀公司）　　124 000*

　贷：材料　　10 000

　　　应交税金——应交增值税（销项税额）　　1 700

　　　无形资产　　80 000

　　　事业基金——投资基金　　32 300*

*19 000 + 15 000 + 90 000 = 124 000

*19 000 + 3 300 + 10 000 = 32 300

同时：

借：固定基金　　20 000

　贷：固定资产　　20 000

借：事业基金——一般基金　　91 700

　贷：事业基金——投资基金　　91 700*

*10 000 + 80 000 + 1 700 = 91 700

［**例22**］B单位（小规模纳税人）以乙材料一批对外投资，该批材料按协议确定的价值为50 000元，含增值税的账面价值为42 000元。应作如下会计分录：

借：对外投资——经营投资　　50 000

　贷：材料——乙材料　　42 000

　　　事业基金——投资基金　　8 000

同时：

借：事业基金——一般基金　　42 000

　贷：事业基金——投资基金　　42 000

第三节　固定资产的核算

固定资产是指使用年限在一年以上，单位价值在规定的标准（一般设备单位价值500元，专用设备单位价值800元）以上，并在使用过程中基本保持原来物质形态的资产。单位价值虽然不足规定标准，但耐用时间在一年以上的大批同类资产，也应作为固定资产核算。

一、固定资产的分类

为了加强固定资产管理，正确地进行固定资产核算，必须对固定资产进行合理的分类。固定资产按其性质的不同，可分为以下六大类：

（1）房屋和建筑物。它是指事业单位拥有占有权、控制权的房屋、建筑物及其附属设施。其中房屋包括办公用房、业务用房、库房、职工宿舍用房、职工食堂、锅炉房等；建筑物包括道路、围墙 、水塔等；附属设施包括房屋和建筑物内的电梯、通讯线路、输电线路、水气管道等。

（2）专用设备。它是指事业单位根据业务工作的实际需要购置的各种具有专门性能和专门用途的设备，如科研单位的科研仪器、学校的教学仪器、医院的医疗器械等。

（3）一般设备。它是指事业单位用于业务工作的通用性设备，如办公用的家具、交通工具等。

（4）文物和陈列品。它是指博物馆、展览馆、纪念馆等文化事业单位的各种文物和陈列品，如古物、字画、纪念物品等。

（5）图书。它是指专业图书馆、文化馆贮藏的书籍，以及事业单位贮藏的统一管理使用的业务用书，如单位图书馆（室）和阅览室的图书等。

（6）其他固定资产。它是指除上述五类以外的其他各项固定资产。

《事业单位财务规则》规定，事业单位的主管部门可以根据本系统具体情况制定各类固定资产明细目录，作为核算的依据。

二、固定资产的管理

1. 固定资产的计价

事业单位的固定资产应当按照取得时的实际成本计价。实际成本的具体内容应视取得固定资产时的来源而确定其价值构成。

固定资产价值的构成是指固定资产价值所包括的范围，即固定资产的入账金额。由于固定资产的来源渠道不同，其价值构成的具体内容也有所差异。事业单位固定资产的计价与行政单位固定资产的计价有着相同的规定，详细内容参见“行政单位固定资产的计价”。

2. 固定资产的清理与处置要求

为了保护固定资产的安全和完整，事业单位应定期对固定资产进行清理盘点，年终应全面清理盘点一次。固定资产清理盘点后，如发生盘盈、盘亏的情况，应及时查明原因，作出相应的处理。对于盘盈的固定资产，应当增加固定资产的价值；对于盘亏的固定资产，应当减少固定资产的价值。

事业单位国有资产的处置包括出售、出让、转让、对外捐赠、报废、报损以及货币性资产损失核销等。事业单位占有、使用的房屋建筑物、土地和车辆的处置，货币性资产损失的核销，以及单位价值或者批量价值在规定限额以上的资产的处置，须经主管部门审核后报同级财政部门审批；限额规定以下的资产处置报主管部门审批，主管部门将审批结果报同级财政部门备案。事业单位国有资产处置收入属于国家所有，应当按照政府非税收入管理的规定，实行“收支两条线”管理。

三、固定资产的账务处理

为了核算固定资产业务，应设置“固定资产”总账科目。该科目借方登记增加的固定资产原价；贷方登记减少的固定资产原价；余额在借方，表示现有固定资产的原价。

1. 固定资产增加的账务处理

固定资产增加的账务处理，因其取得途径不同而异。事业单位固定资产增加的主要途径有：购入、接受捐赠、租入、自制和盘盈等。

（1）购入固定资产的核算。

事业单位购置固定资产的资金来源有财政资金和非财政性资金。购入方式也存在两种方式：采用资金划拨和财政直接支付。以下主要介绍这两种方式形成的核算。

［**例23**］A单位采用资金划拨方式核算。用财政补助收入购入一台不需要安装的仪器，含增值税货款为15 000元，用转账支票支付。仪器已交付使用。应作如下会计分录：

借：事业支出　　15 000

　贷：银行存款　　15 000

同时：

借：固定资产　　15 000

　贷：固定基金　　15 000

［**例24**］A单位用修购基金购入一台设备，含增值税货款10 000元，安装调试费500元，均用转账支票支付。设备已交付使用。应作如下会计分录：

借：专用基金——修购基金　　10 500

　贷：银行存款　　10 500

同时：

借：固定资产　　10 500

　贷：固定基金　　10 500

事业单位购置纳入政府采购范围的设备时，一般采用财政直接支付方式，如需要配套资金，则将预算外资金和单位自筹资金划入政府采购资金专户进行核算。

［**例25**］甲单位按规定的政府采购程序与A供货商签订购货合同，购买一批设备，合同金额为550 000元，其中，财政资金是500 000元，自筹资金是50 000元。合同约定，所购设备由A供货商于5天内交付，设备款在交付验货后由甲单位向财政申请直接支付。5天后，甲单位收到所购设备和购货发票，验货后于当日向财政国库支付执行机构提交了“财政直接支付申请书”，并作如下会计分录：

①将自筹资金50 000元划入政府采购资金专户时：

借：其他应收款——政府采购款　　50 000

　贷：银行存款　　50 000

②收到设备时：

借：固定资产　　550 000

　贷：应付账款　　550 000

③收到代理银行转来的用于支付A供货商货款的“财政直接支付入账通知书”，支付

金额为550 000元。

借：事业支出　　550 000
　贷：财政补助收入　　500 000
　　其他应收款　　50 000

同时：

借：应付账款　　550 000
　贷：固定基金　　550 000

（2）接受捐赠固定资产的核算。

事业单位收到捐赠的固定资产时，应根据捐赠者提供的有关单据（或按同类固定资产的市场价格）确定入账价值。接受捐赠时发生的有关费用，应计入固定资产成本。

［**例26**］A单位接受社会捐赠的全新设备一台，根据捐赠者提供的发票等单据确定其价值为30 000元。同时，开出转账支票支付相关运输费和包装费用1 000元，从财政事业经费拨款中列支。应作如下会计分录：

借：固定资产　　31 000
　贷：固定基金　　31 000

同时：

借：事业支出　　1 000
　贷：银行存款　　1 000

（3）自制固定资产的核算。

事业单位自行建造固定资产一般采用出包工程方式。工程开工前可预付部分工程款，完工并交付使用时，再按工程总成本进行结算。

［**例27**］A单位将一幢办公楼工程出包给乙公司承建，采用财政直接支付方式。按合同规定先向乙公司预付工程价款300 000元，工程完工后，收到乙公司的有关工程结算单据，补付工程款90 000元。工程完工经验收后交付使用。应作如下会计分录：

①预付工程价款时：

借：事业支出——基本支出（预付工程款）　　300 000
　贷：财政补助收入　　300 000

②工程完工，补付工程款时：

借：事业支出——基本支出　　90 000
　贷：财政补助收入　　90 000

③交付使用时：

借：固定资产　　390 000
　贷：固定基金　　390 000

2. 固定资产减少的账务处理

事业单位固定资产的减少主要包括固定资产的出售、报废、毁损，对外投资和盘亏等。按照规定，国有资产的处置收入属国家所有，应当按照政府非税收入管理的规定，实行“收支两条线”管理，将所得资金上缴国库或预算外资金专户。

(1) 出售固定资产的核算。

事业单位出售固定资产可以分为两种情况：一是出售固定资产所得资金留归单位；二是出售固定资产所得资金上缴财政部门。

［例 28］ A 单位出售一台不需用的电脑，该电脑的账面原值为 12 000 元，双方议定售价为 6 000 元，已通过银行收到价款。按规定，该处置收入留归单位。应作如下会计分录：

借：银行存款　　6 000

　贷：专用基金——修购基金　　6 000

同时：

借：固定基金　　12 000

　贷：固定资产　　12 000

(2) 固定资产其他处置的核算。

事业单位报废、毁损固定资产时，处置所得资金应上缴财政部门时，应作为应缴预算款或应缴财政专户款核算。处置所得资金留归单位时，则作为专用基金核算。

［例 29］ A 单位的一台设备因磨损不能继续使用，决定予以报废。在清理过程中，以现金支付清理费用 500 元，同时发生残料变价收入 1 000 元，已存入银行。该设备账面原价为 15 000 元。按规定，该处置收入应上缴国库。应作如下会计分录：

①批准报废时，注销报废固定资产账面原价：

借：固定基金　　15 000

　贷：固定资产　　15 000

②支付清理费用时：

借：应缴预算款　　500

　贷：现金　　500

③收回残料变价收入时：

借：银行存款　　1 000

　贷：应缴预算款　　1 000

第四节　无形资产的核算

一、无形资产的内容及特点

无形资产是指不具有实物形态而能为事业单位提供某种权利的资产，包括专利权、非专利技术、商标权、版权（著作权）、土地使用权、商誉等。

无形资产具有以下特点：

1. 没有实物形态

它们可以在较长时期内为单位所使用，与固定资产类似；但是，它们没有实物形态，又与固定资产不同。

2. 收益的不确定性

它们可以使单位获得高于一般单位的经济收益率，但所提供的经济收益具有很大的不确定性。如果本单位登记的专利权不能给单位带来较大的经济价值，则不应作为无形资产入账。

3. 可以在多个会计期间连续为单位提供经济效益和社会效益

无形资产，特别是专利权、非专利权等，运用在单位的生产和业务活动中，能够提高单位的业务水平和经济能力，给单位带来较高的经济效益和社会效益。

4. 有偿取得

无形资产必须是有偿取得的。否则，不能确认为无形资产。如无偿取得的土地使用权，不能作为无形资产入账；经营中形成的非专利技术，如果没有专门的确定支出，也不能作为无形资产入账。

二、无形资产的计价和摊销

1. 无形资产的入账价值

无形资产应按取得的实际成本入账。但是，取得无形资产的方式不同，入账成本的具体内容也有所不同。

(1) 外购的无形资产。应以实际支付的买价、手续费及其他资本性支出作为入账价值。

(2) 自创并经法律程序申请取得的无形资产。这些无形资产，从理论上讲应按开发过程中发生的实际成本包括试验费用、模型制造费用、研制费、制图费、设计费、工资、申请登记费用以及其他费用等全部支出计价入账。但是，在会计实务中，一般按依法取得时发生的注册费、聘请律师费等费用，作为无形资产的实际成本。在研究与开发过程中发生的材料费用、直接参与开发人员的工资及福利费、开发过程中发生的租金、借款费用等，均直接计入当期支出。

(3) 接受投资和接受捐赠的无形资产。应按该无形资产的评估价值，加上应支付的相关税费计价入账。

2. 无形资产的摊销

无形资产计价入账后，应进行合理的摊销。不实行内部成本核算的事业单位，无形资产应在取得时会计期间内一次摊销计入事业支出；实行内部成本核算的事业单位，其无形资产应在受益期间内分期平均摊销，并计入经营支出。无形资产的摊销年限规定基本和企业会计相同。

三、无形资产的账务处理

为了核算无形资产业务，应设置“无形资产”总账科目。该科目借方登记按各种方式取得的无形资产的成本；贷方登记无形资产摊销额和转出的成本；余额在借方，表示尚未摊销的无形资产价值。该科目还应按无形资产的项目设置明细账，进行明细分类核算。

无形资产的核算业务主要有取得、摊销、出售和投资四类。

1. 无形资产取得的核算

事业单位无形资产的取得方式主要有购入、自创和接受捐赠等。

[例30] A单位从技术市场购入甲专利权，价款60 000元，开出转账支票支付。应作如下会计分录：

借：无形资产——甲专利权　　60 000
　贷：银行存款　　60 000

[例31] A单位申请乙项专利成功，开出转账支票支付专利登记费20 000元，律师费10 000元。应作如下会计分录：

借：无形资产——乙项专利权　　30 000
　贷：银行存款　　30 000

[例32] A单位接受捐赠的一项专利权，评估确认的价值为50 000元。应作如下会计分录：

借：无形资产——丙项专利权　　50 000
　贷：其他收入　　50 000

2. 无形资产摊销的核算

对不实行内部成本核算的事业单位的无形资产，应在会计期间一次性摊销完毕；对实行内部成本核算的事业单位，其经营用无形资产应在摊销期内分期摊销，并计入经营支出。

[例33] B单位实行内部成本核算，经营用丁项专利的账面价值为120 000元，应按合同规定的受益期5年摊销，本月摊销额2 000元。应作如下会计分录：

借：经营支出　　2 000
　贷：无形资产——丁项专利　　2 000

[例34] C单位不实行内部成本核算，年终将本年内购入的非专利技术5 400元一次性摊销。应作如下会计分录：

借：事业支出　　5 400
　贷：无形资产　　5 400

3. 无形资产转让的核算

事业单位所拥有的无形资产，可以依法转让。转让无形资产的方式有两种，即转让所有权和转让使用权。

转让无形资产所有权时，事业单位对该项无形资产不再拥有占有、使用、处置等方面的权利；转让无形资产使用权时，事业单位仍保留对无形资产的所有权，只是将无形资产的部分使用权让渡给受让方。

按照目前的规定，事业单位转让无形资产的收入处理也分为两种情况：一是留归单位；二是上缴财政。

[例35] A单位将其拥有的甲项专利权的所有权转让给B单位，协商转让价25 000元，账面价值20 000元（尚未使用和摊销）。按照规定，该转让收入应上缴国库。应作如下会计分录：

借：银行存款　　25 000

　贷：应缴预算款　　25 000

同时：

借：事业支出　　20 000

　贷：无形资产——甲项专利　　20 000

[**例 36**] A 单位将乙项专利的使用权转让给 C 单位，合同规定专利使用费为每年 5 000 元。按规定，该转让收入留归单位。年末已收到本年的使用费并存入银行。应作如下会计分录：

借：银行存款　　5 000

　贷：事业收入　　5 000

4. 对外投资转出无形资产的核算

有关的账务处理参见“对外投资的核算”一节。

【本章小结】

事业单位的资产种类较多，不仅有一般的流动资产，还有对外投资；在长期资产中还有无形资产。在资产的核算中，仍然存在传统的拨款方式和财政直接或授权支付方式两种核算形式；货币资金、应收及预付款项、存货等资产的核算，与企业的核算相似；固定资产的核算与行政单位的核算相似；对外投资的核算既有与企业相同的方面，又有事业单位的特色。

【关键术语和概念】

现金管理　银行结算账户　应收账款　应收票据　材料计价　固定资产价值　对外投资　无形资产

第十五章 事业单位会计负债与净资产的核算

事业单位在执行业务和进行经营活动时，可以通过负债来解决资金问题。同时，也会产生一些临时性的结算债务。事业单位的净资产是指资产减去负债的差额。两者都反映事业单位的资金来源及偿付问题。

通过本章的学习，应该掌握以下内容：

（1）事业单位负债的内容及分类。

（2）事业单位净资产的形成和分类。

（3）各项负债的核算要求及账务处理。

（4）各项净资产的核算要求及账务处理。

第一节 负债的核算

负债是指事业单位所承担的，能以货币计量的，需要以资产或劳务偿付的债务，包括借入款项、应付及预收款项和各种应缴款项等。

一、借入款的核算

借入款项是指事业单位向财政部门、上级单位、金融机构借入的有偿使用的各种款项。它主要包括向财政部门借入的事业周转金，向银行和非银行金融机构借入的款项，向上级单位借入的款项等。

1．借入款项的管理要求

一般来说，事业单位的借入款项主要用于特殊性或临时性的资金需求。在开展借入款业务方面的管理要求有：

（1）有偿还能力。事业单位在申请借款时，应落实偿还借款的资金来源，不能盲目借款。

（2）有经济效益。由于借入的款项必须偿还，并通常需要支付利息，因此，事业单位在申请借款时，必须考虑借入款项的经济效益，一般应做到收大于支。

（3）必须符合政策。事业单位借入的款项，必须按照国家的有关政策使用，不能盗用其他名义，用于违背国家政策的事项。

（4）必须遵守信用。事业单位借入的款项，必须按照合同的规定及时偿还本息，不得拖欠违约。

2. 借入款项的账务处理

为了核算借入款项，应设置“借入款项”总账科目。该科目贷方登记借入的款项（本金）；借方登记偿还的款项（本金）；余额在贷方，表示事业单位尚未偿还的借入款本金。该科目还应按债权单位设置明细账，进行明细分类核算。借款利息应通过“事业支出”或“经营支出”科目核算。

［例1］A单位向甲银行借入6个月的借款100 000元，年利率为12%，用于对外有偿服务活动。银行借款利息按季结算，季末一次支付当季利息。应作如下会计分录：

（1）借入款项时：

借：银行存款　　100 000

　贷：借入款项——甲银行　　100 000

（2）支付首期（第一季度）利息时：

借：经营支出　　3 000

　贷：银行存款　　3 000*

*100 000×12%÷360×90=3 000

（3）归还借入款的本金和第二期利息时：

借：借入款项　　100 000

　　经营支出　　3 000

　贷：银行存款　　103 000

［例2］A单位在开展事业活动的过程中发生临时性资金周转困难，经研究决定，向上级单位借款50 000元，借款期限为6个月，月利率为0.5%，到期归还本息。应作如下会计分录：

（1）借入时：

借：银行存款　　50 000

　贷：借入款项——上级单位　　50 000

（2）到期归还本息时：

借：借入款项——上级单位　　50 000

　　事业支出　　1 500*

　贷：银行存款　　51 500

*50 000×0.5%×6=1 500（元）

二、应付及预收账款的核算

事业单位在专业业务活动及其辅助活动、经营活动中，必然要同其他单位或个人、本单位职工等发生经济关系，出现一些应付未付款项、暂存款项和预收款项等，主要包括应付票据、应付账款、预收账款和其他应付款等。

1. 应付票据的账务处理

应付票据是指事业单位采用商业汇票结算方式，由出票人签发，由承兑人承诺在一定时期内支付一定款项给收款人（或被背书人）的票据。在我国，应付票据是指商业汇票，包括商业承兑汇票和银行承兑汇票。根据有关规定，事业单位签发的商业承兑汇票的承兑期限，最长不超过9个月。

为了核算应付票据业务，应设置“应付票据”总账科目。该科目贷方登记本单位（或本单位申请承兑的银行）承兑的商业汇票的面额；借方登记本单位偿付的票据面额；余额在贷方，表示尚未偿付的票据面额。

为了加强对应付票据的管理，还应设置“应付票据备查簿”，并指定专人负责详细登记每一应付票据的种类、号数、签发日期、票面金额、合同交易号、收款人姓名或单位名称、付款日期和金额等详细资料。应付票据到期结算时，应在备查簿内逐笔注销。

［**例**3］C单位（一般纳税人）采用商业承兑汇票结算方式购入一批经营用材料，按合同规定开出一张带息商业汇票，票面金额10 000元，其中材料价款8 547.01元，增值税额1 452.99元，期限为6个月，年利息率为9.6%。材料已经验收入库。6个月后，通过银行按期支付票据款。应作如下会计分录：

（1）签发商业承兑汇票并收到材料时：

借：材料　8 547.01

　　应交税金——应交增值税（进项税额）　1 452.99

　贷：应付票据　10 000

（2）到期支付票据面值和利息时：

借：应付票据　10 000

　　经营支出　480*

　贷：银行存款　10 480

* 10 000×9.6%÷360×180=480

2．应付账款的账务处理

应付账款是指事业单位因购买材料、商品或接受劳务供应等业务而应付给供应单位的款项。应付账款和应付票据都是由于赊购行为而产生的负债，但是应付账款是尚未结清的债务（即采用信用赊购方式时的赊购款），而应付票据是以承诺付款的票据为依据的延期付款的证明（也就是采用商业汇票赊购方式时的赊购款）。应付账款通常在购入货品的产权转移或收到发票时，按发票金额入账。

为了核算应付账款业务，应设置“应付账款”总账科目。该科目贷方登记本单位购买材料物资、接受劳务的应付未付款项；借方登记本单位偿还的应付账款、以商业汇票抵付的应付账款；余额在贷方，表示尚未支付的应付账款。该科目还应该按照供应单位设置明细账，进行明细分类核算。

在事业单位，“应付账款”科目主要适用于实行内部成本核算的单位。

［**例**4］A单位向某公司购入甲材料1 000公斤，材料已经验收入库。到月末，发票账单尚未到达，货款未付。根据甲材料的计划成本暂估入账，甲材料计划成本为每公斤15元。应作如下会计分录：

借：材料——甲材料　15 000

　贷：应付账款——暂估价　15 000

［**例**5］A单位签发、承兑商业承兑汇票一张，票面金额25 000元，期限为4个月，抵付前欠某公司的应付账款。应作如下会计分录：

借：应付账款　　25 000

　贷：应付票据　　25 000

3. 预收账款的账务处理

预收账款是指事业单位按照合同规定，向购货单位或接受劳务单位预收的款项。它是以买卖双方协议或合同为依据的，由购货方预先支付一部分货款给供应方而发生的一项负债，这项负债要用以后的商品、劳务等偿还。如果事业单位到期无法履行合同，不能向购货单位或接受劳务的单位交付货品或提供劳务，预收的款项需如数退还。

为了核算预收账款业务，应设置“预收账款”总账科目。该科目贷方登记本单位预收的和补收的货款；借方登记本单位向预付款单位销售商品或提供劳务的收入、退回的余款；余额在贷方，表示尚未付出商品或尚未提供劳务的预收货款。该科目还应按照购货单位设置明细账，进行明细分类核算。

如果事业单位的预收货款业务不多，也可以不设置“预收账款”科目，而是将预收的货款直接记入“应收账款”科目。

[**例** 6] C 单位（一般纳税人）在开展事业活动中，向甲单位预收款项 50 000 元，存入银行。1 个月后，将甲单位所订购的产品全部交给甲单位，货款 100 000 元，增值税 17 000元，冲回原预收货款 50 000 元，不足部分由甲单位用支票补付。应作如下会计分录：

（1）预收货款时：

借：银行存款　　50 000

　贷：预收账款——甲单位　　50 000

（2）交付产品时：

借：预收账款——甲单位　　117 000

　贷：经营收入　　100 000

　　应交税金——应交增值税（销项税额）　　17 000

（3）甲单位补付货款时：

借：银行存款　　67 000

　贷：预收账款——甲单位　　67 000

4. 其他应付款的核算

其他应付款是指事业单位除了应付票据、应付账款和预收账款等以外的应付、暂收其他单位或个人的款项，包括应付租入固定资产的租金、存入保证金、应付统筹退休金、应付个人缴存的住房公积金等。

为了核算其他应付款业务，应设置“其他应付款”总账科目。该科目贷方登记本单位发生的各种其他应付款项的应付、暂收额；借方登记本单位各种其他应付款项的付还或转销额；余额在贷方，表示应付未付的其他应付款项结存额。该科目还应按应付、暂收款项的类别和单位或个人设置明细账，进行明细分类核算。

[**例** 7] 乙单位按合同计算出应向 B 单位支付的租入固定资产租金为 2 500 元，该租入的固定资产用于经营活动。2 天后，开出转账支票给 B 单位。应作如下会计分录：

（1）计算租金时：

借：经营支出　　　　2 500

　贷：其他应付款——B 单位　　　　2 500

（2）支付租金时：

借：其他应付款——B 单位　　　　2 500

　贷：银行存款　　　　2 500

三、应缴款项的核算

应缴款项是指事业单位按照有关规定应当缴纳的各种款项，包括应缴预算的资金、应缴财政专户的预算外资金和应交税金等。对于应缴的款项和税金，事业单位应该严格按照国家的规定执行，及时并足额上缴，不得无故拖欠、截流和坐支。应缴款项的核算与行政单位的核算相同。

1．应缴预算款的核算

应缴预算款是指按规定应缴入国家财政预算的收入，主要包括代收的应缴入预算管理的基金、代收的行政性收费收入、罚没收入、赃款和赃物的变价收入、无主财物的变价收入和其他按预算管理规定应上缴预算的款项。应缴预算款属于国家财政性资金，事业单位不能视为自有资金，应及时足额上缴财政，也不得转作预算外资金，更不得截留、坐支、隐匿不报或挪作他用。

根据收支两条线管理的规定，具有执收执罚职能的事业单位，根据国家法律、法规和规章收取的行政事业性收费（含政府性基金）和罚没收入，实行收支两条线管理，其事业性收费和罚没收入按规定应全额上缴国库或预算外资金财政专户；同时，执收执罚单位需要使用资金时，由财政部门根据需要统筹安排核准后，从国库或预算外资金财政专户拨付。

为了核算应缴预算款业务，应设置“应缴预算款”总账科目。该科目贷方登记本单位取得的各种应上缴国家预算的收入；借方登记本单位实际上缴的数额；余额在贷方，平时的贷方余额表示应缴未缴数，年终本科目应无余额。该科目还应按应缴预算款项类别设置明细账，进行明细分类核算。

［**例**8］4 月 8 日，C 单位收到代收的行政性收费收入 1 000 元，存入银行。4 月 30 日，开出转账支票将上述款项上缴上级主管部门。应作如下会计分录：

（1）收到代收收入时：

借：银行存款　　　　1 000

　贷：应缴预算款　　　　1 000

（2）上缴时：

借：应缴预算款　　　　1 000

　贷：银行存款　　　　1 000

2．应缴财政专户款的核算

应缴财政专户款是事业单位按规定代收各种应上缴财政专户的预算外资金。事业单位按规定代收的预算外资金必须上缴同级财政专户；支出由同级财政按预算外收支计划和单位财务收支计划统筹安排，从财政专户中拨付，实行收支两条线管理。但是，对其中少数费用开支有特殊需要的预算外资金，经财政部门核定收支计划后，可按确定的比例或按收支结余的数额，定期缴入同级财政专户。

为了核算应缴财政专户款业务，应设置“应缴财政专户款”总账科目。该科目贷方登记本单位收到的预算外资金；借方登记本单位实际上缴财政专户的预算外资金；余额平时在贷方，表示应缴未缴的预算外资金，年终本科目应无余额。该科目还应按预算外资金的类别设置明细账，进行明细分类核算。

［**例**9］A 单位的预算外资金采用全额上缴的办法。3 月 4 日，收到应缴财政专户的预算外资金 800 元，存入银行。月末，将预算外资金上缴财政专户。应作如下会计分录：

（1）收款时：

借：银行存款	800	
贷：应缴财政专户款		800

（2）缴款时：

借：应缴财政专户款	800	
贷：银行存款		800

［**例**10］B 单位的预算外资金采用结余上缴的办法。3 月末，计算出应缴财政专户款的预算外资金为 8 400 元，通过银行上缴。应作如下会计分录：

借：事业收入	8 400	
贷：应缴财政专户款		8 400

同时：

借：应缴财政专户款	8 400	
贷：银行存款		8 400

［**例**11］C 单位的预算外资金采用比例上缴的办法，财政部门核定的预算外资金上缴比例为 60%。3 月 6 日，收到预算外资金 1 000 元，应上缴 600 元。应作如下会计分录：

（1）收到时：

借：银行存款	1 000	
贷：事业收入		400
应缴财政专户款		600

（2）月末上缴时：

借：应缴财政专户款	600	
贷：银行存款		600

3. 应交税金的核算

应交税金是指事业单位按照税法规定应缴纳的各种税金，主要包括应缴纳的增值税、营业税、所得税、消费税、城市维护建设税、资源税等。其核算办法与企业会计基本一致。

为了适应社会主义市场经济发展的需要，许多事业单位除了从事事业活动外，还从事以营利为目的的经营活动，因此，需要按照市场经济原则对经营活动依法纳税。

为了核算应交税金的业务，应设置“应交税金”总账科目。该科目贷方登记应缴纳的各种税款；借方登记实际缴纳的税款；该科目平时为贷方余额，表示应缴未缴的各种税额，如果是借方余额，则表示本单位多缴的税额。该科目还应按照税种设置明细账。

［例 12］B 单位进口一批材料，关税完税价格 1 000 000 元，关税 115 000 元，消费税 85 000 元，适用增值税税率 17%，全部用支票支付。货物已验收入库。应作如下会计分录：

借：材料　　1 200 000
　　应交税金——应交增值税（进项税额）　　204 000 *
　贷：银行存款　　1 404 000

*（1 000 000 + 115 000 + 85 000）×17% = 204 000（元）

事业单位进口货物，应按照海关提供的完税凭证上注明的增值税作为进项税额处理。

［例 13］A 单位销售一批产品，销售收入 35 000 元，增值税 5 950 元，款项已收妥并存入银行。应作如下会计分录：

借：银行存款　　40 950
　贷：经营收入　　35 000
　　应交税金——应交增值税（销项税额）　　5 950

［例 14］A 单位计算出经营活动应缴纳的所得税为 2 400 元，并通过银行上缴。应作如下会计分录：

借：结余分配——应交所得税　　2 400
　贷：应交税金——应交所得税　　2 400

同时：

借：应交税金——应交所得税　　2 400
　贷：银行存款　　2 400

四、应付工资和津贴补贴的核算

1. 应付工资和津贴补贴的核算内容

应付工资和津贴补贴，是指事业单位发给职工的劳务报酬，包括工资（离退休费）、地方（部门）津贴补贴和其他个人收入三方面：

第一，工资是指事业单位按国家统一规定发放给在职人员的岗位工资、薪级工资、绩效工资，以及经国务院或人事部、财政部批准设立的津贴补贴。离退休费是指按国家统一规定发放给离退休人员的离休、退休费及经国务院或人事部、财政部批准设立的津贴补贴。

第二，地方（部门）津贴补贴是指各地区各部门各单位出台的津贴补贴。

第三，其他个人收入是指按国家规定发给个人除上述以外的其他收入，包括误餐费、夜餐费，出差人员伙食补助费、市内交通费，出国人员伙食费、公杂费、个人国外零用费，发放给个人的一次性奖励等。

2. 应付工资和津贴补贴的账务处理

为了进一步加强和规范事业单位工资和津贴补贴发放的会计管理，全面、准确地核算工资和津贴补贴发放业务，应设置“应付工资（离退休费）”、“应付地方（部门）津贴补贴”、“应付其他个人收入”三个总账科目。

“应付工资（离退休费）”科目，核算向职工发放的工资或离退休费。发放工资（离退休费）时，借记相关支出科目，贷记“应付工资（离退休费）”；同时，借记“应付工资（离退休费）”，贷记“银行存款”或“财政补助收入”（财政直接支付）等科目。

“应付地方（部门）津贴补贴”科目，核算向职工发放的各类地方（部门）津贴补贴。发放地方（部门）津贴补贴时，借记相关支出科目，贷记“应付地方（部门）津贴补贴”；同时，借记“应付地方（部门）津贴补贴”，贷记“银行存款”或“财政补助收入”（财政直接支付）等科目。

“应付其他个人收入”科目，核算向职工发放除以上两个科目核算内容以外的其他个人收入。发放其他个人收入时，借记相关支出科目，贷记“应付其他个人收入”科目；同时，借记“应付其他个人收入”科目，贷记“银行存款”、“零余额账户用款额度”等科目。

在以上三个科目下可按“在职人员”、“离休人员”、“退休人员”设二级科目进行明细核算。

［**例15**］B事业单位本月应付职工工资620 000元，其中，基本工资580 000元，地方津贴40 000元。工资实行财政统发的办法，B事业单位凭工资单和财政部门开具的拨款通知书，作如下会计分录：

借：事业支出——基本支出（基本工资）　580 000
　　　　　——基本支出（津贴补贴）　40 000
　贷：应付工资　580 000
　　　应付地方津贴补贴　40 000

同时：

借：应付工资　580 000
　　应付地方津贴补贴　40 000
　贷：财政补助收入——基本支出　620 000

［**例16**］B事业单位本月发放出差人员误餐费70 000元，属于财政授权支付业务。应作如下会计分录：

借：事业支出——基本支出（其他工资）　70 000
　贷：应付其他个人收入　70 000

同时：

借：应付其他个人收入　70 000
　贷：零余额账户用款额度　70 000

第二节　净资产的核算

事业单位的净资产包括事业基金、固定基金、专用基金和结余等。事业单位的出资者不要求取得投资回报，也不要求收回投资，因此事业单位不存在权益（产权）问题。从这一点来看，事业单位的净资产与企业的所有者权益是不一样的。

一、净资产的形成和分类

1. 事业单位净资产的形成来源

事业单位净资产的形成来源，主要有国家拨款、非国家出资者出资、按规定从事业收入和经营收入中提取和结余分配等。同时，可以按不同的标准对其进行分类，以加强管理。

（1）国家拨款。

按照《事业单位财务规则》的规定，国家对事业单位实行“核定收支、定额或定项补助、超支不补、结余留用”的预算管理办法。因此，国家财政部门和主管部门对事业单位的事业性补助拨款的收支结余，按规定留存于事业单位，就成为事业单位净资产的一部分。

（2）非国家出资者出资。

改革开放以来，许多单位或个人出资创立事业单位。因此，在资金所有权不变的前提下，出资者以货币资金、实物或无形资产对事业单位的出资，就形成一部分净资产。

（3）按规定从事业收入和经营收入中提取。

按照《事业单位财务规则》的规定，事业单位可以按事业收入和经营收入的一定比例提取，直接转为净资产。这部分净资产对于保证事业单位的业务活动是非常必要的。

（4）结余分配。

除实行预算外资金结余上缴办法的预算外资金结余外，事业单位的各种结余按规定分配后，还留有的当年未分配结余，也形成事业单位的净资产。

2. 事业单位净资产的分类

为了便于加强事业单位净资产的管理，可将事业单位的净资产按是否限定用途进行分类，分为限定用途的净资产和非限定用途的净资产。

限定用途的净资产是指由国家法律、法规和制度，或拨款单位、出资者指定专门用途的净资产。例如，专用基金就是按有关规定提取的，具有专门用途的资金。对这部分净资产，事业单位必须按规定形成和使用，并单独进行核算和列报。

非限定用途的净资产是指国家法律、法规和制度，或拨款单位、出资者未指定专门用途的净资产。例如，事业基金中的一般基金就是非限定用途的净资产。对这部分净资产，事业单位可以按需要自主加以使用，在会计上也无需单独核算与列报。

二、结余及其分配的核算

结余是事业单位在一定期间内各项收入与各项支出相抵后的余额。事业单位的结余，实际上是事业单位在年终结余分配之前，收支相抵后的未分配余额。在结余分配后，结余应按规定转入事业基金。因此，除未完工项目的专款结余外，年终分配决算后的资产负债表中一般没有“结余”项目。

事业单位的结余是由事业结余、经营结余两部分构成。

1. 事业结余的核算

事业结余，是指事业单位为开展专业业务活动及其辅助活动所取得的收入扣除相关支出后的余额，也就是事业单位一定期间内除经营收支、专款收支以外的各项收支相抵后的余额。其中，“一定期间”对于实行内部成本核算的单位，是指1个月，而对于不实行内部成本核算的单位，则是指1年。

为了核算事业结余的业务，应设置“事业结余”总账科目。该科目贷方登记从有关收入科目的转入数，借方登记从有关支出科目转入数，余额一般在贷方，反映事业单位当年收入大于支出的结余数。如果余额在借方，则表示当年支出大于收入的亏损数。年终，应将当年实现的事业结余或亏损全部转入“结余分配”科目，结账后，该科目无余额。该科目可以根据需要设置“基本支出结余”和“项目支出结余”两个明细科目，进行明细核算。

［例17］A事业单位进行年末收支结账，有关收支账户余额表如表15－1所示。

表15－1　　收支科目余额表　　单位：元

会计科目	借方金额	会计科目	贷方金额
拨出经费	1 000 000	财政补助收入	500 000
其中：基本支出	600 000	其中：基本支出	350 000
项目支出	400 000	项目支出	150 000
事业支出	800 000	财政专户返还收入	300 000
其中：基本支出	550 000	其中：基本支出	250 000
项目支出	250 000	项目支出	50 000
上缴上级支出	300 000	上级补助收入	200 000
销售税金	10 000	事业收入	1 000 000
对附属单位补助	50 000	附属单位缴款	150 000
结转自筹基建	700 000	其他收入	400 000

根据以上资料，应作如下会计分录：

(1) 结转各收入账户：

借：财政补助收入——基本支出　　350 000
　　　　　　　　——项目支出　　150 000
　　财政专户返还收入——基本支出　　250 000
　　　　　　　　　　——项目支出　　50 000
　　上级补助收入　　200 000
　　附属单位缴款　　150 000
　　事业收入　　1 000 000
　　其他收入　　400 000
　贷：事业结余——基本结余　　2 350 000
　　　　　　　——项目结余　　200 000

（2）结转各支出账户：

借：事业结余——基本结余　　2 210 000

　　　　　　——项目结余　　650 000

　贷：拨出经费——基本支出　　600 000

　　　　　　　——项目支出　　400 000

　　　事业支出——基本支出　　550 000

　　　　　　　——项目支出　　250 000

　　　上缴上级支出　　300 000

　　　销售税金　　10 000

　　　对附属单位补助　　50 000

　　　结转自筹基建　　700 000

（3）将其差额转入结余分配：

借：事业结余——基本结余　　140 000

　　事业基金　　450 000

　贷：事业结余——项目结余　　450 000

　　　结余分配　　140 000

2. 经营结余的核算

经营结余，是指事业单位在专业业务活动及其辅助活动之外，开展非独立核算的经营活动所实现的结余，也就是事业单位一定期间内各项经营收支相抵后的余额。

为了核算经营结余的业务，应设置“经营结余”总账科目。该科目贷方登记从“经营收入”科目转入的本期实现的经营收入总额；借方登记从“经营支出”科目转入的本期发生的经营支出额，以及从“销售税金"科目转入的本期经营业务而发生的销售税金支出；余额在贷方，表示本期实现的经营结余。如为借方余额，则表示经营亏损。年终时，应将该科目的余额全数转入“结余分配”科目。结转后，本科目无余额，如果为亏损，则不结转，等待以后年度用经营盈余弥补。该科目可按经营活动的种类设置明细账。

［**例 18**］A 事业单位年末“经营收入”科目贷方累计发生额为 2 200 000 元，“经营支出”科目借方累计发生额为 1 800 000 元，“销售税金”科目借方累计发生额为 60 000 元。在进行年终转账时，应作如下会计分录：

（1）结转经营收入：

借：经营收入　　2 200 000

　贷：经营结余　　2 200 000

（2）结转经营支出：

借：经营结余　　1 860 000

　贷：经营支出　　1 800 000

　　　销售税金　　60 000

（3）结转经营结余：

借：经营结余　　340 000

　贷：结余分配　　340 000

3. 结余分配的核算

结余分配是指事业单位对当年结余资金进行分配的情况和结果。事业单位的结余分配必须按照《事业单位财务规则》、《关于加强预算外资金管理的决定》等规定进行。

事业单位的结余分配在分配前需做两项扣除：一是实行预算外资金结余上缴办法形成的预算外资金结余，应上缴同级财政专户，不参与结余分配；二是事业结余中的项目结余，不参与结余分配，由事业结余直接转入事业基金。进行上述扣除后，事业单位的结余可以按照有关比例提取职工福利基金，剩余部分作为事业基金，用于弥补以后年度单位预算收支差额。国家另有规定的，从其规定。

事业单位结余分配的核算程序是：①将事业结余和经营结余结转到结余分配科目；②计算应缴所得税；③按规定比例计算应提取的专用基金；④将分配后结余转入“事业基金——一般基金”科目。

为了核算结余分配的业务，应设置“结余分配”总账科目。该科目贷方登记从“经营结余”、“事业结余”科目转入的当年实现的结余数；借方登记结余分配的分配数；年终分配后，将贷方余额全数转入“事业基金——一般基金”科目，结转后，该科目无余额。

单位年终结账后，发生以前年度会计事项的调整或变更，涉及到以前年度结余的，凡国家有规定的，从其规定；没有规定的，应直接通过“事业基金”科目核算，并在会计报表上加以注明。

[例 19] 年末，A 单位发生以下年终核算事项。应作如下会计分录：

(1) 结转经营结余 350 000 元，事业结余 390 000 元。

借：经营结余	350 000	
事业结余	390 000	
贷：结余分配		740 000

(2) 经营结余部分按规定计算应交所得税 63 000 元（350 000 × 18%）。

借：结余分配	63 000	
贷：应交税金——应交所得税		63 000

(3) 按规定提取职工福利基金 180 000 元。

借：结余分配	180 000	
贷：专用基金——职工福利基金		180 000

(4) 将未分配结余 497 000 元转入事业基金。

借：结余分配	497 000	
贷：事业基金——一般基金		497 000

[例 20] A 事业单位发现某职工有上年一项事业支出 50 000 元尚未报销，调整本年的事业基金。应作如下会计分录：

借：事业基金——一般基金	50 000	
贷：其他应收款——× ×		50 000

第三节　基金的管理与核算

一、事业基金的管理与核算

1. 事业基金的概念

事业基金是事业单位拥有的净资产，主要包括滚存结余和投资产权等。滚存结余资金是指历年未分配的结余和损失，以及历年留归单位使用的项目结余。投资产权是指以固定资产投资而形成的产权，以及无形资产、材料等投资，其评估确认价高于或低于原账面价值而增加或减少的净资产。

事业基金作为净资产或基金结余，不再直接安排各项支出，而是用于弥补以后年度收支差额。在事业单位的资金运动过程中，事业基金发挥“蓄水池”的作用，用来调节年度之间的收支平衡。也就是说，以后年度如果收入大于支出，则继续转入增加事业基金；如果支出大于收入，则用以前年度的事业基金弥补其差额。在确定年初预算时，如果支出安排出现缺口，也可以直接安排一部分事业基金用于弥补差额。

2. 事业基金的账务处理

为了核算事业基金的业务，应设置“事业基金”总账科目。该科目的贷方登记年终转入的当期未分配结余等数额；借方登记自行支配资金结余的减少数；余额在贷方，反映可自行支配的净结余资金。该科目应按核算的业务内容设置“一般基金”和“投资基金”两个明细科目。“一般基金”明细科目主要核算历年滚存结余资金、接受捐赠等，属于非限定性净资产。“投资基金”明细科目主要核算对外投资部分的基金，属于被限制使用的净资产。

［**例21**］年末，A事业单位将“结余分配”科目未分配部分结余额100 000元全数转入“事业基金”科目。应作如下会计分录：

借：结余分配	100 000	
贷：事业基金——一般基金		100 000

［**例22**］A事业单位由上级补助收入提供专项资金的一个项目已完成，结余款30 000元经财政部门批准全数留给事业单位。应作如下会计分录：

借：上级补助收入——项目支出	30 000	
贷：事业基金——一般基金		30 000

［**例23**］A事业单位用固定资产对外投资，该项固定资产的评估价值为800 000元，其账面价值为1 000 000元。应作如下会计分录：

借：对外投资	800 000	
贷：事业基金——投资基金		800 000
借：固定基金	1 000 000	
贷：固定资产		1 000 000

［**例24**］A事业单位以银行存款700 000元对外进行投资。应作如下会计分录：

借：对外投资　　700 000

　贷：银行存款　　700 000

借：事业基金——一般基金　　700 000

　贷：事业基金——投资基金　　700 000

[例 25] A事业单位用事业基金弥补本年事业收支不足部分180 000元。应作如下会计分录：

借：事业基金——一般基金　　180 000

　贷：结余分配　　180 000

二、固定基金的核算

固定基金是指事业单位固定资产占用的资金。固定基金是国有事业单位固定资产的资金来源，一般都是由财政或上级主管部门投入，也可以是其他单位投入、融资租入或单位自筹资金购建。

为了核算固定基金的业务，应设置“固定基金”总账科目。该科目贷方登记以各种方式获得固定资产所形成的固定基金的增加数；借方登记因出售、对外投资、盘亏、毁损及报废固定资产所引起固定基金的减少数；余额在贷方，反映固定资产占用的累计基金数。由于事业单位固定资产不计提折旧，因而“固定基金”余额反映的不是固定资产的净值，而是固定资产的原始价值。固定基金的核算内容参见第十四章固定资产核算部分。

三、专用基金的管理与核算

1. 专用基金的概念及特点

专用基金是指事业单位按规定提取、设置的有专门用途的资金，主要包括职工福利基金、医疗基金、修购基金、住房基金等。

专用基金按规定一般不直接参加业务经营活动，其核算过程具有相对独立的特点：一是专用基金的取得，均有专门的规定，如修购基金、医疗基金、职工福利基金是根据一定的比例提取的。二是各项专用基金都规定有专门的用途和使用范围，除财务制度规定可以允许合并使用以外，专用基金一般不得互相占用、挪用。

2. 专用基金的管理要求

专用基金的管理应遵循“先提后用、专设账户、专款专用”的原则。

(1) 先提后用。

先提后用是指各项专用基金必须根据规定的来源，在取得资金以后，才能安排使用。在提取各项专用基金时，应严格按照《事业单位财务规则》的规定，不得随意提高标准，支出不能超过基金规模。

(2) 专设账户。

专设账户是指对各项专用基金应单独设置会计账户进行管理与核算，不能将不同性质的专用基金混合核算。在使用中，要注意划清各项专用基金的界限。

(3) 专款专用。

专款专用是指各项专用基金都应当按照规定的用途使用，不得挪作他用。要通过保证各项专用基金使用得合理合法，起到促进单位持续健康发展的作用。

3. 专用基金的提取及账务处理

为了核算专用基金的业务，应设置“专用基金”总账科目。该科目贷方登记按照规定提取的医疗基金、职工福利基金、修购基金及收到的各项住房基金（不包括个人缴纳的住房公积金）；借方登记医疗基金、职工福利基金、修购基金及住房基金的使用情况；余额在贷方，反映专用基金的结存数。该科目应按专用基金的种类分别设置“医疗基金”、“职工福利基金”、“修购基金”和“住房基金”等明细科目，进行明细分类核算。

（1）修购基金的提取及账务处理。

目前，事业单位不进行固定资产折旧的核算。为保证固定资产更新和维护有一个相对稳定的来源，制度规定了事业单位应按事业收入和经营收入的一定比例提取和按其他规定转入修购基金，统一用于事业单位的设备购置和房屋修缮。修购基金的来源主要有两个：一是按照事业收入和经营收入的一定比例，在事业支出和经营支出的修缮费和设备购置费中各列50%；二是固定资产的变价收入（不包括实行国有资产处置收入收支两条线的单位），按出售价款转入修购基金。

［例26］A单位本年度事业收入为120 000元，经营收入为60 000元，修购基金的提取比例都是5%。年终根据提取比例增加修购基金。应作如下会计分录：

借：事业支出——基本支出（修缮费）	3 000	
——基本支出（设备购置费）	3 000	
经营支出——修缮费	3 000	
贷：专用基金——修购基金		9 000

［例27］A单位将一台设备有偿调出，账面原值为6 000元，收到变价款5 800元。应作如下会计分录：

借：固定基金	6 000	
贷：固定资产		6 000

同时：

借：银行存款	5 800	
贷：专用基金——修购基金		5 800

（2）职工福利基金的提取及账务处理。

职工福利基金是指事业单位按照结余的一定比例提取转入的，用于改善职工福利方面所需的资金。职工福利基金的具体来源有两个：一是按工资总额比例提取的职工福利费，用于单位职工基本福利支出；二是按结余的一定比例提取的职工福利基金，主要满足不同单位的特殊福利支出的需要。

［例28］A单位本月工资总额为500 000元，按规定以工资总额的5%提取职工福利基金25 000元；按规定从结余分配中提取职工福利基金200 000元。应作如下会计分录：

借：结余分配——提取专用基金	200 000	
事业支出——基本支出（职工福利费）	25 000	
贷：专用基金——职工福利基金		225 000

［例29］A事业单位以银行存款支付职工集体福利项目40 000元。应作如下会计分录：

借：专用基金——职工福利基金　　40 000

　贷：银行存款　　40 000

（3）医疗基金的提取及账务处理。

医疗基金是指未纳入公费医疗经费开支范围的事业单位，按当地财政部门规定的公费医疗经费开支标准提取的，并参照公费医疗制度有关规定用于职工公费医疗开支的资金。医疗基金应按从事专业业务及其辅助活动的人员和从事生产经营活动的人员提取，并分别列入事业支出和经营支出科目。

［例 30］A 单位有从事专业业务及其辅助活动的人员 120 人，从事经营活动的人员 60 人，按财政部门确定的公费医疗经费人均年度预算定额标准 400 元提取医疗基金。应作如下会计分录：

事业支出中应提医疗基金额 = 120 × 400 = 48 000（元）

经营支出中应提医疗基金额 = 60 × 400 = 24 000（元）

借：事业支出——基本支出　　48 000

　　经营支出　　24 000

　贷：专用基金——医疗基金　　72 000

［例 31］A 单位按当地公费医疗经费开支项目和支出标准，以现金报销职工报销医药费 5 000 元。应作如下会计分录：

借：专用基金——医疗基金　　5 000

　贷：现金　　5 000

（4）住房基金的提取及账务处理。

住房基金是指按照国家规定的住房公积金制度，由单位按照职工工资总额的一定比例提取的住房公积金，包括代扣职工个人缴纳的住房公积金。各级财政部门是住房公积金管理机构财务管理的主管部门。

［例 32］A 单位按规定以工资总额的 7% 提取住房公积金，列入事业支出；另外，按规定以工资总额的 7% 从职工工资中代扣职工个人缴存的住房公积金。6 月份该单位工资总额为 300 000 元，提取住房公积金后将其缴入住房公积金管理中心。应作如下会计分录：

①提取时：

提取额 =（300 000 × 7%）× 2 = 42 000（元）

借：事业支出——基本支出（住房公积金）　　21 000

　　　　　　——基本支出（基本工资）　　21 000

　贷：专用基金——住房基金　　21 000

　　　其他应付款——代扣代缴住房公积金　　21 000

②缴存时：

借：专用基金——住房基金　　21 000

　　其他应付款——代扣代缴住房公积金　　21 000

　贷：银行存款　　42 000

【本章小结】

事业单位的负债以流动负债为主要核算内容，包括了结算中的负债和应缴款项。其中，结算中的负债核算与企业核算基本相同；应缴款项核算与行政单位核算基本相同。一般来说，事业单位长期负债较少，但近年来，不少高校的长期负债增加，值得关注其核算。事业单位的净资产构成主要有结余、固定基金、结余分配和基金。其中，结余和固定基金的核算基本上与行政单位核算相同；结余、结余分配的核算要与事业基金结合起来。基金则是事业单位持续开展业务活动和其他活动的资金来源，其中的专用基金核算要根据国家规定的政策及提取比例。

【关键术语和概念】

应缴预算款　应缴财政专户款　应付工资　结余分配　事业基金　专用基金

第十六章　事业单位会计报告

期末，事业单位需要编制会计报表反映本单位财政资金和非财政资金的使用情况。本章从事业单位会计报告的概述出发，具体介绍主要会计报表的内容与编制。

通过本章的学习，应该掌握以下内容：

(1) 事业单位会计报告的构成及分类。

(2) 会计报表的编制程序。

(3) 事业单位主要会计报表的内容及编制。

第一节　事业单位会计报告概述

事业单位会计报告是反映事业单位财务状况和收支情况的书面文件，是财政部门、上级主管单位、事业单位内部及其他报告使用者了解事业单位事业发展情况、制定政策、指导单位预算执行情况的重要会计信息，也是编制下年度财务收支计划的基础。

一、会计报告的构成

事业单位会计报告是反映事业单位一定时期财务状况和经营成果的总结性书面文件。它由会计报表、补充指标表、报表附注和收支情况说明书构成。

1. 会计报表

这是根据日常核算资料，通过整理、汇总编制的用来反映本单位一定时期的财务状况和收支情况的书面文件，主要包括资产负债表、收入支出表、有关支出明细表和有关附表。

2. 补充指标表

这是根据有关要求报送的补充性报表。如根据《事业单位国有资产管理暂行办法》的规定，事业单位应当在会计报告中充分披露用于对外投资、出租、出借固定资产的相关信息，这可以通过基本数字表等反映。

3. 报表附注

这是用于理解会计报表内容所做的解释。主要包括：所采用的主要会计处理方法，会计处理方法的变更情况、变更原因以及对财务状况和收支情况的影响，特殊事项的说明等。

4. 收支情况说明书

这是对本单位收入和支出、资产、负债、净资产等主要财务指标增减变动情况和原因的分析说明。主要包括：单位的收支、结余及分配情况，资金使用情况、财产物资变动情况，对本期或下期财务情况发生重大影响的事项，其他需要说明的事项。

二、会计报告的作用

事业单位会计报告对其使用者来说具有重要的作用。主要体现在以下四方面：

（1）利用会计报告及其他有关业务资料作出正确的决策。通过会计报告反映的数据，可以分析、检查本单位预算的执行情况，评价增收节支的效果，找出存在的问题和差距，吸收好的管理经验，借以改进其财务管理工作，并为编制下期规划提供科学的依据。

（2）为财政部门掌握总体情况提供数据。财政部门利用各单位上报的会计报告，可以掌握各事业单位预算执行的进度，核算总预算支出，便于核拨预算资金，安排好财政收支计划；还可以监督事业单位财经法规、政策的遵守情况，有效地行使宏观调控的职能。

（3）为出资者和债权人提供信息。事业单位的出资者和债权人利用会计报告，可以分析单位资金的利用情况，监督事业单位执行国家财经法规、政策和信贷、结算纪律，并据以作出是否出资、贷款、提供信用的决策。

（4）为上级部门提供考核依据。主管单位利用会计报表可以了解和掌握本单位的事业发展、各项收支情况，以便汇总上报本单位的收支情况，并作为对单位的考核。

三、会计报告的编制要求

事业单位的会计报告是主管部门和财政部门以及其他报表使用者了解事业单位财务状况和经营业绩的主要信息来源，也是事业单位加强内部管理、进行管理决策的重要依据。因此，事业单位必须全面、真实、及时地编制会计报告，并提供给有关部门和其他报表使用者。

1. 会计报表应按月报、季报和年报（决算）三种形式编报

事业单位的月份会计报表应于月份终了后三日内报出；季度会计报表应于季度终了后五日内报出；年度会计报表应按财政部决算通知规定及主管部门要求的格式和期限报出。年报应抄报同级国有资产管理部门。

2. 上级单位需要编报汇总会计报表

会计报表要层层汇总。上级单位要在编制本级会计报表的基础上，根据本级会计报表和经审查过的所属单位会计报表，编制汇总会计报表，并将上下级之间的对应科目数字冲销后，逐级汇总上报。上报上级单位和同级财政部门的会计报表必须经会计主管人员和单位负责人审阅签章并加盖公章。

3. 会计报告要按规定报送

国有事业单位应按《事业单位会计制度》规定的格式、内容和期限向财政部门或主管单位报送会计报表，中央各部门，省、自治区、直辖市财政厅（局）可根据工作需要增设会计报表。事业单位内部管理需要的特殊会计报表，由单位自行规定。并且，会计报告必须做到内容完整，数字真实，统一连贯，报送及时。

四、会计报表的编报程序

编制会计报告最主要的工作是编制会计报表。月报、季报、年报的编报程序基本相同：根据有关账户的余额及发生额编制资产负债表、收入支出表等表。但年报编报前，需要做好年终清理结算和结账工作。具体来说，事业单位在年度终了前，应根据财政部门或主管部门的决算编审工作要求，对各项收支账目、往来款项、货币资金和财产物资等进行全面的年终清理结算，并在此基础上办理年终结账。

1．年终清理结算的主要事项

（1）清理核对年度各项缴拨款项、上交下拨款项数字。年终前，对财政部门、上级单位和所属各单位之间的全年预算数（包括追加、追减和上、下划数字）以及应上交、拨补的款项等，都应按规定逐笔进行清理结算，保证上下级之间的年度预算数、领拨经费数与上交下拨数一致。为了准确反映各项收支数额，凡属本年度的应拨、应交款项，均应在12月31日前汇达对方。主管会计单位对所属各单位的拨款应截至12月25日为止，逾期一般不再下拨。

（2）清理核对各项预算内外收支和应缴款项。凡属本年的各项收入，都应及时入账。属于本年的各项支出，应按规定的支出用途如实列报。本年的各项应缴款项，应在年终前全部上缴国库和财政专户。实行国库集中收付制度的单位，要按规定做好年终预算结余资金的结转与核算。

（3）清理核对年度其他款项的数字。主要包括：事业单位的往来款项应尽量清理完毕，银行存款的账面余额应与银行对账单的余额核对相符，现金的账面余额应与库存现金的实有数额核对相符，有价证券的账面数字应与有价证券的实有数额核对相符。

（4）财产物资的清理盘点。年终前，应对各项财产物资进行清理盘点。发生盘盈或盘亏的，应及时查明原因，按规定作出处理，调整账务，做到账实相符、账账相符。

2．年终结账的程序

事业单位应在年终清理结算的基础上进行结账。年终结账包括年终转账、结清旧账和记入新账三个阶段。

（1）年终转账。

账目核对无误后，首先计算出各账户借方、贷方的12月份合计数和全年累计数，结出12月末的余额。然后，编制结账前的资产负债表，进行试算平衡后，再将各收支账户的余额按年终转账办法，填制12月31日的记账凭证办理转账。有关转账分录见结余的核算。

（2）结清旧账。

将转账后无余额的账户结出全年总累计数，然后在下面划双红线，表示本账户全部结清。对年终有余额的账户，在“全年累计数”下行的“摘要”栏内注明“结转下年”字样，再在下面划双红线，表示年终余额转入新账，旧账结束。

（3）记入新账。

根据本年度各账户的余额，编制年终决算的资产负债表和有关明细表。然后，将表列各账户的年终余额数（不编制记账凭证），直接记入新年度相应的各有关账户，并在“摘要”栏注明“上年结转”字样，以区别新年度的发生数。

事业单位的决算经财政部门或上级单位审批后，需要调整决算数字时，应作相应的调整。

第二节 事业单位主要会计报表的编制

事业单位会计报表是反映事业单位财务状况和预算执行情况的书面文件，主要包括资产负债表、收入支出表、事业支出明细表、基本支出明细表、项目支出明细表、基本数字表、报表附注及收支情况说明书。

一、资产负债表的内容与编制

资产负债表是反映事业单位在某一特定日期财务状况的报表。它能够反映事业单位资产、负债、净资产及其相互关系，以及事业单位的偿债能力和财务前景。

资产负债表向有关方面提供的信息资料包括：①事业单位掌管的资产分布结构和状况；②事业单位负债状况；③事业单位基金情况；④通过对资产负债表分析，可以提供事业单位财务实力，短期偿债能力和支付能力信息以及资产负债变化情况及财务状况的发展趋势。

1. 资产负债表的格式

按照现行会计制度，事业单位资产负债表是根据“资产 + 支出 = 负债 + 净资产 + 收入”的平衡原理设置的，为账户式资产负债表。左方为资产及支出，右方为负债、净资产和收入，左右两方总额平衡。但这种格式造成计量口径不一、信息重复并难以理解。因此，在实际工作中，资产负债表的基本格式采用“资产 = 负债 + 净资产”的典型平衡原理设置，如表 16 – 1 所示。

2. 资产负债表的编制方法

一张完整的资产负债表，应当包括表首、正表与附列资料，编制报表时，应从这些方面进行填列。

（1）表首。应当填写编表单位的名称、编表日期和计量单位等。

（2）正表。正表中包含了年初数和期末数。其中，“年初数”应根据上年末决算资产负债表的期末数字填列；“期末数”应根据截至报告月份的各总账科目和明细科目的期末余额填列。由于事业单位只有在年终才结账，月报的有关数据应当经过对有关账户余额的数据进行计算整理后填列。

（3）附列资料。应根据备查登记簿的记录等填列，如融资租入固定资产等，可根据有关备忘记录加以说明。

（4）资产负债表中有关栏目的数字应当与收入支出表中相应栏目的数字保持一致。

（5）上级事业单位应当编制本部门的汇总资产负债表。

表 16－1　　资产负债表

编制单位：　　　　年　月　日　　　　单位：元

科目编号	资产类	年初数	年末数	科目编号	负债和净资产类	年初数	年末数
	一、资产类				二、负债类		
101	现金			201	借入款项		
102	银行存款			202	应付票据		
103	零余额账户用款额度			203	应付账款		
105	应收票据			204	预收账款		
106	应收账款			207	其他应付款		
408	预付账款			208	应缴预算款		
110	其他应收款			209	应缴财政专户款		
115	材料			210	应交税金		
116	产成品			211	应付工资（离退休费）		
117	对外投资			212	应付地方（部门）津贴补贴		
120	固定资产			213	应付其他个人收入		
124	无形资产				负债小计		
125	财政应返还额度						
					三、净资产类		
				301	事业基金		
					其中：一般基金		
					投资基金		
				302	固定基金		
				303	专用基金		
				306	事业结余		
				307	经营结余		
					净资产小计		
	资产合计				负债和净资产合计		

二、收入支出表的内容与编制

1．收入支出表的概念与作用

收入支出表是反映事业单位一定时期财务收支结余及其分配情况的报表。它由收入、支出、结余三部分内容组成，并表现出“收入－支出＝结余”的关系。收入支出表是事业单位的主要会计报表之一，并按照报送时间划分为月报和年报两种。

事业单位收入支出表的作用，表现在它可以综合地反映事业单位在一定期间内收入的来源、支出的用途以及结余的形成与分配情况等多方面的信息。这些信息，对于财政部门、上级主管部门和其他有关方面了解情况、掌握政策、指导单位预算执行等，都具有重要的作用。事业单位本身还可以通过收入支出表，作为判断经营成果、评价业绩、加强财务管理、预测未来发展趋势的依据。

2. 收入支出表的格式与编制方法

事业单位的收入支出表的项目，应当按“收入 - 支出 = 结余”的构成及结余分配情况列示。收入支出表的基本格式如表 16 - 2 所示。

表 16 - 2　　　　收入支出表

编制单位：　　　　年　月　　　　单位：元

收入			支出			结余	
项目	本月数	本年累计	项目	本月数	本年累计	项目	累计数
财政补助收入			拨出经费			事业结余	
上级补助收入			上缴上级支出			1. 基本支出结余	
附属单位缴款			对附属单位补助			2. 项目支出结余	
财政专户返还收入			事业支出			3. 收回以前年度的事业支出	
事业收入			其中：基本支出			小计	
其他收入			项目支出				
			销售税金（非经营业务）			经营结余	
小计			结转自筹基建			以前年度经营亏损（一）	
			小计				
经营收入			经营支出			结余分配	
			销售税金（经营业务）			1. 应交所得税	
小计			小计			2. 提取专用基金	
						3. 转入事业基金	
						4. 其他	
收入合计			支出合计			结余合计	

收入支出表包括表首、正表两大部分，有关栏目应当根据有关账户发生额及余额填列。

（1）表首。应当填写编表单位的名称、编表日期和计量单位等。

（2）正表。正表中包括了本月数和累计数。其中，“本月数”应根据本月有关收入和支出账户的本月发生额填列；“累计数”反映各项目自年初至编报月份止的累计实际发生额及余额。应根据总分类账和有关明细分类账户的期末余额填列。

（3）上级事业单位应当编制本部门的汇总收入支出表。上级事业单位编制汇总收入支出表时，在核对的基础上，应将本级的“拨出经费”与所属单位的“财政补助收入”数字进行冲销；应将本级的“对附属单位补助”与所属单位的“上级补助收入”数字进行冲销；应将本级的“附属单位缴款”与所属单位的“上缴上级支出”数字进行冲销。

（4）收入支出表中的数字，应当与其他会计报表中相应栏目的数字保持一致。

三、其他会计报表的内容及编制

除资产负债表和收入支出表之外，事业单位还应根据要求编制其他会计报表，如事业支出明细表、基本支出明细表、项目支出明细表和基本数字表等。

1. 事业支出明细表的编制

事业单位的事业支出是指用财政补助收入、上级补助收入、事业收入、附属单位缴款、其他收入等统筹安排所形成的实际支出数。因此，事业支出明细表是为了帮助报表使用者深入了解收入支出表中支出部分的事业支出项目，而以表格的形式所作的补充说明和详细解释。事业支出明细表的项目应当按照《政府收支分类科目》中的支出经济分类科目列示，其基本格式如表 16 – 3 所示。

事业支出明细表中的各栏数字，应按照“事业支出”科目下有关明细账户的发生额及余额填列。

2. 基本支出明细表与项目支出明细表的编制

与行政单位相同，事业单位的财政性资金需要部门预算报财政部门批准后才能使用，并分为基本支出和项目支出两大类。因此，期末的会计报表也应该反映这两大类支出的情况。

基本支出明细表是反映事业单位在一定时期内所发生的基本支出明细情况的会计报表。这一明细表是财政部门和上级主管单位考核下属单位基本支出实际发生情况的依据，也是事业单位向财政部门和上级单位办理基本支出核销的依据。基本支出明细表应当按照经批准的部门预算中的基本支出预算项目列示，一方面反映单位的人员经费和公用经费的数字，另一方面也反映《政府收支分类科目》中的支出经济分类项目。基本支出明细表的参考格式如表 16 – 4 所示。

表 16－3　　**事业支出明细表**

编制单位：　　年　月　日　　单位：元

支出经济分类科目			合计数		其中：财政资金支出累计数
类	款	项目名称	本月	累计	
301		工资福利支出			
	01	基本工资			
	02	津贴补贴			
	03	奖金			
	……	……			
302		商品和服务支出			
	01	办公费			
	02	印刷费			
	03	咨询费			
	……	……			
303		对个人和家庭的补助			
	01	离休费			
	02	退休费			
	03	退职（役）费			
	……	……			
309		基本建设支出			
	01	房屋建筑物购建			
	02	办公设备购置			
	03	专用设备购置			
	……	……			
399		其他支出			
	……	……			

表 16－4　**基本支出明细表**

编报单位：　年　月　日　单位：元

支出经济分类科目			人员经费		公用经费	其中：财政资金支出累计数
类	款	项目名称	工资福利支出	对个人和家庭的补助	商品和服务支出	
301		工资福利支出				
	01	基本工资				
	02	津贴补贴				
	03	奖金				
	……	……				
302		商品和服务支出				
	01	办公费				
	02	印刷费				
	03	咨询费				
……		……				
303		对个人和家庭的补助				
	01	离休费				
	02	退休费				
	03	退职（役）费				
	……	……				

项目支出明细表是反映事业单位在一定时期内所发生的项目支出明细情况的会计报表。通过项目支出明细表，财政部门和上级单位可以详细了解下属单位项目支出的预算执行情况，项目支出明细表还可以作为有关部门对项目支出进行绩效评价的参考依据。这一明细表应按大型专门会议支出、大型专项修缮支出、专项事业任务分别编表，具体项目也和基本支出明细表一样，应按照《政府收支分类科目》中的支出经济分类项目列示（格式略）。

3. 基本数字表的编制

基本数字表是反映事业单位基本情况的会计报表。事业单位应按照财政部门和上级单位的要求，填报基本数字表的内容。事业单位的基本数字表格式与行政单位相同。

四、会计报表附注和收支情况说明书的编制

1. 会计报表附注的内容及编制

会计报表附注是为了帮助理解会计报表的内容而对报表有关项目等所作的补充简明或详细的解释。它是事业单位会计报表的有机组成部分。

事业单位会计报表附注的主要内容包括：

（1）特殊事项的说明。这是指事业单位偶发的事项，它与事业单位正常的业务相比，在性质上具有特殊性。例如，特大洪灾、火灾等自然灾害给事业单位财产带来的额外损失。

（2）会计报表中有关重要项目的明细资料。会计报表中的一些重要项目只能用数字列

出，无法详细说明其内容。对于这些项目，有必要通过会计报表附注加以说明。例如，某些事业单位的事业收入占整个收入总额的比重较大，这就必须通过附注说明各项事业收入的来源、政策依据、业务运转等情况。

（3）其他有助于理解和分析会计报表而需要说明的事项。例如，事业单位的会计方法发生变更，从而造成一定的影响。当这些影响达到一定程度时，就有必要在会计报表附注中予以说明。

2. 收支情况说明书的内容及编制

收支情况说明书是事业单位在对一定期间（通常为一个会计年度）内收入和支出、结余及其分配情况进行分析总结的基础上所作的数字和文字的说明。它也是事业单位会计报表的一个有机组成部分。

收支情况说明书的内容一般包括以下五方面内容：

（1）部门预算或单位财务收支计划的完成情况，以及预算执行过程中存在的问题。

（2）对收支增减变化的情况和原因进行财务分析。通过财务分析，可以客观地总结事业单位财务管理的经验，揭示财务管理工作中存在的问题，逐步认识和掌握财务活动的规律，改进财务工作，提高事业单位资金使用效率和经济效益。

按照《事业单位财务规则》规定，事业单位的财务分析主要有经费自给率、人员支出与公用支出分别占事业支出的比率、资产负债率等指标。

（3）总结经验，作出评价。对在改善业务活动的管理、增收节支方面所作的努力和取得的成绩进行客观的评价，肯定成绩，指出问题。

（4）提出建议和措施。通过分析，应针对单位工作中存在的主要问题，提出切实可行的改进建议和措施。

（5）说明结余及其分配情况。

收支情况说明书能够以文字和数字的形式，明确而具体地揭示事业单位财务收支活动的过程以及所取得的成绩和存在的问题，从而能够比较全面地揭示事业单位业务活动的全过程和目前所处的状况。因此，它是会计报表使用者了解和评价事业单位财务收支情况，进行有关决策的重要参考资料。

【本章小结】

事业单位会计的主要报表和附表有：资产负债表、收入支出表、事业支出明细表、基本支出明细表，项目支出明细表等。通过这些报表的内容可以反映事业单位月份、季度和年度预算执行的情况和单位财务收支计划的完成情况。其中，年报的编制内容较多，程序较复杂。会计报表附注和收支情况说明书是会计报表的有机组成部分，可以对会计报表的内容及单位收支情况进行解释和说明。

【关键术语和概念】

年终清理结算　年终结账　资产负债表　收入支出表　收支情况说明书

参考文献

1. 邬励军，潘敏虹．预算会计（第二版）．广州：暨南大学出版社，2008
2. 李友志．新政府收支分类应用指南．长沙：湖南人民出版社，2006
3. 王庆成．政府与事业单位会计（第三版）．北京：中国人民大学出版社，2009